Elogios para
Poder e Predição

"Este é um livro que todo líder de organizações deve ler. Ele explica o tamanho da oportunidade que a IA traz consigo e os desafios que enfrentaremos para alcançá-la. Do setor bancário à manufatura, da moda à mineração, o impacto dos sistemas estruturados na IA será onipresente, como a eletricidade e a internet."

—**DOMINIC BARTON**, presidente da Rio Tinto; ex-sócio-gerente global da McKinsey & Company

"A IA pode ser para o século XXI o que a eletricidade foi para o século XX. Qualquer pessoa que pense em nosso futuro econômico precisa refletir sobre suas implicações. Este é o melhor livro, até o momento, que considera o que a IA significará para todos os que participam da nossa economia."

—**LAWRENCE H. SUMMERS**, professor da Charles W. Eliot; ex-reitor da Universidade de Harvard; ex-secretário do Tesouro dos EUA; ex-economista-chefe do Banco Mundial

"A IA certamente substituirá empregos e causará disrupção em diferentes setores nas próximas décadas, impulsionada por empreendedores que estão implementando um pensamento eficaz. As mudanças, no nível do sistema, que já despontam no horizonte são discutidas com entusiasmo neste livro, estabelecendo uma base para a revolução que se aproxima."

—**VINOD KHOSLA**, fundador da Khosla Ventures; cofundador da Sun Microsystems

"É preciso coragem para mergulhar nestas páginas e disposição para investir o tempo necessário para colher seus frutos. Mas vale muito a pena. O livro é uma cartilha extremamente instigante e inspiradora sobre como moldar estratégias e projetar organizações na era da IA."

—**HEATHER REISMAN**, CEO fundadora da Indigo Books and Music

"Este livro é épico. Muitas vezes, nos dizem que a IA será a coisa mais importante com que a humanidade atuará, no entanto, seu impacto atual no mundo parece abstrato e restrito a um único grupo. Os autores nos mostram por que temos essa sensação, dando exemplos únicos e ricos que realmente ajudam o leitor a entender o porquê em nível límbico. É uma descrição perfeita desse momento contraditório na história da IA — uma leitura obrigatória para quem quer dar uma espiada no futuro da IA."

—**SHIVON ZILIS**, diretora de operações e projetos especiais da Neuralink; membro do conselho da OpenAI; ex-diretora de projeto da Tesla

"Ninguém fornece mais informações sobre a economia fundamental da IA e o que a IA realmente permite. Não são apenas casos de uso para previsão de baixo custo — são sistemas de decisão melhores. Trata-se de um passo muito maior para os negócios e para a economia."

—**TIFF MACKLEM**, governador, Banco do Canadá

"Agrawal, Gans e Goldfarb conseguiram outra vez! Seu novo livro, *Poder e Predição*, está destinado a se tornar o guia definitivo para entender como e por que a IA está transformando a economia."

—**ERIK BRYNJOLFSSON**, professor e membro sênior do Stanford Institute for Human-Centered AI; diretor do Stanford Digital Economy Lab; coautor de *A Segunda Era das Máquinas* e de *Machine, Platform, Crowd* [sem publicação no Brasil].

"Quer gostemos ou não, a inteligência artificial influencia todos os aspectos de nossas vidas. Como podemos garantir que indivíduos, empresas e organizações se beneficiem disso, em vez de desperdiçar tempo e recursos lidando com consequências não intencionais? Este livro, acessível para todos, fornece uma excelente introdução, enfatizando como a IA pode melhorar o que fazemos, oferecendo melhores previsões e ajudando a reorganizar sistemas."

—**DARON ACEMOGLU**, professor de Economia no MIT; autor de *Por que as Nações Fracassam*

Poder e Predição

Poder e Predição

A Economia Disruptiva da Inteligência Artificial

AJAY AGRAWAL | JOSHUA GANS | AVI GOLDFARB

ALTA BOOKS
GRUPO EDITORIAL
Rio de Janeiro, 2024

Poder e Predição

Copyright © 2024 STARLIN ALTA EDITORA E CONSULTORIA LTDA.
Copyright © 2022 by Ajay Agrawal, Joshua Gans and Avi Goldfarb.
ISBN: 978-85-508-2226-6

Translated from original Power and Predction. Copyright © 2022 by Ajay Agrawal, Joshua Gans and Avi Goldfarb. ISBN 978-1-64782-419-8. This translation is published and sold by Harvard Business Review Press, the owner of all rights to publish and sell the same. PORTUGUESE language edition published by Starlin Alta Editora e Consultoria Eireli, Copyright © 2024 by STARLIN ALTA EDITORA E CONSULTORIA LTDA.

Impresso no Brasil — 1ª Edição, 2024 — Edição revisada conforme o Acordo Ortográfico da Língua Portuguesa de 2009.

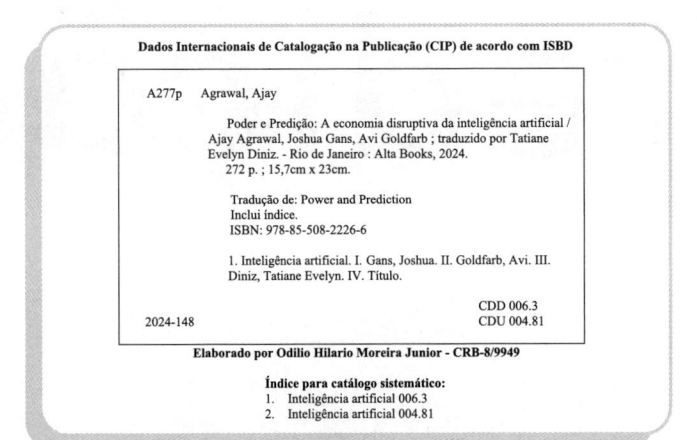

Dados Internacionais de Catalogação na Publicação (CIP) de acordo com ISBD

A277p Agrawal, Ajay

Poder e Predição: A economia disruptiva da inteligência artificial / Ajay Agrawal, Joshua Gans, Avi Goldfarb ; traduzido por Tatiane Evelyn Diniz. - Rio de Janeiro : Alta Books, 2024.
272 p. ; 15,7cm x 23cm.

Tradução de: Power and Prediction
Inclui índice.
ISBN: 978-85-508-2226-6

1. Inteligência artificial. I. Gans, Joshua. II. Goldfarb, Avi. III. Diniz, Tatiane Evelyn. IV. Título.

2024-148
CDD 006.3
CDU 004.81

Elaborado por Odilio Hilario Moreira Junior - CRB-8/9949

Índice para catálogo sistemático:
1. Inteligência artificial 006.3
2. Inteligência artificial 004.81

Todos os direitos estão reservados e protegidos por Lei. Nenhuma parte deste livro, sem autorização prévia por escrito da editora, poderá ser reproduzida ou transmitida. A violação dos Direitos Autorais é crime estabelecido na Lei nº 9.610/98 e com punição de acordo com o artigo 184 do Código Penal.

O conteúdo desta obra foi formulado exclusivamente pelo(s) autor(es).

Marcas Registradas: Todos os termos mencionados e reconhecidos como Marca Registrada e/ou Comercial são de responsabilidade de seus proprietários. A editora informa não estar associada a nenhum produto e/ou fornecedor apresentado no livro.

Material de apoio e erratas: Se parte integrante da obra e/ou por real necessidade, no site da editora o leitor encontrará os materiais de apoio (download), errata e/ou quaisquer outros conteúdos aplicáveis à obra. Acesse o site www.altabooks.com.br e procure pelo título do livro desejado para ter acesso ao conteúdo..

Suporte Técnico: A obra é comercializada na forma em que está, sem direito a suporte técnico ou orientação pessoal/exclusiva ao leitor.

A editora não se responsabiliza pela manutenção, atualização e idioma dos sites, programas, materiais complementares ou similares referidos pelos autores nesta obra.

Produção Editorial: Grupo Editorial Alta Books
Diretor Editorial: Anderson Vieira
Editor da Obra: José Ruggeri
Vendas Governamentais: Cristiane Mutüs
Gerência Comercial: Claudio Lima
Gerência Marketing: Andréa Guatiello

Assistente Editorial: Viviane Rodrigues; Andreza Moraes
Tradução: Evelyn Diniz
Copidesque: Eveline Machado
Revisão: Mariá Tomazoni; Alessandro Thomé
Diagramação: Joyce Matos

ALTA BOOKS
GRUPO EDITORIAL

Rua Viúva Cláudio, 291 — Bairro Industrial do Jacaré
CEP: 20.970-031 — Rio de Janeiro (RJ)
Tels.: (21) 3278-8069 / 3278-8419
www.altabooks.com.br — altabooks@altabooks.com.br
Ouvidoria: ouvidoria@altabooks.com.br

Editora afiliada à:

Para nossas famílias, colegas, alunos e startups: vocês nos inspiraram a pensar clara e profundamente sobre inteligência artificial.

Obrigado.

SUMÁRIO

Agradecimentos xi
Sobre os Autores xiii
PREFÁCIO: SUCESSO À VISTA? xv

PARTE UM
O Tempo Entre os Tempos

1. A Parábola dos Três Empreendedores 3
2. O Futuro dos Sistemas de IA 13
3. A IA é uma Tecnologia de Predição 25

PARTE DOIS
Regras

4. Decidir ou Não Decidir? 39
5. Incerteza Oculta 51
6. Regras São Colas 61

Sumário

PARTE TRÊS
Sistemas

7.	Sistemas Ressecados Versus Sistemas Lubrificados	73
8.	Mentalidade de Sistema	83
9.	O Melhor Sistema de Todos	95

PARTE QUATRO
Poder

10.	Disrupção e Poder	105
11.	As Máquinas Têm Poder?	115
12.	Acumulando Poder	125

PARTE CINCO
Como a IA É Disruptiva

13.	A Melhor Dissociação	139
14.	Pensamento Probabilístico	151
15.	Os Novos Juízes	163

PARTE SEIS
Prevendo Novos Sistemas

16.	Projetando Sistemas Confiáveis	179
17.	Uma Lousa em Branco	191
18.	Antecipando a Mudança do Sistema	205

Epílogo: Viés e Sistemas de IA	219
Notas	231
Índice	249

AGRADECIMENTOS

Queremos expressar nossos agradecimentos às pessoas que contribuíram para este livro com seu tempo, suas ideias e sua paciência. Em particular, agradecemos a Liran Belenzon, da BenchSci; Jackie French Curran, da Family Care Midwives; Ali Goli, da Universidade de Washington; Kartik Hosanagar, da Universidade da Pensilvânia; DK Lee, da Universidade de Boston; Todd Lericos, do National Weather Service; Michael Murchison, de Ada; Ziad Obermeyer, da UC Berkeley; David Reiley, da Pandora; e Eric Schwartz, da BlueConduit, pelo tempo que passaram conosco em entrevistas. Agradecemos também aos nossos colegas pelas discussões e feedbacks, incluindo Pieter Abbeel, Daron Acemoglu, Anousheh Ansari, Susan Athey, Joscha Bach, Laleh Behjat, James Bergstra, Dror Berman, Scott Bonham, Francesco Bova, Timothy Bresnahan, Kevin Bryan, Erik Brynjolfsson, Elizabeth Caley, Emilio Calvano, Hilary Evans Cameron, Christian Catalini, James Cham, Brian Christian, Iain Cockburn, Sally Daub, Helene Desmarais, Pedro Domingos, Mark Evans, Haig Farris, Chen Fong, Ash Fontana, Chris Forman, John Francis, Marzyeh Ghassemi, Anindya Ghose, Suzanne Gildert, Inmar Givoni, Ben Goertzel, Alexandra Greenhill, Shane Greenstein, Daniel Gross, Shane Gu, Chris Hadfield, Gillian Hadfield, Avery Haviv, Abraham Heifets, Rebecca Henderson, Geoff Hinton, Tim Hodgson, Marco Iansiti, Trevor Jamieson, Steve Jurvetson, Daniel Kahneman, Aidan Kehoe, John Kelleher, Vinod Khosla, Karin Klein, Anton Korinek, Katya Kudashkina, Michael Kuhlmann, Karim Lakhani, Allen Lau, Eva Lau, Yann LeCun, Mara Lederman, Andrew Leigh, Jon Lindsay, Shannon Liu, Hamidreza Mahyar, Jeff Marowits, Kory Mathewson, Kristina McElheran, John McHale, Roger Melko, Paul Milgrom, Timo Minssen, Matt Mitchell, Sendhil Mullainathan, Kashyap Murali, Ken

Agradecimentos

Nickerson, Olivia Norton, Saman Nouranian, Alex Oettl, Barney Pell, Patrick Pichette, Ingmar Posner, Jim Poterba, Tomi Poutanen, Andrea Prat, Nicholson Price, Samantha Price, Jennifer Redmond, Pascual Restrepo, Geordie Rose, Laura Rosella, Frank Rudzicz, Stuart Russell, Russ Salakhutdinov, Bahram Sameti, Sampsa Samila, Amir Sariri, Reza Satchu, Jay Shaw, Jiwoong Shin, Ashmeet Sidana, Brian Silverman, Bruce Simpson, Avery Slater, Dilip Soman, John Stackhouse, Janice Stein, Ariel Dora Stern, Scott Stern, Joseph Stiglitz, Scott Stornetta, K. Sudhir, Minjee Sun, Rich Sutton, Shahram Tafazoli, Isaac Tamblyn, Bledi Taska, Graham Taylor, Florenta Teodoridis, Patricia Thaine, Andrew Thompson, Tony Tjan, Rich Tong, Manuel Trajtenberg, Dan Trefler, Catherine Tucker, William Tunstall-Pedoe, Tiger Tyagarajan, Raquel Urtasun, Eric Van den Steen, Hal Varian, Ryan Webb, Dan Wilson, Nathan Yang e Shivon Zilis. À nossa excelente equipe assistente durante a pesquisa, Alex Burnett, Lee Goldfarb, Leah Morris, Verina Que, Sergio Santana, Wenqi Zhang e Yan Zhou. Aos funcionários do Creative Destruction Lab e da Rotman School, que foram fantásticos, incluindo Carol Deneka, Rachel Harris, Jennifer Hildebrandt, Malaika Kapur, Amarpreet Kaur, Khalid Kurji, Lisa Mah, Ken McGuffin, Sonia Sennik, Kristjan Sigurdson e muitos outros. Agradecemos, ainda, aos nossos antigos e atuais reitores pelo apoio a este projeto, entre eles Susan Christoffersen, Ken Corts e Tiff Macklem. A Jeff Kehoe, por esta edição maravilhosa, assim como ao nosso agente literário Jim Levine. Muitas das ideias deste livro baseiam-se nas pesquisas apoiadas pelo Conselho de Pesquisa em Ciências Sociais e Humanas do Canadá e pela Sloan Foundation, com o apoio de David Michel e Danny Goroff, sob a concessão do NBER Economics of Artificial Intelligence: somos gratos por todo o apoio. Por fim, somos gratos à nossa família por sua paciência e contribuição durante todo o processo: Gina, Amelia, Andreas, Natalie, Belanna, Ariel, Annika, Rachel, Anna, Sam e Ben.

SOBRE OS AUTORES

AJAY AGRAWAL é professor de gestão estratégica e ocupa a cadeira acadêmica Geoffrey Taber de Empreendedorismo e Inovação na Rotman School of Management, da Universidade de Toronto. Ele é o fundador do Creative Destruction Lab e o cofundador do NEXT Canada, programas sem fins lucrativos que apoiam a comercialização da ciência por meio do empreendedorismo. É pesquisador associado no National Bureau of Economic Research, em Cambridge, Massachusetts; membro do Conselho Acadêmico do Center on Regulation and Markets da Brookings, em Washington, D.C., do Conselho do Block Center for Technology and Society da Carnegie Mellon University, em Pittsburgh, e faz parte do corpo docente do Vector Institute for Artificial Intelligence, em Toronto. Ajay faz pesquisas sobre a economia da inovação e participa do Conselho Editorial da *Management Science*. Ele é cofundador da empresa de IA/robótica Sanctuary, cuja missão é construir máquinas com inteligência semelhante à humana. Ajay é doutor em economia aplicada pela Universidade da Colúmbia Britânica e foi nomeado Membro da Ordem do Canadá em 2022.

JOSHUA GANS é professor de gestão estratégica e ocupa a cadeira acadêmica Jeffrey S. Skoll de Inovação Técnica e Empreendedorismo na Rotman School of Management, da Universidade de Toronto. Também é o economista-chefe do Creative Destruction Lab, da Universidade de Toronto. Ele tem mais de 150 publicações acadêmicas revisadas por pares e é editor (de estratégia) da *Management Science*. É pesquisador associado do National Bureau of Economic Research, com bolsas no MIT, no e61 Institute, na Luohan Academy, no

International Center for Economic Analysis, na Melbourne Business School, no Acceleration Consortium e na Academy of Social Sciences, na Austrália. É autor de dois livros didáticos de sucesso e escreveu dez livros populares [sem publicação no Brasil], incluindo *Parentonomics* (2009), *Information Wants to Be Shared* (2012), *The Disruption Dilemma* (2016), *Scholarly Publishing and Its Discontents* (2017), *Innovation + Equality* (2019), *The Pandemic Information Gap* (2020) e *The Pandemic Information Solution* (2021). Joshua é doutor em economia pela Universidade de Stanford e, em 2008, recebeu o Prêmio Jovem Economista da Sociedade Econômica da Austrália (o equivalente australiano à medalha John Bates Clark).

AVI GOLDFARB é catedrático em inteligência artificial e assistência médica e professor de marketing na Rotman School of Management, da Universidade de Toronto. Avi também é cientista-chefe de dados do Creative Destruction Lab, docente afiliado ao Vector Institute e ao Schwartz Reisman Institute for Technology and Society, membro do conselho científico da HiParis!, pesquisador associado do National Bureau of Economic Research e ex-editor sênior na *Marketing Science*. A pesquisa de Avi se concentra nas oportunidades e nos desafios da economia digital. Ele já publicou artigos acadêmicos em marketing, computação, direito, gestão, medicina, física, ciência política, saúde pública, estatística e economia. Seu trabalho em publicidade online ganhou o Prêmio Impacto de Longo Prazo da Sociedade de Marketing da INFORMS. Avi já testemunhou perante o Comitê Judiciário do Senado dos EUA sobre concorrência e privacidade na publicidade digital. Ele é doutor em economia pela Universidade de Northwestern.

PREFÁCIO

Sucesso à Vista?

Quando publicamos *Máquinas Preditivas*, em 2018, pensamos que havíamos dito tudo o que precisávamos sobre a economia da IA. Estávamos errados.

Embora percebêssemos plenamente que a tecnologia continuaria a evoluir — a IA ainda estava em sua infância —, sabíamos que a economia subjacente nem tanto. Essa é a beleza da economia. A tecnologia muda, mas a economia não. Naquele livro, estabelecemos uma estrutura para a economia da IA que tem se mostrado útil até hoje. No entanto, a estrutura de *Máquinas Preditivas* conta apenas uma parte da história, a parte das *soluções pontuais*. Nos anos que se seguiram, descobrimos uma segunda parte — fundamental — da história da IA que ainda não havia sido contada, a parte dos *sistemas*. Contamos esta história aqui. Como conseguimos deixá-la passar, para começo de conversa? Rebobinamos a fita para 2017, quando escrevemos *Máquinas Preditivas*, para poder explicar.

Naquele ano, meia década depois de os pioneiros da IA canadense demonstrarem a evolução do desempenho em aprendizado profundo (*deep learning*) para classificar imagens que esta desenvolvera, o interesse na nova tecnologia estava explodindo. Todos falavam sobre IA, e havia rumores de que ela poderia lançar o Canadá em um novo estágio no mundo da tecnologia. Não era uma questão de se, mas de quando.

Prefácio: Sucesso à Vista?

Então, fundamos um programa de formação orientado à ciência, o Creative Destruction Lab (CDL), com uma linha de trabalho totalmente dedicada à IA. Todos nos perguntavam: "Onde vocês esperam ver a primeira startup unicórnio de IA do Canadá? A primeira a atingir uma avaliação de bilhões de dólares?" Nossa aposta em geral era: "Montreal. Ou talvez Toronto. Ou, possivelmente, Edmonton."

Não estávamos sozinhos. O governo canadense apostava nas mesmas fichas. Em 26 de outubro de 2017, recebemos Justin Trudeau, o primeiro-ministro do Canadá, na nossa conferência anual sobre IA no CDL: Machine Learning and the Market for Intelligence.[1] Em seu discurso, ele enfatizou a importância de investir em *clusters* — regiões geográficas com diversos participantes de determinado setor, incluindo grandes empresas, startups, universidades, investidores e talentos, onde o todo é maior que a soma das partes, potencializando a inovação e criando empregos. A ideia central de seu discurso era a de que a localização era, sim, importante. Alguns meses depois, o governo anunciou um financiamento significativo para a construção de cinco novos *"superclusters"*, incluindo um focado em IA, localizado em Montreal.[2]

Sentimos confiança em nossas crenças sobre a comercialização da IA. Éramos supostamente especialistas mundiais no assunto. Tínhamos escrito um livro *best-seller* sobre a economia da IA; havíamos publicado uma série de artigos acadêmicos e ensaios sobre o assunto; estávamos coeditando o que se tornaria a principal referência para estudantes de doutorado na área, *The Economics of Artificial Intelligence: An Agenda*; fundamos um programa para a comercialização de IA que tinha, até onde sabíamos, a maior concentração de empresas de IA de qualquer programa do tipo no mundo; fazíamos apresentações em todo lugar para líderes empresariais e governamentais e atuávamos em vários comitês políticos, forças-tarefa e mesas redondas relacionadas à IA.

Nossa perspectiva de que a IA deveria ser vista como método de previsão ressoava entre os profissionais mais famosos. Fomos convidados para fazer apresentações no Google, na Netflix, na Amazon, no Facebook e na Microsoft. Gustav Söderström, chefe dos principais setores de desenvolvimento do Spotify, um dos maiores provedores de serviços de *streaming* de música do mundo, fez referência ao nosso livro em uma entrevista:

"[Os autores] colocam isso perfeitamente em seu livro *Máquinas Preditivas*. Imagine a precisão da previsão de um sistema de aprendizado de máquina (*machine learning*) como um botão de volume em

Prefácio: Sucesso à Vista? | xvii

um rádio... [Quando] você atinge certo ponto nesse botão — quando suas previsões são precisas o suficiente —, algo acontece. Você cruza um limite em que deve repensar todo o seu modelo de negócios e produto com base nesse aprendizado. Com o recurso Discover Weekly, mudamos o paradigma de 'compras e envio' para 'envio e compras', como descrito no livro. Atingimos um nível de precisão [previsão] em que podemos, em vez de fornecer aos usuários ferramentas melhores para criar uma lista de reprodução, apenas fornecer uma lista de reprodução semanal pronta e deixá-los salvar as faixas de que realmente gostaram. Mudamos nossa visão de 'ferramentas ainda melhores para você mesmo criar uma playlist' para 'você nunca precisará criar uma playlist novamente'."[3]

Nossa abordagem — projetar para um mundo onde a possibilidade de previsão ajustada à qualidade poderia ser muito barata — foi de importância prática e forneceu informações valiosas sobre a estratégia de IA.

Você deve estar se perguntando por que estávamos tão confiantes de que o primeiro unicórnio da IA viria de Montreal, Toronto ou Edmonton. Estávamos em contato com dois vencedores recentes do Prêmio Turing (o equivalente ao Prêmio Nobel de ciência da computação), reconhecidos por seu trabalho pioneiro em *deep learning*, localizados em Montreal e Toronto, bem como um dos pioneiros do aprendizado por reforço (*reinforcement learning*), que era de Edmonton. O governo do Canadá estava prestes a financiar generosamente três novas instituições dedicadas ao avanço da pesquisa em *machine learning*, em Montreal, Toronto e Edmonton. Muitas corporações globais estavam correndo para montar laboratórios de IA em Montreal (por exemplo, Ericsson, Facebook, Microsoft, Huawei, Samsung), Toronto (Nvidia, LG Electronics, Johnson & Johnson, Roche, Thomson Reuters, Uber, Adobe) e Edmonton (Google/DeepMind, Amazon, Mitsubishi, IBM).

Pensávamos saber muito sobre a comercialização da IA. Mas nossa especulação estava errada, muito errada. O primeiro unicórnio de IA canadense não veio de Montreal, Toronto ou Edmonton. Nem mesmo de nossa segunda suposição: Vancouver, Calgary, Waterloo ou Halifax. Se não veio dessa cidade, os centros de tecnologia do Canadá, então veio de onde?

Em 19 de novembro de 2020, o *Wall Street Journal* publicou a seguinte manchete: "NASDAQ comprará a empresa de anticrimes financeiros Verafin por US$ 2,75 bilhões". A Verafin fica em St. John's, na província de Newfoundland.

Prefácio: Sucesso à Vista?

Poucas pessoas, e certamente não nós, teriam previsto que o primeiro unicórnio de IA do Canadá estaria em uma cidade localizada na extremidade nordeste da América do Norte.

St. John's, Newfoundland, fica o mais longe possível da ação. Está na província mais oriental do Canadá e tem uma população de cerca de apenas meio milhão de pessoas. Não está no radar da comunidade de tecnologia. Na verdade, embora os Estados Unidos sejam vizinhos ao Canadá, muitos estadunidenses aprenderam sobre Newfoundland pela primeira vez quando o musical de sucesso da Broadway *Come from Away* foi indicado para Melhor Musical e outras quatro categorias no Tony Awards de 2017. O musical é baseado na história verídica do que aconteceu na semana após o ataque de 11 de setembro, quando 38 aviões receberam a ordem de pousar no distrito e os gentis residentes receberam os 7 mil viajantes retidos "vindos de longe". Mas foi em Newfoundland que Brendan Brothers, Jamie King e Raymond Pretty fundaram a Verafin, que acabou fornecendo um software de detecção de fraudes para 3 mil instituições financeiras na América do Norte. Como deixamos isso escapar? Foi pura sorte? Quais eram as chances? Até os especialistas erram de vez em quando. Olhando para trás, parece óbvio. Sempre há alguma chance de ocorrer um evento de baixa probabilidade.

O que a NASDAQ estava comprando era IA. A Verafin investiu pesado e criou ferramentas que podiam prever fraudes e validar a identidade dos clientes do banco. Essas são as funções-chave das instituições financeiras, tanto em termos de operação quanto de conformidade regulatória. Para fazer isso, é necessário ter *big data*, e não há dados mais interessantes do que os dados bancários e de cooperativas de crédito.

Refletindo um pouco, percebemos que não era algo tão aleatório que uma empresa como a Verafin liderasse o grupo. Era inevitável. Nosso foco nas *possibilidades* das máquinas preditivas nos cegou para a *probabilidade* de implantações comerciais reais. Embora focássemos as propriedades econômicas da própria IA (reduzindo o custo da previsão), subestimamos a economia de construir novos *sistemas* nos quais incorporar as IAs.

Se tivéssemos entendido isso de uma forma ampla, em vez de focar diretamente no desenvolvimento de *machine learning* de última geração, teríamos pesquisado as possibilidades de aplicativos sendo desenvolvidos para a resolução de problemas cujos sistemas onde funcionariam já eram projetados para o funcionamento da previsão de máquina, ou seja, aplicativos desenvolvidos para funcionar com um sistema desenvolvido para IA, sem a interferência de mãos humanas. Assim, teríamos procurado as empresas que já empregassem grandes equipes de cientistas de dados e tivessem integrado a análise preditiva ao fluxo de trabalho da organização. Descobriríamos rapidamente que as instituições financeiras se destacariam mais, pois grandes equipes de cientistas de dados previam fraudes, lavagem de dinheiro, descumprimento de sanções e outros comportamentos criminosos em transações financeiras.[4] Então, teríamos procurado pequenas empresas que estavam desenvolvendo IA para resolver esses problemas. Assim teríamos descoberto que na época havia apenas poucas empresas do tipo no Canadá. Uma delas se chamava Verafin, com sede em St. John's, Newfoundland.

Percebemos que era hora de voltar a pensar mais sobre a economia da IA, pois a abordagem da Verafin seguia o manual de *Máquinas Preditivas*.

Isso não foi surpresa. O menos óbvio para nós era por que outros aplicativos estavam demorando tanto para ser implantados em grande escala. O que percebemos também é que devemos considerar não apenas a economia da tecnologia em si, mas também os sistemas nos quais a tecnologia opera. Precisamos entender as forças econômicas que levaram, por um lado, à *rápida* adoção de IAs para a detecção automatizada de fraudes em bancos e recomendações de produtos no comércio eletrônico, mas, por outro, à *lenta* adoção de IAs para a subscrição automatizada de seguros e a descoberta de medicamentos em fármacos.

Não fomos os únicos que subestimaram os desafios da implementação da IA em diferentes designs organizacionais. Nosso colega da Universidade de Toronto Geoffrey Hinton, que ganhou o apelido de "padrinho da IA" por seu trabalho pioneiro em *deep learning*, também fez previsões que podem ter subestimado a sua dificuldade de implementação.[5] Uma vez, brincando, ele disse: "Se você trabalha como radiologista, é como o coiote que já está na beira do precipício, mas ainda não olhou para baixo para perceber que não há chão. As pessoas deveriam parar de treinar radiologistas. É bem óbvio que, dentro de cinco anos, o *deep learning* terá um desempenho melhor."[6] Embora Geoffrey estivesse correto sobre o ritmo dos avanços técnicos — a IA agora supera os radiologistas em inúmeras tarefas de diagnóstico —, cinco anos após suas observações, o American College of Radiology relata que não houve declínio no número de novos estudantes de radiologia.

Entramos em um momento único na história — o tempo entre os tempos —, *depois* de testemunhar o poder dessa tecnologia e *antes* de sua adoção generalizada. Alguns a utilizam de maneira específica, o que denominamos de

Prefácio: Sucesso à Vista?

soluções pontuais. Para estes, o uso da IA é direto. Sua utilização é apenas uma simples substituição de análises preditivas antes geradas por máquinas mais antigas e agora por ferramentas de IA mais recentes (essas estão acontecendo rapidamente, como a Verafin), enquanto outras implementações exigem redesenhar um produto ou serviço, bem como organizações inteiras, para entregar seu uso em ordem e aproveitar plenamente os benefícios da IA, justificando, assim, o custo de sua adoção. Neste último caso, empresas e governos estão na corrida para encontrar uma maneira lucrativa de fazê-lo.

Mudamos nosso foco: saímos de uma simples exploração de redes neurais para explorar a cognição humana (como tomamos decisões), o comportamento social (por que pessoas em alguns setores desejam adotar a IA rapidamente enquanto outras resistem a ela), os sistemas de produção (como algumas decisões dependem de outras) e as estruturas da indústria (como escondemos certas decisões para nos proteger da incerteza).

Para explorar esses fenômenos, nos reunimos com líderes de empresas, gerentes de produto, empreendedores, investidores e cientistas de dados e da computação que têm seu trabalho diretamente atrelado à IA. Organizamos workshops e conferências com especialistas da área e políticos e examinamos de perto o que funcionou e o que não funcionou em centenas de experimentos financiados por capital de risco na forma de startups de IA.

Claro, também voltamos aos princípios da economia, como parte de um campo fértil de pesquisa empírica sobre a economia da IA que quase não existia há apenas alguns anos, quando escrevemos *Máquinas Preditivas*. Começamos a conectar os pontos e montar uma estrutura econômica que distingue soluções pontuais e sistema de solução, que não apenas resolveria o quebra-cabeça da Verafin, mas também forneceria uma previsão para a próxima onda de utilização de IA. Ao nos concentrarmos em sistemas de soluções, em vez de em soluções pontuais, conseguimos explicar como essa tecnologia acabará invadindo vários setores, consolidando alguns operadores e perturbando outros. Era hora de escrever outro livro. Este livro.

PARTE UM

O Tempo Entre os Tempos

A Parábola dos Três Empreendedores

A eletricidade mudou nossa sociedade. Mudou a maneira como vivemos, fornecendo luz barata e segura com o apertar de um botão, e reduziu a carga do trabalho doméstico por meio de bens de consumo como geladeiras, máquinas de lavar e aspiradores de pó. Também mudou o modo como trabalhamos, abastecendo fábricas e elevadores. E o que foi preciso para fazer tudo isso? Tempo.

A onipresença da eletricidade em nossos dias torna difícil imaginar que na virada do século XX, duas décadas depois de Thomas Edison ter inventado a lâmpada, não fosse possível encontrá-la em praticamente lugar algum. Em 1879, Edison demonstrou a famosa lâmpada elétrica e, apenas alguns anos depois, ligou a Pearl Street Station em Manhattan, iluminando as ruas. No entanto, vinte anos depois, apenas 3% dos lares norte-americanos tinham eletricidade. Nas fábricas, havia um pouco mais (veja a Figura 1-1). No entanto, duas décadas depois, esse número acelerou para metade da população. Para a eletricidade, esses quarenta anos foram os tempos intermediários, o tempo entre os tempos.

Havia muito entusiasmo pela eletricidade, mas não muito a se mostrar sobre ela. Tendemos a esquecer isso quando novas tecnologias radicais surgem.

4 O Tempo Entre os Tempos

Quando uma nova luz acende, ao invés de tudo mudar, pouco muda. A luz da IA está acesa. Mas ainda precisamos fazer mais. Estamos agora no período intermediário da IA — entre a demonstração da capacidade da tecnologia e a realização do que ela promete refletida na sua popularização.

FIGURA 1-1

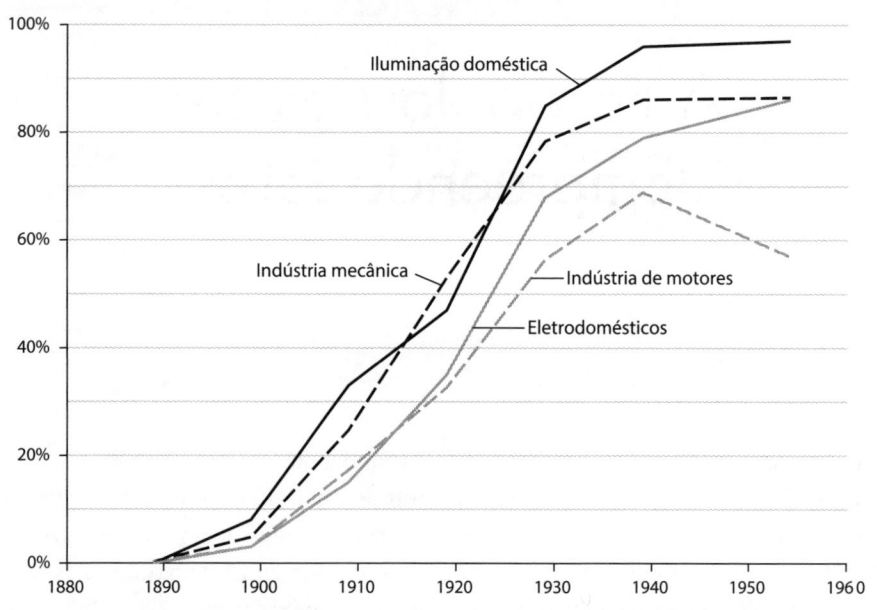

Adoção do uso de eletricidade pela população dos EUA

[Gráfico de linhas mostrando a adoção de eletricidade de 1880 a 1960, com curvas para: Iluminação doméstica, Indústria mecânica, Indústria de motores, e Eletrodomésticos]

Fonte: Dados de Paul A. David, "Computer and Dynamo: The Modern Productivity Paradox in a Not-Too-Distant Mirror" (artigo 339, Universidade de Stranford, Departamento de Economia, 1989), twerp339.pdf (warwick.ac.uk).

Para a IA, esse futuro ainda é incerto. Mas já tivemos um exemplo com o padrão da eletricidade. Então, para entender os desafios enfrentados pela comercialização da IA, coloque-se no lugar dos empreendedores de 1880. A eletricidade é o futuro! Como você planejaria fazer isso acontecer?

O Empreendedor das Soluções Pontuais

O vapor impulsionou a economia na segunda metade do século XIX. O carvão era usado para aquecer a água, que gerava energia, que era imediatamente aplicada nas alavancas de acionamento, polias e correias, que, por sua vez, permitiam a produção industrial. O vapor foi o milagre que impulsionou a maior revolução econômica desde a agricultura. Portanto, um empresário que quisesse vender eletricidade teria que encorajar possíveis clientes a examinar mais de perto a energia a vapor e identificar suas falhas.

Quando colocadas lado a lado com a eletricidade, as falhas não eram difíceis de ver. O vapor dissipava calor — que era o objetivo —, mas muito desse calor era desperdiçado. A energia a vapor perdia entre 30% e 85% do seu potencial por causa da condensação, das válvulas com vazamento e da fricção durante o uso do eixo e das correias para transportar objetos para as bancadas de trabalho.[1] O sistema de eixo pode ser difícil de imaginar, mas pense em uma fonte de energia a vapor [um grande forno e uma grande caldeira] em uma extremidade com uma roldana girando um longo eixo de ferro ou aço de quatro milímetros que permitia que correias e polias operassem ao longo da corda. Alguns sistemas de eixo podiam ser horizontais, mas muitas fábricas tinham vários andares com sistemas em configuração vertical. Um único eixo poderia alimentar centenas de teares, por exemplo.

A oportunidade imediata para a eletricidade seria fornecer uma fonte alternativa de energia no mesmo ponto em que a energia a vapor era usada — no final do sistema. Frank Sprague, um ex-funcionário de Edison, percebeu isso em 1886, quando desenvolveu um dos primeiros motores elétricos. Enquanto Edison focava luz, Sprague estava entre aqueles que perceberam que a energia elétrica diurna seria barata e os motores elétricos poderiam tirar proveito disso. Ele usou seus insights para alimentar bondes e construir elevadores. Outros levaram os motores para as fábricas.

Chamamos isso de "soluções pontuais", porque esses inventores pegavam vapor e o trocavam pela nova fonte de energia, a eletricidade, no ponto de entrada das fábricas da época. Os empreendedores de soluções pontuais do final do século XIX encontraram dois tipos de potenciais clientes dispostos a ver a eletricidade como uma nova fonte de energia. O primeiro tipo era o dos que utilizavam os grandes moinhos movidos a vapor. Uma fábrica na Columbia, Carolina do Sul, desistiu do vapor em favor da energia elétrica em 1893. A energia hidrelétrica era um substituto simples para um sistema de transmissão por cabo. A energia fornecida era a mais barata do país.[2] O segundo tipo era o dos fabricantes de confecções e têxteis. Duas das falhas do vapor eram sua falta de limpeza e as possíveis inconsistências na velocidade gerada pela energia. A eletricidade melhorou a qualidade em ambas as dimensões.

O valor prometido pelos empreendedores de soluções pontuais era custo mais baixo e outros benefícios específicos para certos tipos de fábrica. O fato de ser *plug and play* [ligar e usar] deixou claro o que eles estavam vendendo. Mas, em muitos casos, ainda era difícil de vender. Apenas uma parte da conta de energia podia ser cortada com a troca da fonte de geração de energia. O que uma solução pontual não oferecia era *um motivo real para usar mais energia*.

O Empreendedor do Aplicativo de Soluções

Quando uma máquina a vapor funcionava, ela funcionava. Um motor elétrico pode ser desligado e ligado novamente. Assim, enquanto a força da energia a vapor passava pelo eixo e os operadores de máquinas individuais precisavam acionar o funcionamento, ativando várias alavancas que conectavam e desconectavam a máquina, com a energia elétrica, estes podiam simplesmente ligar e desligar um motor conectado diretamente às máquinas individuais. Isso era mais simples e exigia muito menos manutenção.[3] Mas também significava que a quantidade de energia consumida por uma fábrica variava dependendo do uso. Como observou o historiador econômico Nathan Rosenberg, isso levou a indústria a uma era conhecida como "energia fracionada", em que "tornou-se possível fornecer energia em unidades muito pequenas, menos caras e também de uma forma que não exigia a geração de quantidades excedentes, ou seja, era possível fornecer 'doses' pequenas ou intermitentes de energia".[4]

A visão empreendedora aqui, em relação ao valor da eletricidade, foi a de que ela exigia menos energia ou, mais precisamente, gerava energia apenas quando necessário. Embora esse insight tenha começado a formatar algumas mudanças no design da fábrica, como, por exemplo, ter fontes de energia separadas para diferentes tipos de máquinas, alguns engenheiros começaram a imaginar motores elétricos disponíveis em cada uma delas. Mas mesmo para grupos de máquinas havia um grande valor em pagar pela energia apenas quando as máquinas estivessem sendo usadas.

A grande mudança foi montar um acionamento elétrico em uma única máquina. Hoje, chamaríamos isso de aplicativo de solução. Em vez de simplesmente trocar uma fonte de energia, todo o dispositivo (ou seja, o aplicativo) foi trocado. Além disso, algumas máquinas tornaram-se muito mais portáteis — não mais presas a um eixo central, as ferramentas podiam ser movidas. O trabalho não mais precisava vir até as máquinas; as máquinas iam até o trabalho.

Essa foi a promessa. A realidade era a de que qualquer máquina ou ferramenta individual — como uma furadeira, uma serra elétrica ou uma prensa — precisava ser totalmente reprojetada para aproveitar a vantagem de se ter um motor elétrico individual.[5] Além disso, os motores em si geralmente não estavam disponíveis no mercado e deveriam ser adaptados para a máquina ou o uso específico. As oportunidades de aplicativos de soluções eram abundantes, mas os dispositivos ainda precisavam ser projetados. E mais, projetar um motor na fábrica para ser utilizado em uma única ferramenta reduziria as chances de esse mesmo motor ser utilizado em outras ferramentas. Encontrar o equilíbrio certo obviamente exigiria o redesenho de muitas ferramentas. Isso significaria a criação de um sistema completamente novo, o que levaria tempo.

O Empreendedor do Sistema de Soluções

Durante a Revolução Industrial, as fábricas foram projetadas para funcionar com geração de energia a vapor. Como vimos, havia uma única fonte de geração de energia na fábrica, que distribuía, por meio de um eixo central com correias e polias, a energia necessária para o funcionamento das máquinas individuais. Aos olhos modernos, esse sistema pareceria uma grande máquina com pessoas dentro funcionando como meras engrenagens. Por sua grande estrutura, era uma engenhoca onde centenas de partes móveis eram ligadas a um único ponto de entrada de energia. Ter um novo tipo de potência não mudou isso. Mas ter novas máquinas fez com que alguns empresários repensassem a fábrica em si. Suponha que não houvesse eixos centrais ou mesmo eixos dedicados a grupos de máquinas individuais. *Como seria uma fábrica se você a projetasse do zero, considerando o conhecimento que tem agora sobre eletricidade?*

As fábricas eram construídas de modo que as máquinas ficassem próximas da fonte de energia. O que significava que havia vantagens em um projeto vertical com prédios de fábrica de vários andares. As pequenas e estreitas fábricas de vários andares do final de 1800 tinham seus próprios custos em termos de condições de trabalho, segurança e desempenho das máquinas. A eletricidade eliminou a necessidade de espremer tudo isso em pequenos espaços.

Os gerentes com maior visão empresarial perceberam que o verdadeiro valor da eletricidade viria do fornecimento de um sistema de soluções — especificamente, um sistema que pudesse aproveitar tudo o que a eletricidade tinha a oferecer. Por sistema, queremos dizer *um conjunto de procedimentos que, juntos, garantem que algo seja feito.*

Pense na economia de espaço dentro de uma fábrica. Com o sistema a vapor e fonte central, o espaço próximo ao eixo era mais valioso do que os demais. Portanto, o trabalho era feito principalmente próximo ao eixo, e qualquer outra coisa era armazenada e/ou removida. Isso significava que, à medida que eram fabricados, os produtos eram movidos de acordo com as demandas da fábrica.

A eletricidade equalizou o valor econômico do espaço, proporcionando flexibilidade. Agora valia a pena organizar o modelo de produção, digamos, em linha, de modo que reduzisse a movimentação do produto da fábrica, passando de um processo para o outro em um movimento único. Henry Ford não poderia ter inventado a linha de produção para o carro Modelo T com energia a vapor. Somente a eletricidade, décadas depois de sua promessa comercial, poderia alcançar isso. Sim, Ford era um empresário automotivo, mas era, em grande parte, um empreendedor de sistemas de soluções. Essas mudanças no sistema alteraram o cenário industrial, e só então a energia elétrica apareceu nas estatísticas de produtividade — e em grande estilo.[6]

Os Empreendedores da IA

Podemos tirar três lições disso tudo. Primeiro, o caminho para grandes aumentos de produtividade está em entender o que uma nova tecnologia oferece. Um empresário lançando mão da eletricidade em 1890 teria se concentrado em "economizar custos de combustível" como a principal proposta de valor para a tecnologia. Mas a eletricidade não era apenas uma máquina a vapor mais barata. Seu verdadeiro valor estava em fornecer uma forma de separar o uso da energia da sua origem. Isso liberou os usuários da restrição de distância, levando a uma cascata de melhorias no design da fábrica e no fluxo de trabalho. Por outro lado, um empresário que fizesse uso de eletricidade em 1920 teria descoberto que a proposta de valor-chave da eletricidade não era "economizar custos de combustível", mas sim "permitir um design de fábrica muito mais produtivo".

O mesmo padrão é o que esperamos ver com a IA. Como já observamos, as oportunidades iniciais de empreendedorismo envolveram soluções pontuais, como as da Verafin, que trocou uma forma de prever por outra melhor, mais rápida e mais barata.

Também vemos aplicativos de solução que exigem um redesenho de dispositivos ou produtos em torno da IA. Tudo o que é robotizado e alimentado por IA é aplicativo; da mesma forma, a IA tem sido implementada em softwares para aprimorar dispositivos. Considere a câmera do seu telefone, que consegue identificar seu rosto. Isso requer uma câmera especial, bem como um hardware especializado, que mantém essas informações seguras. Mas talvez o melhor exemplo que podemos dar desse tipo de inovação sejam os bilhões de dólares investidos em projetar e lançar veículos que possam ser autodirigidos nas condições reais de trânsito e estradas. Embora os carros possam parecer iguais externamente, seu hardware interno teve que ser reconstituído para permitir a colocação do sensor, o processamento a bordo e, então, o manuseio da máquina.

O que ainda precisamos verificar é a infinidade de sistemas de soluções de alto valor para IA que provavelmente surgirão. Este livro apresentará o potencial, bem como os desafios, na realização de tais oportunidades.

Em segundo lugar, uma vez que entendemos isso, precisamos fazer uma pergunta bem direta, mas potencialmente difícil de responder. Considerando o que sabemos atualmente sobre IA, como projetaríamos nossos produtos, serviços ou fábricas se estivéssemos começando do zero? Os novos designers de fábricas planas não surgiram nas indústrias tradicionais, mas nas fábricas emergentes dos anos 1900, como as de tabaco, metais manufaturados, equipamentos de transporte e a do próprio maquinário elétrico. Vemos ecos disso na adoção inicial de projetos de sistemas centrados em IA nas novas indústrias digitalizadas de hoje: pesquisa, comércio eletrônico, conteúdo de streaming e redes sociais.

Para a IA, podemos fazer as mesmas duas perguntas: (1) O que a IA realmente está nos dando? (2) Se estivéssemos projetando nosso negócio do zero, como construiríamos nossos processos e modelos de negócios? Se a eletricidade não era o "custo de energia mais baixo", mas permitia "um design de fábrica muito mais produtivo", talvez a IA não seja o "custo de previsão mais baixo", mas aquele que permite "produtos, serviços e design organizacional muito mais produtivos". Considerando que o principal benefício da eletricidade foi desacoplar o uso de energia de sua fonte, o que facilitou a inovação no design da fábrica, o principal benefício da IA é que ela desvincula a previsão do restante do processo de tomada de decisão, o que, por sua vez, facilita a inovação no design organizacional, reimaginando como as decisões se inter-relacionam.

Argumentamos que, ao desacoplar a previsão dos outros aspectos de uma decisão e transferir a previsão de humanos para máquinas, a IA permite a inovação em nível de sistema. As decisões são o alicerce fundamental para esses sistemas, e a IA aprimora a tomada de decisões.

A terceira e última lição: diferentes tipos de soluções oferecem diferentes oportunidades de poder nos mercados. Os empreendedores lucram quando criam e capturam valor. Em geral, com soluções pontuais, o problema é que, em primeiro lugar, há relativamente pouco valor criado. A eletricidade era um substituto de energia para o vapor, mas o vapor já tinha uma base instalada. Não seria barato trocar um pelo outro, e, se isso fosse feito, a proposta de valor para o consumidor seria uma conta de energia reduzida. Em outras palavras, os empreendedores de soluções pontuais podem obter lucros por serem os melhores no fornecimento dessa solução pontual específica — algo demonstrado pela Verafin —, mas esse é o melhor dos cenários.[7]

À medida que avançamos para os aplicativos e, depois, para os sistemas, o valor que os empreendedores criam torna-se mais defensável. Novos dispositivos podem ser diferenciados da concorrência e protegidos por patentes e outras formas de proteção de propriedade intelectual. Para novos sistemas, no entanto, o potencial é ainda maior. Na eletricidade, os novos designers de fábricas foram fornecidos em grande parte pelos proprietários dessas fábricas. Em seus próprios domínios, isso lhes deu um *know-how* que lhes permitiu construir participação de mercado e se isolar da concorrência. Embora um layout de fábrica possa ser fácil de ver, os procedimentos, os recursos e os treinamentos subjacentes ao novo sistema são menos visíveis e mais difíceis de replicar. Além disso, novos sistemas podem permitir escala.

A Disrupção e o Poder da IA

A eletricidade levou décadas para causar o que chamamos de "disrupção". Durante suas duas primeiras décadas, foi utilizada como solução pontual em algumas fábricas e aplicações, e para iluminação em outras. Mas isso só mudou a economia quando novos sistemas se desenvolveram. Essa mudança foi profunda e transferiu o poder para aqueles que controlavam a geração de energia elétrica e as redes de distribuição e para aqueles que podiam usar eletricidade em grande escala na produção em massa. Depois disso, você não queria ser um fabricante de correias e polias ou um proprietário de uma fábrica no centro da cidade.

A Parábola dos Três Empreendedores | 11

Vemos os mesmos processos acontecendo com a IA. As mudanças reais no poder econômico transferem o controle dos recursos e ativos escassos de um grupo de pessoas para outro, e são acompanhadas pela capacidade de proteger os negócios de pressões competitivas. Certamente, existem oportunidades para fazer isso com a IA, mas as que romperão, — ou seja, remodelarão — as indústrias e quem têm poder dentro delas surgem com os novos sistemas. Porém, novos sistemas são difíceis de desenvolver e, como exploraremos, difíceis de copiar, porque geralmente são complexos. Isso cria oportunidades para aqueles que conseguem inovar os próprios sistemas.

Há, no entanto, uma incerteza considerável: para a IA, quem pode acumular poder com essas novas tecnologias é uma questão em aberto. Tudo dependerá de como serão esses novos sistemas. Nossa tarefa aqui é iluminar seu caminho para antecipar quem pode ganhar e perder poder à medida que os sistemas de IA se desenvolvem e são adotados na sociedade.

PONTOS PRINCIPAIS

- A parábola dos três empreendedores, ambientada há mais de cem anos e focada no mercado de energia, ilustra como diferentes empreendedores explorando a mesma mudança tecnológica, do vapor à eletricidade, podem explorar diferentes propostas de valor: soluções pontuais (menor custo de energia e menos perda devido ao atrito — nenhuma alteração de projeto no sistema de fábrica); aplicativos de soluções (acionamentos elétricos individuais em cada máquina — máquinas modulares, de modo que a parada de uma não afete as outras; nenhuma mudança de projeto no sistema de fábrica); e sistemas de soluções (fábricas redesenhadas — construção leve, andar único, fluxos de trabalho otimizados em termos de layout espacial e fluxo de trabalhadores e materiais).

- Algumas propostas de valor são mais atraentes do que outras. No caso da eletricidade, as soluções pontuais e os aplicativos de solução, baseados na substituição direta do vapor por eletricidade, sem modificar o sistema, ofereciam um valor limitado, o que se refletiu na lenta adoção inicial pelas indústrias. Com o tempo, alguns empresários viram a oportunidade de fornecer soluções em nível de sistema explorando a capacidade da eletricidade de desacoplar a máquina da fonte de energia, de um modo que com o vapor ficaria muito caro, quando não impossível. Em muitos casos, a proposta de valor das soluções no nível do sistema excedeu em muito o valor das soluções pontuais.

O Tempo Entre os Tempos

Assim como a eletricidade permitiu desacoplar a máquina da fonte de energia e facilitou a mudança da proposta de valor de "custos de combustível mais baixos" para "design de fábrica muito mais produtivo", a IA permite dissociar a previsão dos outros aspectos de uma decisão e, assim, facilita a mudança do valor de "menor custo de previsão" para "sistemas muito mais produtivos".

O Futuro dos Sistemas de IA

O ano de 2017 foi repleto de conferências de IA. Esses eventos reuniam empresas e governos e também deixavam os acadêmicos animados. Tendo percebido que a IA tinha o potencial de transformar economias, queríamos que alguns dos melhores pesquisadores econômicos do mundo pensassem sobre ela, então organizamos uma conferência em Toronto para definir uma agenda de pesquisa para economistas relacionada à IA.[1]

Para nossa surpresa, não tivemos problemas para atrair uma multidão de economistas ao evento. Paul Milgrom, da Universidade de Stanford, que viria a ganhar o Prêmio Nobel por inovações que abrangem economia e ciência da computação, recordou-se de um convite semelhante que recebeu em 1990 para uma conferência sobre economia relacionada à internet. Ele recusou e se arrependeu. "Lembro-me nitidamente de quando, em 1990, a NSF me perguntou se eu estaria interessado em trabalhar na economia da internet, e eu estava muito ocupado trabalhando na teoria do principal-agente, na economia da empresa e na supermodularidade. Então eu recusei. Ugh!", ele escreveu. "Sem desculpas desta vez. Sim, estarei lá."[2]

Alguns dos participantes estavam otimistas sobre o impacto da IA. Daniel Kahneman, outro laureado com o Nobel, comentou: "Não acho que haja muito que possamos fazer que os computadores não possam vir a ser programados para fazer também."³ Betsey Stevenson, que atuou no Conselho de Assessores Econômicos do presidente Obama, resumiu, otimista: "Está claro que os economistas acreditam que a inteligência artificial representa uma oportunidade para ganhos econômicos substanciais."⁴

Outros eram mais céticos. Joseph Stiglitz, outro ganhador do Prêmio Nobel, era um dos vários preocupados com o impacto sobre a desigualdade. Tyler Cowen, economista e ex-colunista do *New York Times*, temia que a produtividade da IA aumentasse a escassez de recursos físicos. Manuel Trajtenberg, que passou parte de sua carreira como político em Israel, observou que os benefícios de longo prazo de uma tecnologia são irrelevantes se qualquer outra revolução acontece primeiro, prenunciando uma crescente resistência à automação de máquinas e à percepção popular sobre o impacto que essa automação teria nos empregos.

Uma preocupação particularmente interessante era a de que a IA não parecia ter muito impacto na economia. Como os economistas Erik Brynjolfsson, Daniel Rock e Chad Syverson colocaram:

> Vivemos em uma era de paradoxos. Os sistemas que usam inteligência artificial igualam ou superam o desempenho no nível humano em cada vez mais domínios, alavancando avanços rápidos em outras tecnologias e impulsionando os preços das ações. No entanto, o crescimento da produtividade caiu pela metade na última década, e a renda estagnou desde o final da década de 1990 para a maioria dos americanos.⁵

Para quem estuda a história da tecnologia (e como vimos com a eletricidade), esse paradoxo não é inédito. Em 1987, Robert Solow, do MIT, fez a famosa piada de que "vemos a era do computador em todos os lugares, menos nas estatísticas de produtividade". Os computadores estavam aparecendo em todos os lugares sem melhorias reais possíveis de serem medidas na produtividade. O padrão era familiar, e os economistas se interessaram pelo que aconteceria quando surgissem as "tecnologias de uso geral" — tecnologias que permitissem o crescimento sustentado da produtividade em vários setores.⁶ As tecnologias de uso geral incluem a máquina a vapor e a eletricidade, e os mais recentes semicondutores e a internet. Para os participantes da nossa conferência, a IA parecia um candidato plausível para se adicionar à lista. O que devemos esperar? Sim, historicamente, tais tecnologias acabaram transformando as economias, os negócios e o trabalho, mas o que aconteceu nas décadas em que tudo isso acontecia? O que aconteceu no tempo entre os tempos?

Inovação de Sistemas para IA

O CEO do Google, Sundar Pichai, disse que "a IA é provavelmente a coisa mais importante em que a humanidade já trabalhou. Eu penso nisso como algo mais profundo do que a eletricidade".[7] O Google já se aproveitou de benefícios da IA, mas muitas empresas ainda não. Um estudo de 2020 da Sloan Management Review do MIT e da BCG, uma empresa de consultoria global, descobriu que apenas 11% das organizações relataram benefícios financeiros significativos advindos do uso da IA.[8] Não foi por falta de tentativa: 55% disseram que tinham uma estratégia de IA, e 57% implantaram ou testaram soluções de IA.

Um dos pioneiros da IA, Andrew Ng, que fundou o projeto Google Brain e foi cientista-chefe da Baidu, declarou que "IA é a nova eletricidade. Ela tem o potencial de transformar todos os setores e criar um enorme valor econômico".[9] Concordamos. A IA tem o potencial de transformação da eletricidade, mas se a história servir de guia, essa transformação será uma jornada longa e cheia de acidentes.

O exemplo da eletricidade mostra que não há inconsistência inerente entre o otimismo sobre o futuro da IA e a decepção com seus resultados até agora. Brynjolfsson, Rock e Syverson destacaram essa era de paradoxos em sua fala. Devemos esperar que o otimismo sobre o futuro coexista com a decepção sobre onde estamos hoje. De fato, há boas razões, fundamentadas o suficiente, para esperar que ambos existam simultaneamente quando a economia passa pelo tipo de reestruturação associada a tecnologias transformadoras.

Na primeira onda da eletricidade, as lâmpadas substituíram as velas e os motores elétricos substituíram os a vapor. Eram soluções pontuais, sem necessidade de reestruturação. A economia não se transformou.

A IA está na mesma situação. É aplicada como uma nova ferramenta para análise preditiva. Algumas empresas, como a Verafin, estão vendo benefício na previsão aprimorada. São os 11% das empresas que já estão obtendo benefício financeiro.[10] Elas já faziam previsões, e a IA está tornando suas previsões melhores, mais rápidas e baratas. O fruto mais fácil para a IA são as soluções pontuais, e esse fruto está sendo colhido.

O Tempo Entre os Tempos

Assim como o verdadeiro potencial da eletricidade só foi liberado quando os benefícios mais amplos da geração de energia distribuída foram compreendidos e explorados, a IA só atingirá seu verdadeiro potencial quando seus benefícios em fornecer previsões puderem ser totalmente aproveitados. Para nós, isso aponta diretamente para o papel que a previsão desempenha no aprimoramento da tomada de decisões. *Demonstraremos que, em muitos casos, a previsão mudará tanto a maneira como as decisões são tomadas que todo o sistema de tomada de decisão e seus processos precisarão se ajustar dentro das organizações.* Só então haverá uma adoção generalizada da IA.

Estamos contemplando o tempo entre os tempos, após a demonstração da clara promessa da IA e antes de seu impacto transformacional. A Verafin é como os 11% das grandes corporações que obtiveram sucesso na implantação da IA porque as previsões se encaixam em seu sistema existente. Seu processo e seu fluxo de trabalho já estavam preparados para utilizar essas previsões sem exigir modificações significativas.

Para os 89% das empresas restantes, no entanto, o sistema ainda não está preparado. A promessa é clara, mas o caminho para alcançá-la não. Deve haver uma maneira de usar as previsões das máquinas para fazer as coisas de uma forma melhor. Isso significa usar previsões para tomar melhores decisões.

O impacto da IA será sobre aquilo que o ser humano pode fazer melhor porque pode tomar decisões melhores. Não se trata apenas do desafio técnico de coletar dados, construir modelos e gerar previsões, mas também do desafio organizacional de permitir que as pessoas certas tomem as decisões certas no momento certo. Além disso, trata-se do desafio estratégico de identificar *o que pode ser feito de forma diferente*, uma vez que melhores informações estejam disponíveis.

Preparando o Terreno

O tempo entre os tempos é caracterizado pelo entusiasmo e pelo sucesso das soluções pontuais, mas a IA ainda é, aparentemente, uma tecnologia de nicho. Já existe, no entanto, algum desenvolvimento e experimentação com aplicativos de solução. Porém, por sua natureza, eles são, muitas vezes, altamente específicos. Esses aplicativos aprimoram os produtos existentes, como telefones ou recursos de segurança automotiva.

O departamento de pesquisa e censo dos Estados Unidos perguntou a mais de 300 mil empresas sobre o uso de IA. As grandes empresas que a adotaram relataram, de forma esmagadora, que a utilizam para automatizar e melhorar os processos existentes, ou seja, suas IAs são soluções pontuais e aplicativos de solução, portanto, não houve alteração no sistema. Essas IAs tiveram um impacto modesto na produtividade dos adotantes.[11] Observar os fluxos de trabalho existentes e identificar onde as IAs podem substituir os humanos pode gerar benefícios significativos, embora incrementais. Não é onde estão as maiores oportunidades.

No tempo entre os tempos, empresários e gestores de empresas lutam para viabilizar economicamente a adoção de aplicativos. Para todas as tecnologias, Nathan Rosenberg observou: "Muitos dos numerosos casos de fracasso empresarial podem ser atribuídos ao fato de que um aspirante a empreendedor falhou em considerar as condições relevantes de interdependência entre o componente com o qual ele estava preocupado e o resto do sistema."[12]

A verdadeira transformação só acontecerá quando os inovadores voltarem sua atenção para a criação de novos sistemas de soluções. Essas soluções levam a IA a uma escala econômica ampla, e seu ímpeto estimulará a criação de outros aplicativos de solução. Esse potencial de escala e inovação subsequente tornará a adoção dos sistemas de IA economicamente benéfica.

Dada a importância dessas soluções, é fundamental explicar cuidadosamente o que queremos dizer. Então, definiremos nossos conceitos:

- Uma solução pontual melhora um procedimento existente e pode ser adotada de forma independente, sem alterar o sistema no qual está inserida.
- Um aplicativo de soluções possibilita um novo procedimento que pode ser adotado de forma independente, sem alterar o sistema no qual está inserido.
- Um sistema de soluções melhora os procedimentos existentes ou permite novos procedimentos alterando os procedimentos dependentes.

A parte mais importante dessas definições está no termo *independente*, que aparece nas definições de solução pontuais e aplicativo de solução, mas não na definição do sistema de solução. Imagine que temos um procedimento existente ou novo que podemos tornar mais valioso adotando uma nova tecnologia. Se o aumento de valor for maior que os custos de desenvolvimento ao adotarmos essa solução tecnológica, então a solução será economicamente viável. Além disso, é economicamente viável independentemente de alguma outra coisa mudar. No entanto, suponha que os benefícios dessa nova tecnologia sejam muito baixos e só possam ser melhorados mudando-se outras coisas. Então a adoção independente, sem essas mudanças, não é economicamente possível. A adoção requer a mudança de vários processos juntos.

Assim, vimos que algumas fábricas tiveram facilidade em adotar a eletricidade como solução pontual, substituindo o vapor. E alguns aplicativos também foram construídos para ser integrados a motores elétricos e usados em sistemas de produção existentes. Mas, em muitas situações, as fábricas precisaram ser redesenhadas e, de fato, sistemas elétricos e redes inteiras precisaram ser fornecidos para tornar a solução economicamente viável. Em outras palavras, os sistemas de soluções transformaram a eletricidade de um substituto da energia existente em oportunidades para usar uma nova energia.

No próximo capítulo, revisitamos um tema de *Máquinas Preditivas* — que os avanços na IA moderna são, em essência, uma melhoria na tecnologia de previsão. Além disso, as previsões têm valor apenas como insumos para a tomada de decisões. Assim, modificamos as definições anteriores para os propósitos deste livro:

SOLUÇÃO PONTUAL DE IA: Uma previsão é valiosa como uma solução pontual se melhora uma decisão existente e se essa decisão pode ser tomada independentemente.

APLICATIVOS DE SOLUÇÃO DE IA: Uma previsão é valiosa como um aplicativo de solução se permite uma nova decisão ou altera a forma como uma decisão é tomada e se essa decisão pode ser tomada de forma independente.

SISTEMAS DE SOLUÇÕES DE IA: Uma previsão é valiosa como um sistema de soluções se melhora as decisões existentes ou permite novas decisões, mas apenas se implementadas mudanças na forma como outras decisões são tomadas.

Para outras tecnologias, embora tenhamos o benefício da retrospectiva para nos dizer exatamente o que era independente e dependente, com a IA ainda devemos descobrir esses aspectos do sistema. Este livro é sobre como encontrá-los.

A Mudança no Sistema é Disruptiva

O maior aumento na adoção da IA, se a história servir de guia, virá de mudanças nos sistemas. Mas essa mudança também será disruptiva. Por disruptiva, queremos dizer que mudará os papéis de muitas pessoas e empresas dentro das indústrias e, com isso, causará mudanças no poder. Ou seja, é provável que haja vencedores e perdedores econômicos, sobretudo se as mudanças do sistema ocorrerem de forma relativamente rápida.

Para se ter uma ideia dessa disrupção, considere a previsão na agricultura. A agricultura é um setor em que a mecanização reduziu drasticamente o emprego de seres humanos. Mas a administração da fazenda ainda é do agricultor. Embora as fazendas sejam grandes, há decisões que cabem a eles, tanto que muitas continuam sendo propriedade dos fazendeiros. Eles usavam previsões sobre o clima para auxiliar nessas decisões, mas a natureza da terra que possuíam era algo exclusivamente ligado às suas próprias habilidades de previsão e tomada de decisões em geral.

No entanto, as coisas mudaram. Os fazendeiros, querendo ou não, são expostos às condições climáticas; mais criticamente, a maneira como eles são expostos interfere nas colheitas e nas condições locais do campo. Esse risco nunca antes observado foi algo que David Friedberg, que forneceu as primeiras previsões meteorológicas acessíveis pela internet, percebeu quando tentou vender seguros para fazendeiros norte-americanos. Assim como os dados meteorológicos, o governo dos EUA tinha dados — na forma de imagens infravermelhas de satélite e dados sobre a composição do solo de 29 milhões de campos — que permitiriam a Friedberg calcular o risco que o clima poderia oferecer em nível de campo ou de colheita.[13]

Friedberg começou sua empresa, The Climate Corporation, para vender seguros a fazendeiros, mas logo descobriu que eles estavam muito interessados nos dados que ele tinha sobre seus próprios campos:

> Ele [Friedberg] mostrava ao fazendeiro exatamente quanta umidade o campo tinha em determinado momento — acima de certo nível, o campo seria danificado se trabalhado. Ele mostra a precipitação e a temperatura todos os dias — você pode pensar que o fazendeiro saberia, mas ele pode estar administrando vinte ou trinta campos diferentes, espalhados por vários municípios. Ele mostra ao fazendeiro o estágio preciso de crescimento de sua lavoura, os melho-

res momentos para adubar, a janela ideal de oito dias para plantar suas sementes e a data ideal para a colheita.[14]

A previsão impulsionou muito as principais decisões dos fazendeiros: fertilização, semeadura e colheita. O objetivo dessas decisões era quase universal — maximizar o rendimento: "A agricultura sempre envolveu julgamentos que despertavam os instintos do fazendeiro. The Climate Corporation transformou a agricultura em ciência de decisão e em uma questão de probabilidade. O fazendeiro não estava mais jogando roleta, mas vinte-e-um. E David Friedberg o ajudava a contar as cartas."[15]

Os agricultores estavam acostumados a ver mudanças tecnológicas nas novas ferramentas que podiam usar no campo, mas esse conhecimento estava começando a substituir a forma como tomavam decisões. De fato, as decisões em si não apenas mudaram, mas se mudaram. Para onde? Para São Francisco, longe da área rural dos Estados Unidos. Essa corporação urbana da Costa Oeste agora estava dizendo aos fazendeiros do Kansas que eles não deveriam mais cultivar milho.

Atualmente, The Climate Corporation não lida com todas as decisões agrícolas. O fazendeiro ainda toma algumas decisões críticas. No entanto, como observa Friedberg, "com o tempo, isso será zerado. Tudo será observado. Tudo será previsto".[16] Os fazendeiros estão adotando isso pouco a pouco. O autor Michael Lewis relata: "Ninguém perguntou a Friedberg: se meu conhecimento não é mais útil, quem precisa de mim?"[17] Não sabemos quanto tempo irá demorar e se algumas decisões não podem ser automatizadas. Sabemos que o setor vê um grande potencial nessas ferramentas. Em 2013 a Monsanto adquiriu a Climate Corporation pelo valor de US$ 1,1 bilhão.

Passo a passo, à medida que as máquinas de previsão melhoram, os fazendeiros não estão simplesmente aceitando essas previsões e tomando decisões com base nelas, mas cedendo essas decisões a outros. Isso provavelmente melhora o gerenciamento da fazenda, pois as pessoas com informações, habilidades, incentivos e capacidade de coordenação corretas tomam cada vez mais decisões. Ao mesmo tempo, neste novo cenário, qual será o papel dos fazendeiros? Eles são os proprietários de terras, mas quanto tempo há até que isso também mude?

O Objetivo deste Livro

Nosso objetivo aqui é motivar o desenvolvimento de sistemas de soluções de IA, diretamente ligado ao papel que ela desempenha na previsão e na tomada de decisões.

Na Parte 1, discutimos a parábola dos três empreendedores e apresentamos os desafios no desenvolvimento e na implantação da IA no tempo entre os tempos, que provavelmente refletem os da eletricidade e outras tecnologias de uso geral do passado. Como uma ponte para entender esses desafios e oportunidades, no Capítulo 3, revisitamos a tese de nosso livro anterior, *Máquinas Preditivas*, e descrevemos como a IA envolve a previsão em seu cerne.

Na Parte 2, para desenvolver nosso argumento de que, mais do que trazer soluções pontuais, as previsões deverão agregar alto valor, nos aprofundamos no processo de tomada de decisão. Exploramos três grandes temas. Primeiro, tomar decisões é difícil. Custa muito mais a nós do que o simples cumprimento de uma regra. A vantagem de uma decisão é a capacidade de mudar o que você faz em resposta a novas informações. Quando não há previsão do que esperar, esses benefícios são silenciados. Em segundo lugar, a previsão da IA pode pender a balança das regras para as decisões que tomamos e como as regras, e as ações advindas delas, são utilizadas para ocultar os impactos da incerteza de uma organização. Assim, pode ser difícil saber onde aplicar a IA porque a incerteza cria raízes. Ao mesmo tempo, é aqui que a disrupção pode ser mais fortemente sentida. Se essa incerteza vier à tona, as empresas dedicadas a mantê-la escondida estarão em perigo. Em terceiro lugar, estão as relações entre as decisões. Quando as decisões interagem umas com as outras, passar de um simples cumprimento de regra para uma decisão orientada por previsão, na verdade, adiciona uma medida de falta de confiabilidade ao sistema. Superar isso geralmente requer mudanças no sistema inteiro. O problema é que as regras unem o sistema existente, muitas vezes de maneiras sutis e não óbvias. Assim, pode ser mais fácil construir um sistema do zero do que alterar um existente. Portanto, historicamente, novos concorrentes e startups geralmente superam os negócios estabelecidos quando se faz necessário um redesenho total do sistema para sua otimização. Assim, a mudança em nível de sistema é um caminho para a disrupção das empresas estabelecidas.

Na Parte 3, examinamos o processo de criação de novos sistemas, que envolve mais do que apenas mudar uma decisão para responder à previsão, mas fazer isso com todas as decisões que interagem no sistema. Descrevemos a importância de adotar uma mentalidade de sistema e observar as relações sutis entre as decisões, sobretudo se muito antes este era regido por regras, e mostramos que a previsão de IA já tem um efeito de mudança nos sistemas dentro desse processo de inovação. Isso dá uma ideia de quais mudanças podem ser necessárias em outros lugares.

Na Parte 4, apresentamos a consequência fundamental da mudança em todo o sistema: suas implicações para o poder. A disrupção como processo envolve uma redistribuição do poder econômico, isto é, sob o novo sistema, aqueles que criam o maior valor econômico mudarão. Revisitamos a história mais recente para explicar como a disrupção que transformou a indústria sempre esteve associada a mudanças em todo o sistema. Em seguida, examinamos um aspecto do medo em relação ao poder que surge quando se discute a IA: se as máquinas terão poder. Explicamos que, quando você entende que a IA tem tudo a ver com previsão e é uma contribuição para a tomada de decisões, o poder não vem das máquinas — mesmo que elas pareçam poderosas —, mas daqueles por trás das máquinas, orientando como elas reagem às previsões (o que chamamos de julgamento). Então, exploramos as vantagens que as melhores previsões — e os dados que as alimentam — podem oferecer às empresas que competem entre si. Em outras palavras, como a previsão pode impulsionar o acúmulo de poder.

Na Parte 5, nos aprofundamos no mecanismo pelo qual a previsão pode mudar quem detém o poder, ou seja, como a IA cria disrupção. Explicamos como a adoção da IA envolve a dissociação entre previsão e julgamento, que antes andavam juntos, como quando os tomadores de decisão sem uma máquina de previsão à sua disposição tomavam decisões. Isso levanta a questão de saber se o atual tomador de decisão está realmente na melhor posição para fornecer esse julgamento. Depois, nos voltamos para quem esses juízes podem estar seguindo na dissociação: a previsão ou o julgamento. Em particular, exploramos como o julgamento pode passar de descentralizado para estar em escala com uma consequente concentração de poder. Da mesma forma, quando a previsão envolve a mudança de uma regra para uma decisão e depois para um novo sistema, novas pessoas têm um papel na tomada de decisão e, portanto, tornam-se o novo *locus* de poder.

Por fim, na Parte 6, consideramos o design do sistema — especialmente para sistemas confiáveis que se baseiam nos novos desenvolvimentos de IA — e fornecemos uma ferramenta que você pode usar para entender seus negócios e seu setor como um sistema de decisões (ou decisões em potencial). Isso envolve uma abordagem em branco para mapear sua missão para um pequeno conjunto das decisões mais fundamentais quando você tem acesso a poderosas máquinas de previsão. Explicamos como o setor de seguros residenciais pode fazer isso e analisamos como a assistência médica pode alcançar isso, uma vez que já enfrenta desafios em nível de sistema com a aplicação da IA.

Terminamos o livro com o exemplo do viés da IA, que preocupa muitos. Argumentamos que, quando visto como uma solução pontual, o viés da IA é um problema e pode criar uma resistência justificada à adoção de máquinas de previsão. Mas o preconceito é visto de forma mais adequada a partir de uma mentalidade do sistema. Uma vez que entendemos como o sistema pode se ajustar para acomodar a previsão da IA, fica mais fácil ver que a eliminação do viés é uma oportunidade oferecida pela IA, e não subvertida por ela.

No geral, enfatizamos que a transformação da indústria impulsionada pela IA leva tempo. No começo, não é óbvio como fazer isso. Muitos provavelmente, experimentarão e falharão porque entenderam mal a demanda ou não conseguem fazer a economia unitária funcionar. Eventualmente, alguém terá sucesso e estabelecerá um caminho para a lucratividade. Outros tentarão imitar. O líder da indústria tentará criar fossos para proteger sua vantagem. Às vezes, terá sucesso. Independentemente disso, a indústria se transformará e, como sempre, haverá vencedores e perdedores.

PONTOS PRINCIPAIS

- Apesar dos incríveis poderes preditivos da IA, o crescimento medido da produtividade caiu pela metade na última década, e a renda real estagnou desde o final dos anos 1990 para a maioria dos norte-americanos. Esse paradoxo da produtividade não é novidade. Experimentamos algo semelhante na década de 1980 com os computadores. Chamamos isso de tempo entre os tempos: depois de testemunhar o poder da IA e antes de sua adoção generalizada. Embora as soluções pontuais e de aplicativo possam ser projetadas e implementadas com razoável rapidez, as soluções de sistema que liberarão o vasto potencial da IA levam muito mais tempo.

- O conceito-chave nas definições dos três tipos de soluções de IA — *soluções pontuais, soluções de aplicativos* e *soluções de sistema* — é a independência. Se uma previsão de IA criar valor aprimorando a decisão focal e essa criação de valor for independente de qualquer outra alteração no sistema, uma solução pontual (decisão existente aprimorada) ou uma solução de aplicativo (nova decisão) será viável. No entanto, se o valor da decisão aprimorada não for independente, mas exigir outras mudanças substanciais no sistema para criar valor, então uma solução de sistema será necessária.

As soluções de sistema geralmente são mais difíceis de implementar do que as pontuais ou de aplicativos, porque a decisão aprimorada por IA afeta outras decisões no sistema. Enquanto as soluções pontuais e de aplicativo geralmente reforçam os sistemas existentes, as soluções de sistema, por definição, derrubam as soluções existentes e, portanto, muitas vezes resultam em disrupção. No entanto, em muitos casos, as soluções de sistema provavelmente gerarão o maior retorno geral dos investimentos em IA. Além disso, as soluções de sistema provavelmente causarão disrupção em alguns setores, criando vencedores e perdedores.

A IA é uma Tecnologia de Predição

Em nosso primeiro livro, *Máquinas Preditivas*, examinamos a economia simples da IA. Pegamos toda a complexidade potencial e a euforia em relação à IA e as reduzimos a um único fator: previsão. Reduzir uma novidade excitante à sua essência menos sensacional é uma ferramenta-chave no manual de um economista.

Quando as pessoas pensam em IA, pensam nas máquinas inteligentes espalhadas pela cultura popular. Pensam em robôs úteis, como R2-D2 ou WALL-E. Pensam em companheiros de equipe brilhantes, como Data, de *Star Trek*, ou J.A.R.V.I.S., do *Homem de ferro*. Também pensam naqueles que se tornaram desonestos, como HAL 9000, de *2001: Uma odisseia no espaço*, ou Ultron, de *Vingadores: Era de Ultron*. Quaisquer que sejam suas peculiaridades ou intenções, essas representações de IA têm uma coisa em comum: ninguém contesta que elas podem pensar, raciocinar e agir, assim como nós.

Podemos desenvolver uma tecnologia que faça tudo isso, mas não é essa a realidade atual. Em vez de algo que pensa, o que temos é um avanço nas técnicas estatísticas. Um avanço muito significativo. À medida que esse avanço atingir seu potencial, reduzirá drasticamente o custo da previsão. E a previsão é algo que fazemos em todos os lugares.

O evento mais marcante nos desenvolvimentos recentes em IA foi a demonstração da superioridade de novas técnicas de aprendizado de máquina, chamadas de *deep learning* (aprendizado profundo ou DL). Em 2012, uma equipe da Universidade de Toronto, liderada por Geoffrey Hinton, usou o DL para melhorar drasticamente a capacidade de máquinas de identificar o conteúdo de imagens. Usando um conjunto de dados de milhões de imagens chamado ImageNet, as equipes tentaram, por quase uma década, criar algoritmos que identificassem com precisão o que uma imagem mostrava. Esse conjunto de dados já havia rotulado o que havia em cada imagem com uma classificação de nível humano. A ideia era pegar esse conjunto de dados, usá-lo para desenvolver um algoritmo e, em seguida, alimentar o algoritmo com novas imagens. Haveria, então, uma competição entre os algoritmos e humanos, que identificariam o que havia nas imagens. Os humanos não eram perfeitos nessa tarefa, mas antes de 2012, eram muito superiores a qualquer algoritmo. Depois desse ano, a situação começou a mudar.

A abordagem DL concebeu a tarefa — identificar os temas nas imagens — como um problema de previsão. O objetivo era conseguir prever, quando dada uma nova imagem, o que um humano diria que estava nela. Quando apresentada a imagem de um cachorrinho, a tarefa não era entender o que realmente compunha a imagem de um cachorrinho. Em vez disso, era adivinhar qual seria a coisa na foto, entre todas as outras coisas, mais provável de ser um cachorrinho. O objetivo, portanto, era adivinhar a indicação correta mais provável, o que se tornou a previsão. Ao permitir um grande número de atributos e suas combinações — um exercício computacionalmente difícil —, o que a equipe de Toronto mostrou é que o DL poderia superar qualquer outro algoritmo e, por fim, a maioria das pessoas.

Essa descrição faz parecer que a máquina estava "improvisando", em vez de resolver um problema. Mas que improvisação! A previsão da máquina é útil por ser mais precisa do que qualquer outra coisa. A razão disso é que prever é uma estratégia-chave em nossa tomada de decisão.

Complementando a Previsão

As previsões não são a única estratégia que utilizamos na tomada de decisões. Para entender como a previsão é importante, é necessário entender duas outras estratégias-chave que são importantes nas decisões: julgamento e dados. O julgamento é mais bem explicado com um exemplo.

No filme *Eu, robô*, o detetive de homicídios Del Spooner vive em um futuro no qual os robôs servem aos humanos. Ele odeia robôs, e esse ódio conduz grande parte da trama, que fornece a história por trás da animosidade: o carro de Spooner sofre um acidente com outro carro transportando uma menina de 12 anos; os carros desviam de uma ponte, e tanto o detetive quanto a garota estão claramente prestes a se afogar. Um robô salva o detetive, não a garota. Spooner acredita que o robô deveria ter salvado a garota, então guarda rancor contra todos os robôs.

Por se tratar de um robô, Spooner poderia perfeitamente auditar sua decisão e descobrir que o robô previu que ele tinha 45% de chance de sobrevivência e que a garota tinha apenas 11%. Portanto, dado que o robô só teria tempo de salvar uma pessoa, o detetive foi o escolhido. Contudo, Spooner acredita que 11% é chance mais do que suficiente para tentar salvar a garota e que um ser humano saberia disso.

Talvez. Essa é uma afirmação sobre julgamento — o processo de determinar a recompensa para uma ação específica em um ambiente específico. Se salvar a garota é a decisão certa, podemos inferir que ele acredita que a vida da garota vale mais do que quatro vezes a dele. Se ela tivesse 11% de chance de sobrevivência, e ele, 45%, um humano com essa informação, e forçado a fazer a escolha, teria que especificar o valor relativo de suas vidas. O robô aparentemente foi programado para julgar todas as vidas humanas como sendo de igual valor. Ao usar uma máquina de previsão, precisamos ser explícitos sobre o julgamento.

Correlação e Casualidade

Os dados fornecem as informações que permitem uma previsão. À medida que as IAs adquirem mais dados de alta qualidade, as previsões melhoram. Por qualidade, queremos dizer que você tem dados sobre o contexto em que está tentando prever. Na estatística, chamamos isso de necessidade de prever algo na "base" de seus dados. Extrapole muito os dados que você tem e a previsão pode ser imprecisa.

Fazer a previsão com a base de seus dados não é algo tão simples quanto coletar dados de uma ampla variedade de configurações para garantir que não extrapole demais ou evite prever muito no futuro. Às vezes, os dados de que você precisa não existem. Isso fundamenta o refrão repetido em todos os cursos de estatística no mundo inteiro: correlação não é necessariamente causalidade.

O Tempo Entre os Tempos

Na indústria de brinquedos dos EUA, há uma forte correlação entre publicidade e receita. Os gastos com publicidade aumentam acentuadamente no final de novembro e permanecem altos por cerca de um mês. Durante esse período em que a publicidade está em alta, os brinquedos voam das prateleiras. Olhando apenas os dados, pode ser tentador aumentar a publicidade no resto do ano. Certamente seria possível aumentar a receita em abril se a indústria começasse a anunciar lá pelos meados de março, como faz no mês anterior ao Natal.

A indústria não faz isso. A publicidade de brinquedos em abril é muito menor do que em dezembro. Isso significa que qualquer previsão do que poderia acontecer se a publicidade em abril aumentasse estaria completamente fora da nossa base de dados. A partir da correlação mês a mês entre publicidade e receita, você não pode dizer se foi a publicidade que gerou receita ou se foi o Natal que causou as duas coisas. É possível que a correlação seja causal, portanto, aumentar os gastos com anúncios em abril levará a um aumento acentuado nas vendas de brinquedos. Claro, também é possível que não seja a publicidade que esteja causando a maior parte das vendas em dezembro. Em vez disso, pode ser a antecipação do Natal que causa o aumento tanto da publicidade quanto das vendas. Também é possível que a publicidade cause vendas em dezembro, mas como muito menos norte-americanos compram brinquedos em abril, não haverá muito efeito nessa época do ano.

Em outras palavras, as máquinas de previsão por si só não fornecem informações sobre o que aconteceria com as vendas de brinquedos em abril se a estratégia de publicidade do setor mudasse.[1] Para descobrir essa relação, você precisaria usar um ramo diferente da estatística, chamado "inferência causal". Assim como a IA, esse ramo também teve grandes progressos nos últimos anos (com o Prêmio Nobel de economia de 2021 concedido por avanços na análise de relações causais), e está ficando cada vez mais claro que essas ferramentas são um complemento da IA, fornecendo a ela os dados necessários para permitir previsões eficazes em muitos ambientes. As principais empresas de IA do mundo reconhecem isso. Por exemplo, dos três ganhadores do Prêmio Nobel de 2021, dois trabalhavam para a Amazon. Além de suas posições acadêmicas, Guido Imbens é um cientista da equipe Core AI, e David Card é um Amazon Scholar.[2]

Os desafios de inferência causal limitam a utilidade da IA a locais onde é possível coletar dados relevantes. As IAs têm sido muito eficazes em jogos, incluindo xadrez, Go e *Super Mario Bross*. A configuração de um jogo é a mesma toda vez que você joga, então não há necessidade de extrapolar muito os dados anteriores para os jogos atuais. Além disso, para as situações que não constam nos dados, pois jogos são softwares, é possível fazer experimentos simulados. Esses experimentos permitem que a IA preencha o restante dos dados para explorar o que aconteceria se um botão diferente fosse pressionado ou uma nova estratégia fosse aplicada. Foi assim que AlphaGo e AlphaGoZero, da DeepMind, descobriram estratégias vencedoras no jogo de tabuleiro Go que não haviam sido usadas com sucesso em jogos de competição de alto nível. A DeepMind fez milhões de experimentos simulados e a máquina aprendeu a prever estratégias vencedoras, simulando o que aconteceria se tentasse várias abordagens diferentes.[3]

Em muitas situações de negócios, os dados estão disponíveis. Quando não estão disponíveis, muitas vezes é possível coletá-los com experimentação. A experimentação nos negócios leva mais tempo do que nos jogos porque ocorre na velocidade humana, não na velocidade na qual um computador pode executar uma simulação. Ainda assim, pode ser uma ferramenta poderosa para coletar dados relevantes que podem ser úteis para a IA.

Experimentos aleatórios são a principal ferramenta para os estatísticos descobrirem o que causa o quê. Eles são o padrão de ouro para a aprovação de novos tratamentos médicos. Um grupo é designado aleatoriamente para receber tratamento, enquanto o outro recebe placebo. Embora os grupos não sejam idênticos — eles consistem em pessoas diferentes —, as diferenças são resultado do acaso. Com pessoas suficientes designadas para cada grupo, você pode concluir se o tratamento causou o resultado. Ao executar o tipo certo de experimento, muitas vezes é possível preencher os dados necessários para tirar conclusões causais, não apenas descobrir correlações.

Às vezes, esses dados simulados, aleatórios ou mesmo quase aleatórios, serão difíceis ou impossíveis de serem coletados. Do outro lado, temos a aplicação da IA em contextos militares. A princípio, a guerra pode parecer o lugar ideal para aplicar ferramentas de IA. Como o teórico militar Carl von Clausewitz escreveu no século XIX, "a guerra é o reino da incerteza". A previsão poderia reduzir a incerteza e, assim, gerar uma vantagem militar substancial. O desafio, porém, é que as guerras envolvem adversários. Na guerra, "se a IA se tornar boa em otimizar a solução para qualquer problema, um inimigo inteligente terá incentivos para mudar o problema".[4] O inimigo irá além do conjunto de treinamento, e os dados, em tempo de paz, serão de pouca utilidade.

Essa ideia também se aplica a contextos de negócios. As previsões funcionarão quando não houver um concorrente com incentivos suficientes para minar suas previsões ou um cliente para encontrar uma maneira de contorná-las. Se um cliente puder ser melhor fazendo a engenharia reversa dos principais aspectos de sua IA, alimentando-a com informações falsas, a IA só servirá aos seus objetivos enquanto os clientes não descobrirem como ela funciona. Quando as previsões não suportam seus dados e surgem problemas de inferência causal, o que pode parecer uma solução pontual geralmente requer mudanças em nível de sistema. Ainda assim, para 11% das empresas que já viram o valor da IA, a previsão geralmente é baseada nos dados que elas têm em mãos, portanto, uma solução pontual de IA funciona muito bem.

A Previsão no Centro

Considere a decisão de aceitar ou rejeitar uma transação financeira. A chave para essa decisão é a previsão de fraude, o coração dos negócios da Verafin. É proposta uma transação que envolve uma solicitação de pagamento, que é uma transferência de uma conta para outra. Se a transação é aprovada, o dinheiro muda de mãos, o que desencadeia a troca de bens e serviços reais. Se a transação não é aprovada, nenhum dinheiro é movimentado, o que pode impedir as obrigações reais subjacentes. A transação exige aprovação de pagamento porque os erros custam caro. Aprove uma transação que vem de alguém que não tem uma conta e uma série de responsabilidades e problemas surgirá. Recuse uma transação que não teria tais problemas e você interromperá as atividades do mundo real que viriam após o processo.

Você pode pensar que isso o faria desejar um sistema que evitasse totalmente os erros. Evitar erros não é algo impossível — com o tempo e uma análise cuidadosa, um banco provavelmente poderia fazer isso —; o problema é que evitar totalmente os erros custa muito caro. Isso retardaria o processo, aumentaria as taxas de transação e tiraria, em primeiro lugar, a conveniência de fazer uma transação. Afinal, se custará muito caro toda vez que eu precisar movimentar minha conta, talvez seja melhor usar o bom e velho caixa e mostrar o dinheiro na hora.

Por isso, para fazer o sistema funcionar, os bancos se envolvem em um jogo de adivinhação. Eles precisam equilibrar os possíveis erros de adivinhação que podem cometer. Se forem rigorosos em relação às transações que aprovam, correm o risco de recusar muitas transações legítimas e acabar com clientes insatisfeitos. Se forem muito tolerantes com as aprovações, acabam abrindo espaço para fraudadores realizarem transações ilegítimas e dificultam a cobrança de dinheiro extraviado, o que prejudica diretamente os resultados financeiros do banco. Assim, eles adivinham e estabelecem limites de rigor para equilibrar os dois erros que inevitavelmente cometerão.

A IA é o meio pelo qual os bancos se tornam melhores no jogo de adivinhação e reduzem os erros. Como economistas que se dedicaram a estudar os novos desenvolvimentos em IA na última década, passamos a ver nosso papel como o de desmancha-prazeres. A IA atrai a atenção de filósofos, cineastas, futuristas, pessimistas e uma série de outras pessoas que podem animar sua conversa em um jantar. Desempenhamos o papel oposto. Pegando nossa dica de onde realmente ocorreram os sucessos da ciência da computação, todos os desenvolvimentos em IA com nomes sofisticados, como redes neurais, aprendizado de máquina, aprendizado profundo ou otimização adversária, se resumem a um avanço — embora um grande avanço — em estatística, ou seja, a estatística de previsão. Assim, em vez de termos uma IA engajada em uma batalha de combate a um crime como a fraude, o que a IA está realmente fazendo é melhorar a capacidade dos bancos de separar transações legítimas de fraudulentas a um custo muito menor — isto é, previsão.

A IA hoje é uma máquina de previsão, e isso é tudo. Para a Verafin, acabou sendo exatamente o que ela queria. Para fazer o sistema de pagamentos moderno funcionar, é necessário um alto grau de automação. Você deseja ter alta confiança nessas aprovações. É aí que entra a IA. Ela pega a riqueza de informações que os bancos têm sobre seus clientes, padrões de comportamento, quando e onde as transações estão ocorrendo, e traduz isso em uma previsão sobre a legitimidade de uma transação. Nas últimas duas décadas, a precisão melhorou. Agora há uma adoção generalizada de ferramentas de IA para a detecção de fraude em serviços bancários e financeiros, e esses institutos reivindicam benefícios substanciais em termos de precisão.[5]

Previsão é o negócio da Verafin, e como a IA é um grande avanço na tecnologia preditiva, empresas como a Verafin certamente serão as primeiras beneficiárias. Bancos e outras instituições financeiras costumavam realizar suas próprias funções de previsão. Aprovação é a própria definição de seus negócios. Quanto melhor essas decisões forem tomadas, melhor serão em seu trabalho. E eles podem usar todas as informações que conseguirem. Como se viu, a Verafin foi capaz de fornecer essas informações, aproveitando sua capacidade de aprender e refinar os algoritmos das transações processadas por milhares de instituições financeiras e seus clientes. Isso não quer dizer que alcançar a liderança de mercado em previsão foi moleza. A Verafin tinha quase duas décadas de experiência. Mas o ponto aqui é que a previsão é e sempre foi seu trabalho, e a IA criou uma nova oportunidade para aumentar sua aposta.

Além da Previsão

Este livro não é sobre empresas como a Verafin, mas ela é a mais lembrada porque ilustra uma exceção, não uma regra, para a adoção e o impacto da IA. Tudo se encaixou para essa startup. Em primeiro lugar, a previsão — o principal resultado da IA — estava no centro de seus negócios. Em segundo lugar, muito pouco precisou mudar para que seus clientes — instituições financeiras — adotassem seus produtos, porque a previsão também estava no centro desses negócios. Em terceiro lugar, essas empresas já tomavam decisões com base em previsões, sabiam o que fazer com essas previsões e já estavam acostumadas a lidar com as consequências de erros preditivos para que a IA pudesse ser implantada com segurança. Os bancos estavam prontos para as inovações em soluções pontuais.

O principal é que a Verafin já operava em um sistema preparado para adotar a IA. O sistema não precisou mudar para usar a previsão. Não precisava ser criada uma nova forma de tomar decisões. A Verafin já fornecia previsões para empresas que sabiam para que precisavam de previsões, se prepararam para tirar proveito dessas previsões e, o mais importante, foram capazes de se orientar em diferentes direções com base nessas previsões.

A Verafin é um exemplo da etapa final do que será um processo mais desafiador para a maioria das empresas que podem se beneficiar da adoção da IA agora e no futuro. Se sua empresa quiser adotar a IA, provavelmente terá que limpar o mato, e talvez uma floresta inteira, antes de poder implementá-la. Este livro é sobre esse processo de limpeza — identificar o que precisa mudar e os dilemas e desafios que você enfrentará ao implementar essa mudança. Estamos nos referindo à mudança em nível de sistema, não uma solução pontual ou de aplicativos de solução que você pode implementar deixando o sistema existente intacto. Saber no que está se metendo é uma etapa crítica para descobrir se isso vale a pena.

Ilustrando o Desafio

Uma das partes mais referenciadas de nosso livro anterior veio de um experimento mental. A Amazon usa IA para prever o que consumidores específicos podem querer comprar. Quando você está comprando no site da Amazon, essas previsões informam a decisão de quais itens recomendar em um catálogo de dezenas de milhões de opções. Você classifica suas recomendações e pede algumas, que, então, são enviadas para você. Passam-se alguns dias entre o momento em que você começa a fazer suas compras e a chegada das mercadorias.

Nesse contexto, nos perguntamos: o que poderia mudar se as previsões da Amazon sobre o que você deseja comprar ficassem muito melhores? Ela poderia devolver esses dias de espera ao consumidor, prevendo o produto que você deseja e enviando-o para a sua porta, convidando-o a aceitá-lo ou não apenas na entrega. Em outras palavras, a Amazon enviaria produtos com base em suas previsões, e você os compraria nas caixas entregues à sua porta. Chamamos isso de mudança de comprar e enviar para enviar e comprar. Embora alguns possam achar assustador ter produtos aparecendo em casa, não é difícil imaginar o quão conveniente isso poderia ser.

Mudar a ordem para *enviar e comprar* era algo que imaginávamos como um aplicativo de solução. Seria necessária uma previsão e daria à Amazon a decisão de enviar algo, em vez de deixar o cliente decidir se pediria um item. Muitas pessoas consideram compras um fardo, portanto, ao fornecer essa solução de forma barata, a melhor previsão ofereceu uma solução para a questão.

Ainda não vimos a Amazon fazer isso, o que não impediu a empresa de experimentar a ideia. Ela já patenteou o "envio antecipado", mas sua implementação é um muito discreta.[6] Por exemplo, rotineiramente a Amazon oferece aos consumidores opções para assinar um produto, em vez de encomendá-lo ativamente. Como? Ela percebe quanto papel higiênico você usa em sua casa e promete fornecer o produto em intervalos regulares. Isso dá segurança à Amazon na demanda e repassa a economia aos consumidores na forma de descontos na assinatura.

Depois de irmos além do experimento mental, no entanto, podemos ver por que a implementação do *enviar e comprar* é um desafio significativo. Se as previsões forem perfeitas, esse não parecerá um aplicativo de solução difícil. Mas as previsões não são perfeitas, e talvez nunca sejam. Para isso, a Amazon precisa ter uma forma de coletar os produtos que você escolhe rejeitar. Já é difícil entregar produtos com segurança, que dirá devolvê-los aos estoques. As devoluções também podem ser um problema para os consumidores. Assim, sem ter um sistema de devoluções sem custo, é muito improvável que o *enviar e comprar* da Amazon aconteça da maneira como está sendo desenvolvido. De fato, a Amazon já luta tanto com as devoluções que nunca revende muitos itens devolvidos, mas os envia diretamente para o lixo.[7] Dentro de seu sistema atual, é mais barato para a Amazon jogar fora as devoluções do que colocar esses produtos de volta nos estoques e sistemas de logística. A lição aqui é que *enviar e comprar*, embora possa parecer um aplicativo de solução, requer mudanças em outras partes do sistema para que seja econômico.[8] Embora não tenhamos gostado disso quando escrevemos *Máquinas Preditivas*, *enviar e comprar* é uma solução de sistema porque afeta outras decisões importantes e requer um redesenho do sistema da Amazon para facilitar uma maneira muito mais econômica de lidar com as devoluções.

E Agora?

"Certo, e agora?" Essa é a pergunta que muitas empresas e organizações que começaram a implementar tecnologias de IA estavam nos fazendo. Essas empresas ouviram falar sobre IA e, usando o manual que estabelecemos em *Máquinas Preditivas*, começaram sua jornada. Elas criaram equipes para analisar suas tarefas e identificar as oportunidades para aproveitar o que a IA tinha a oferecer: previsão. A previsão é o processo pelo qual você converte as informações que possui nas informações de que precisa. E como documentamos naquele livro, todas as recentes inovações em IA foram avanços para tornar a previsão melhor, mais rápida e barata.

Os resultados desses avanços são tão onipresentes que nem pensamos mais neles. Seu telefone está repleto de tecnologias de IA. Quando você desbloqueia o telefone, ele reconhece facilmente seu rosto. Você nem sente que o telefone está atrás de uma barreira segura que permite que você, e somente você, entre pela porta da frente. Você chega a uma tela onde os aplicativos são apresentados com base na previsão do telefone do que você pode querer naquele exato momento. Você está perto de seu café favorito e quer pedir algo? Está no carro e quer direções? O telefone sabe, mas parece que está apenas sendo conveniente. O ponto é que os frutos mais fáceis para os usos da previsão de IA estavam sendo colhidos. A pergunta que as empresas faziam era: "É isso?"

Este livro é a resposta para essa pergunta, e a resposta é não. Mesmo que a IA esteja em todos os lugares, como muitas outras tecnologias inovadoras antes dela, ela está apenas começando. Revoluções tecnológicas significativas, como a eletricidade, o motor de combustão interna e os semicondutores, começaram lentamente, levando décadas para atingir seu ritmo. A previsão da

IA não será diferente, apesar da euforia de que representa um padrão distinto de aceleração da mudança tecnológica.

Em vez de estar em uma montanha-russa sob o capricho de forças além de nosso controle, estamos sentados à beira da oportunidade — no tempo entre os tempos. Pessoas e empresas que conseguem encontrar respostas para a indagação "e agora?" definirão o caminho para a IA.

Como economistas, vemos as forças econômicas para nos guiar na resposta a essas questões. No entanto, vamos além da economia simples, em que as observações de custos de previsão em queda indicam mais aplicações de previsão. Em vez disso, mergulhamos no fato óbvio de que a maneira como as pessoas e as empresas decidem o que fazer não é um exercício mágico de chegar rapidamente à resposta ideal, mas envolve deliberação, processo e seus próprios custos.

Para tirar proveito da previsão, você precisa considerar para que quer usar essa previsão e o fato de que os tomadores de decisão não usaram essa previsão anteriormente. Quando você não tem algo, simplesmente não desiste. Você compensa. Se não tem as informações necessárias para fazer uma escolha com base em informações, você se isola das consequências de ter que fazer as coisas às cegas. Assim, quando a previsão de IA surge, não deve ser uma surpresa que as oportunidades para seu uso não sejam imediatamente óbvias. Pretensos tomadores de decisão construíram um andaime baseados no fato de não terem essa informação.

Isso tudo significa que determinar o que vem a seguir exigirá um exame mais detalhado, não apenas do que a previsão pode fazer, mas também das paredes que foram construídas para evitar até mesmo que se faça essa pergunta. Desconstruiremos as decisões para fornecer um kit de ferramentas que permitam ver além das oportunidades óbvias de previsão de IA, para as oportunidades não óbvias, mas para as potencialmente mais significativas, que a previsão de IA pode trazer.

PONTOS PRINCIPAIS

- Avanços recentes em IA causaram uma queda no custo da previsão. Usamos a previsão para coletar as informações que temos (por exemplo, dados sobre se transações financeiras anteriores foram fraudulentas) e gerar dados de que precisamos, mas não temos (por exemplo, se uma transação financeira atual é fraudulenta). A previsão é uma entrada para a tomada de decisão. Quando o custo de um insumo cai, usamos mais dele. Assim, à medida que a previsão se torna mais barata, usaremos mais IA. À medida que o custo da previsão cair, o valor dos substitutos para a previsão da máquina (por exemplo, previsão humana) cairá. Ao mesmo tempo, o valor dos complementos para a previsão da máquina aumentará. Dois dos principais complementos para a previsão da máquina são os dados e o julgamento. Usamos dados para treinar os modelos de IA. Usamos julgamento junto com previsões para tomar decisões. Enquanto a previsão é uma expressão de probabilidade, o julgamento é uma expressão de desejo — o que queremos. Assim, quando tomamos uma decisão, contemplamos a probabilidade de cada resultado possível que poderia surgir dessa decisão (previsão) e quanto valorizamos cada resultado (julgamento).

- Talvez o maior uso indevido das previsões de IA seja tratar as correlações que identificamos como causais. Frequentemente, as correlações são boas o suficiente para uma aplicação. No entanto, se precisarmos de IA para informar uma relação causal, usaremos experimentos aleatórios para coletar os dados relevantes. Esses experimentos são a melhor ferramenta para os estatísticos descobrirem o que causa o quê.

- Em *Máquinas Preditivas*, introduzimos um experimento mental sobre o mecanismo de recomendação da Amazon. Imaginamos o que aconteceria se ela se tornasse cada vez mais precisa. A princípio, a ferramenta faz um trabalho melhor de recomendar itens aos clientes. No entanto, em algum momento, ela cruza um limite em que se torna tão boa que o pessoal da Amazon pode perguntar: "Se somos tão bons em prever o que nossos clientes desejam, por que estamos esperando que eles façam o pedido? Vamos apenas despachá-lo." Embora a Amazon tenha registrado uma patente na área de "envio antecipado", ainda não adotou esse novo modelo de negócios. Por que não? A solução pontual original – IA que fornece melhores recomendações na plataforma existente – utiliza o sistema da Amazon como está. O novo modelo exigiria que a Amazon redesenhasse seu sistema, especialmente em relação à forma como lida com as devoluções. Atualmente, seu sistema de devoluções é tão caro que muitas vezes é mais econômico jogar fora os itens devolvidos do que reabastecê-los para venda a outros clientes. O limite em nosso experimento mental exigia a mudança de uma solução pontual para um sistema de solução. Em *Máquinas Preditivas*, subestimamos a diferença.

PARTE DOIS

Regras

Decidir ou Não Decidir?

Psiu! Quer saber um segredo? Os economistas realmente não acreditam que as pessoas sejam perfeitamente racionais. Você sabe, aquele personagem, o agente calculista que cuidadosamente estende todas as opções diante de si — milhões de escolhas no tempo e no espaço —, sabe exatamente quais são seus objetivos, sendo lucro, felicidade ou qualquer outra coisa, e faz uma escolha seguindo um plano de ação. Esse agente, perfeitamente racional, costuma ser o que é retratado como o modelo para os economistas, se você os interpretar literalmente. E os economistas levam a sério as previsões desses modelos. Mas eles sabem, pelo menos por experiência própria, que pessoas reais não chegam nem perto dessa imagem de racionalidade. Economistas reviram os olhos quando se deparam com a frase "economistas acreditam que todos são racionais". Eles não acreditam. Seria profundamente irracional acreditar nisso.

Ainda assim, tratar todos como se fossem calculistas e consistentes e agissem de acordo com um conjunto de interesses é útil para entender o comportamento de milhares ou milhões delas. Quer entender se os impostos sobre os cigarros reduzirão o tabagismo? Um impacto é o de que, quando algo custa mais, as pessoas compram menos. O quanto menos e se será suficiente é outra questão. Você precisará entender o histórico, o foco de atenção, os grupos sociais e as técnicas de marketing das empresas de tabaco. Mas um excelente ponto de partida para muitos aspectos da ciência social é reconhecer que alguém está decidindo algo de maneira deliberada.

As pessoas tomam decisões sobre o que vestir todos os dias. Steve Jobs deixou sua marca ao usar sempre a famosa gola rulê preta e jeans, independentemente da ocasião ou do clima. Mark Zuckerberg manteve o jeans, mas escolheu uma camiseta cinza. Barack Obama, que, enquanto presidente, usou apenas ternos cinza ou azul, explicou o motivo a Michael Lewis, da *Vanity Fair*:

> "Você verá que eu uso apenas ternos cinza ou azul", disse ele. "Estou tentando reduzir as decisões. Não quero tomar decisões sobre o que estou comendo ou vestindo, porque tenho muitas outras decisões a tomar." Ele mencionou pesquisas que mostram que o simples ato de tomar decisões diminui a capacidade de tomar outras decisões. É por isso que fazer compras é tão cansativo. "Você precisa concentrar sua energia de tomada de decisão. Precisa se rotinizar. Você não pode passar o dia distraído com trivialidades."[1]

Um de nós (Joshua) certa vez se abasteceu com sapatos de que gostou (um total de seis pares, se você quer saber) porque não queria enfrentar a compra de sapatos por mais uma década. Todas essas escolhas foram pensadas justamente para evitar a tomada de decisões. Quando as pessoas formam hábitos ou seguem regras, estão reconhecendo que os custos de otimização são muito altos. Então elas decidem não decidir. Isso está acontecendo em todo lugar. Pense um pouco sobre si mesmo e você perceberá que a maior parte do que decide não são decisões reais, mas latentes, coisas que poderia escolher, mas optou por não fazer.

Para nossos propósitos, isso representa um desafio considerável para se colocar em um livro sobre IA. A previsão de IA só é útil se você toma uma decisão. Mas vai além disso. Muitas vezes, nossa forma de construir sistemas em que os componentes são interdependentes é nos basearmos na confiabilidade. O que você não quer é que uma parte de seu sistema faça algo que outras partes não esperam ou não antecipam. Você quer confiabilidade. As regras são como a confiabilidade se apoiam nos sistemas. No entanto, se a previsão da IA quebrar as regras e as transformar em decisões, uma das consequências será a falta de confiabilidade entre os sistemas existentes. Essa consequência pode fazer com que não valha a pena usar a IA, a menos que você possa redesenhar o sistema para acomodar as decisões que permitem a IA.

É por isso que começaremos com as decisões que decidimos não tomar. Queremos entender por que fazemos isso, com o objetivo de avaliar se a adoção da IA pode mudar nossa mente e transformar essas decisões latentes em decisões reais. Como você verá neste capítulo, acreditamos que a IA pode, com benefícios e implicações potencialmente grandes, ajudar na forma como as organizações precisam se ajustar.

Defina e Esqueça

É mais fácil não ter que tomar uma decisão do que tomá-la, ou seja, é mais fácil evitar coletar informações, processá-las, pesar todas as opções, e, então, chegar a uma decisão. A economia praticamente funciona com base nessa premissa, a de que outras pessoas recebem decisões, mesmo que não confiemos totalmente nelas para fazer o que faríamos.

Ninguém entendeu isso melhor do que Herbert Simon, que não apenas ganhou o Prêmio Nobel de economia por seu trabalho sobre racionalidade limitada, mas também recebeu o Prêmio Turing por seu trabalho como um dos pioneiros da IA. Ele observou, durante seu primeiro emprego em um departamento do Parque Milwaukee, que os fundos direcionados para as atividades não eram alocados de maneira otimizada; o fato de que as pessoas não otimizavam os recursos da maneira como os economistas desenhavam ficou claro com a chegada dos computadores.[2] Na década de 1950, enquanto Simon tentava programar computadores modernos para serem tomadores de decisão inteligentes, ele percebeu os custos de um sistema totalmente otimizado. Mesmo que compreendêssemos o cálculo dinâmico avançado necessário para ambientes complexos, o que certamente não compreendemos, não teríamos atenção suficiente para dedicar à solução do problema de decisão resultante dessa equação. Forçadas a usar apenas recursos de computação limitados, as pessoas fariam o que Simon fazia com os computadores primitivos de sua época.

A aparência de "fazer acontecer", um termo da arte que Simon habilmente chamou de "satisfatório", era não fazer do perfeito o inimigo do bom. Em vez de procurar soluções que sabiam ser melhores, as pessoas fariam aquilo que fosse bom o suficiente. Em vez de lidar com um ambiente complexo, elas reduziriam o leque de opções. Em vez de atualizar continuamente suas escolhas com base nas novas informações recebidas, elas adotariam regras, rotinas e hábitos insensíveis às novas informações, permitindo ignorá-las totalmente.

Regras

No entanto, apenas observar que às vezes as pessoas seguem regras, em vez de tomar decisões, embora seja interessante, não é o suficiente para nossos propósitos. Precisamos entender quando as decisões efetivamente são tomadas. O que define quando determinado problema será colocado na cesta da regra padrão, em vez de na cesta da decisão ativa?

Pequenas Consequências

Dois fatores de larga escala orientam as decisões: consequências grandes *versus* consequências pequenas, e informações baratas *versus* informações caras. Falaremos sobre as informações em breve. Por enquanto, considere as consequências de uma decisão. A noção de que não devemos nos sobrecarregar quando as consequências são limitadas é um elemento básico da filosofia. A parábola por excelência desse conceito vem do filósofo francês Jean Buridan, que postulou que um burro colocado exatamente entre um palheiro e um balde de água desejaria o que estivesse mais perto. Sem desempatar e fazer uma escolha, o burro morre. Pode-se imaginar um enigma semelhante levando um computador a ficar travado em um loop.[3] Mas, para nossos propósitos, a questão é que o tempo gasto para tomar uma decisão não deve ser proporcionalmente grande em relação às suas consequências.

Voltemos às regras de roupas de Jobs, Zuckerberg e Obama, designadas para limitar suas cargas cognitivas. O que cada um percebeu foi que as consequências de escolher uma roupa em detrimento de outra não eram grandes. Diante de um guarda-roupa de opções, eles seriam forçados a enfrentar escolhas, todos os dias, que eram de pouca importância. Eles poderiam simplesmente fechar os olhos e pegar o primeiro item que tocassem. Mas eles não confiavam em si mesmos. Então, conscientemente, limitaram suas opções.

Para a maioria de nós, as consequências não são tão pequenas. Claro, Jobs e Zuckerberg podiam ir trabalhar como quisessem. Claro, Obama tinha que usar um terno na maioria dos dias, e ninguém realmente se importava com sua cor — bem, desde que a cor não fosse bege.[4] Mas o resto de nós não pode se dar esse luxo. Você realmente examina todo o seu guarda-roupa todos os dias ou organiza suas roupas em um conjunto menor do qual costuma tirar as peças? Pensando bem, muitos de nós não limitamos nossas escolhas para torná-las mais fáceis? No final, tentamos tornar essas coisas menos importantes para corresponder ao desejo de reduzir a complexidade de nossas decisões.

O exemplo da escolha da roupa ressoa como uma decisão com consequências potencialmente pequenas e uma carga cognitiva relativamente alta, se você tenta aplicar a otimização. No entanto, tanto a consequência quanto a carga cognitiva andam de mãos dadas. Pense em se comprometer com um parceiro de vida ou ter um filho. As consequências de fazer a escolha errada são grandes, então a necessidade de gastar tempo e esforço deliberando a decisão é necessária. Assim, se pensarmos em termos de tempo e esforço sobre nossas decisões potenciais antes de nos lançarmos nelas, em vez de deixá-las de lado, atrasando-as ou optando por uma regra padrão, uma vez que consequências mais importantes são antecipadas, teremos o desejo de nos envolver ativamente na decisão, em vez de escolher a alternativa de não decidir.

Informações Caras

O segundo fator que define se você decide ativamente é se tem informações ou, especificamente, o custo das informações necessárias para tomar uma decisão. Informações caras podem significar que a decisão a ser tomada se parece exatamente com uma decisão com pequenas consequências e, portanto, leva à adoção de regras padrão, não deliberadas.

Você deve levar um guarda-chuva hoje? Embora não seja devastadora em termos de interesse para os outros, essa escolha pode trazer grandes consequências. Se você optar por não levar guarda-chuva e for pego pela chuva, terá um dia ruim. Você poderia garantir que isso não acontecesse carregando um guarda-chuva, tendo seus próprios custos. Claro, se tivesse a informação certa (especificamente, se choveria e se a chuva provavelmente cairia sobre você), pegaria um guarda-chuva se fosse altamente provável e o deixaria se não fosse. Mas e se a probabilidade for meio a meio?

Para ajudar a entender melhor a proporção de probabilidades, desenharemos o seguinte cenário: se chove e você se molha, você perde US$ 10; ao mesmo tempo, se você carrega um guarda-chuva e não chove, também perde US$ 10.[5] Em termos de custo, de qualquer modo, você teria que arcar com US$ 10 multiplicados por 0,5, ou US$ 5. Isso torna indiferente para você carregar ou não o guarda-chuva.

No entanto, antes de fazer papel de idiota parado na porta para resolver tudo isso, você pode olhar a previsão do tempo. Se a previsão diz que a probabilidade de chuva é maior que 50%, então você leva um guarda-chuva, e se for menor que 50%, não leva. Mas aqui simplificamos o problema e removemos o contexto que poderia tornar até mesmo essa informação insuficiente. Se a previsão informa que não choverá com 90% de confiança, então as coisas estão claras, mas as previsões do tempo nem sempre são claras. Raramente temos informações detalhadas para tomar essa decisão (uma chance de 40% ou 30% de chuva é bem diferente de uma chance de 50%). Além disso, no momento em que você resolve tudo isso, digamos, observando os ventos predominantes ou a pressão barométrica, está de volta a uma situação em que os custos cognitivos de tomar essa decisão excedem o que você poderia ganhar com isso — neste caso, reduzindo seu custo em no máximo US$ 5.

Podemos representar esse exemplo na forma de uma árvore de decisão, um elemento básico dos cursos de MBA em economia e análise de decisão. A ideia é a de que os galhos de uma árvore representam as escolhas. Por exemplo, na Figura 4-1, a escolha (o nó preto) é se você pegará ou deixará o guarda-chuva. Essa decisão é tomada em condições de incerteza, e o resultado dessa incerteza também é representado pelas ramificações para chuva ou tempo firme (os nós circulares "escolhidos" pela natureza). Se não tivesse uma previsão, as probabilidades associadas a ambas as ramificações poderiam ser de 50%. Aqui, no entanto, está disponível uma previsão que diz que a chance de chuva é de 90%. As pontas finais dos galhos são o resultado. Associado a cada resultado (há quatro: pegar + chuva, pegar + tempo firme, sair + chuva e sair + tempo firme) está o valor que já definimos como o equivalente monetário de cada resultado.

Aqui representamos esses resultados como um custo se coisas ruins acontecerem. O valor do custo foi definido com base no julgamento de alguém (nesse caso, você). É por isso que nos referimos aos valores como julgamento. O julgamento é um conceito importante que desempenhará um papel crítico ao longo deste livro. Em particular, quem detém o julgamento, em muitos aspectos, controla uma decisão e, além disso, o que as máquinas de previsão permitem é que a previsão seja dissociada do julgamento, pois, sem uma máquina, um tomador de decisões geralmente faz os dois juntos. Aqui optamos por tornar os custos de resultados ruins equivalentes, ou seja, ambos são US$ 10. Isso significa que, com essa previsão de chuva, se você pegar um guarda-chuva, espera que os custos sejam de US$ 1, e, caso contrário, espera que sejam de US$ 9. Com essa previsão, uma pessoa sensata escolheria levar um guarda-chuva.

FIGURA 4-1

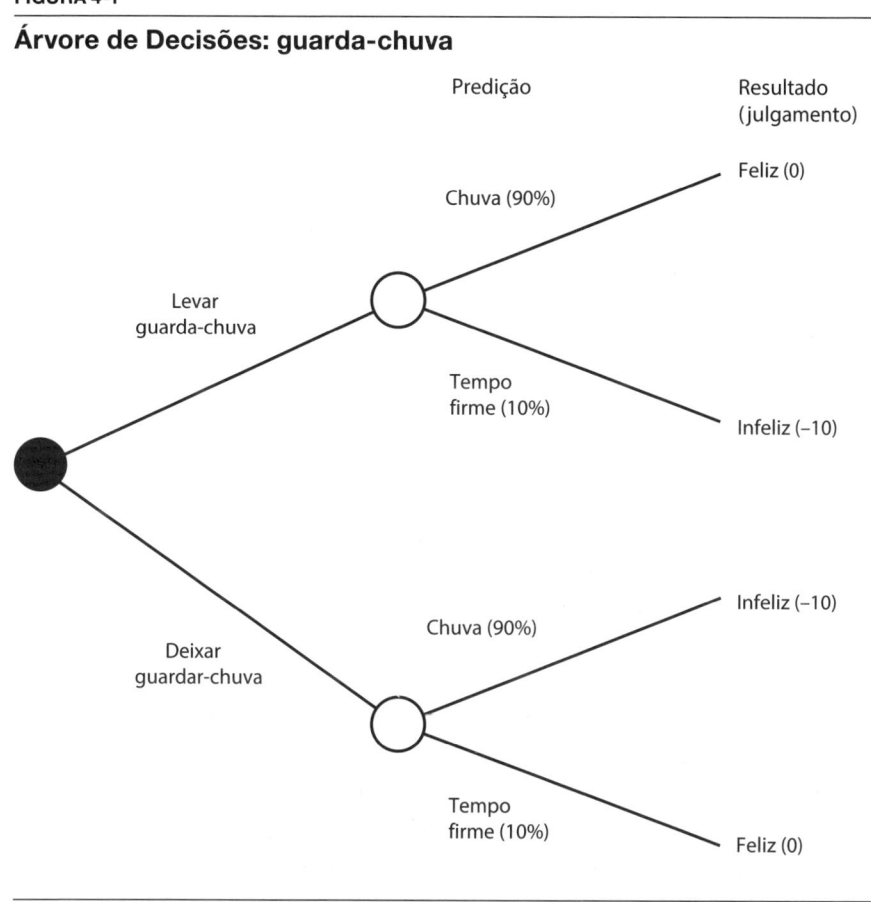

Árvore de Decisões: guarda-chuva

```
                    Predição              Resultado
                                          (julgamento)

                                          Feliz (0)
              Chuva (90%)
    Levar
 guarda-chuva
              Tempo
              firme (10%)
                                          Infeliz (−10)


                                          Infeliz (−10)
              Chuva (90%)
    Deixar
 guardar-chuva
              Tempo
              firme (10%)
                                          Feliz (0)
```

O que muitos fazem é não decidir, especialmente se não tiverem uma previsão disponível. Por exemplo, você pode criar flexibilidade suficiente em seu dia para ajustar o uso de seu tempo ao ar livre se está chovendo. Nesse caso, seu padrão pode ser nunca carregar um guarda-chuva. Como alternativa, pode comprar um daqueles pequenos guarda-chuvas retráteis que são meio caros porque não duram muito, mas são mais fáceis de carregar. Então seu padrão seria sempre carregar um guarda-chuva e nunca pensar se vai ou não chover.

O ponto aqui é que, em vez de coletar informações para fazer uma escolha ideal, quando isso é caro, adotamos hábitos ou regras para evitar a necessidade de considerar as informações. Apenas fazemos a mesma coisa todas as vezes sem ter que pensar sobre isso.

O que as Decisões Compram?

Se você está se abstendo de tomar decisões, preso a regras, à primeira vista, parece que a previsão de IA não será útil no seu caso. O trabalho da IA é fornecer informações para a tomada de decisões. Se você não está tomando uma decisão, então essa informação não tem valor.

A função da IA é fornecer uma previsão melhor, o que significa essencialmente que você tem as informações necessárias para tomar melhores decisões. A decisão de carregar um guarda-chuva é possível se temos uma previsão do tempo em que possamos confiar, em vez de uma que nos deixe com incerteza. Com melhores informações, você pode descartar suas regras e achar que vale a pena gastar tempo tomando uma decisão real.

No exemplo do guarda-chuva, ótimas informações liberam você de custos. Se é o custo de se molhar ou de carregar um guarda-chuva desnecessariamente, se você souber o que acontecerá, não incorrerá em nenhum custo. Para fazer isso, teria que quebrar o hábito, digamos, de sempre carregar um guarda-chuva. Em vez disso, você precisaria olhar um aplicativo — o repositório de suas máquinas de previsão de chuva — e decidir se levaria um guarda-chuva ou não. Também poderia apenas fazer com que o aplicativo diga se você deve pegar o guarda-chuva sem pensar no porquê. Isso ainda conta como passar de uma regra para uma decisão, mesmo que os programadores do aplicativo tenham determinado os limites para a adoção do guarda-chuva. Podemos não ter chegado lá em relação aos guarda-chuvas, mas muitos de nós prestamos atenção às playlists de músicas sugeridas ou às notícias veiculadas pelas redes sociais. Há uma decisão no centro disso. Escolher seguir as sugestões significa não depender de regras (por exemplo, ler jornais de frente para trás) e permitir que decisões sejam tomadas.

O que você pode obter de uma mudança para a tomada de decisões com base na previsão da IA pode ser bem valioso. Temos uma ideia disso a partir de relatos anteriores da "experimentação forçada", algo familiar para quem teve que trabalhar em casa durante a covid-19. Anteriormente, não sabíamos realmente o quão produtivos poderíamos ser em casa, mas ser forçados a fazer algo diferente nos deu essa lição. Aprendemos algo novo ao quebrar nossos hábitos anteriores. Se pós-covid não voltamos a trabalhar como antes, isso sugere que agora a decisão de onde trabalhar é significativa para nós.[6]

Algo semelhante foi medido durante a greve de dois dias de 2014 que impactou a operação da rede de metrôs de Londres. Mais de 60% das estações foram fechadas, alterando os padrões habituais de muitas pessoas. Dado o modo como as estações estavam fechadas, para a maioria das pessoas, a próxima estação mais conveniente ficava quase à mesma distância para elas. Além disso, como era a Inglaterra, chovia, o que provavelmente desencorajava as pessoas de caminhar ou usar bicicletas. Um estudo desse evento mostrou que, apesar da curta duração da greve, mais de 5% dos passageiros mudaram seus padrões de deslocamento após essa experiência.[7] As pessoas com maior probabilidade de mudar eram aquelas para quem o mapa subterrâneo (tradicionalmente uma representação estilizada) estava em sua forma mais distorcida; isto é, onde as distâncias aparentes entre as estações eram diferentes do que você perceberia se tomasse o mapa como uma representação literal. As estimativas mostraram que aqueles que mudaram economizaram mais de seis minutos diários. Com tempos médios de deslocamento de cerca de trinta minutos, isso representou uma economia de 20% no tempo, que você poderia usar para decidir o que vestir.

Embora isso mostre como as regras podem não se adaptar e estar abaixo do ideal, quando uma guerra de preços de três semanas na gasolina no varejo eclodiu em Perth, na Austrália, em maio de 2015, a publicidade e as flutuações de preços ficaram aparentes para muitos. Curiosamente, desde 2001, existia na cidade uma plataforma (e depois um app) que mostrava os preços em diferentes postos de gasolina. A guerra de preços imediatamente elevou o valor do uso do app. O interessante é que os pesquisadores constataram que o aplicativo foi usado 70% mais durante e no ano seguinte ao fim da guerra de preços. Com efeito, a guerra de preços deu origem a incentivos suficientes para que as pessoas mudassem seus hábitos anteriores de não procurar o preço mais baixo e passassem a fazê-lo como parte da sua tomada de decisão.[8]

A questão é que, ao seguir uma regra, você pode não ter consciência do valor de coletar informações e tomar uma decisão. Esses exemplos fornecem evidências de que existem benefícios latentes e inexplorados na tomada de decisões. Como tal, podemos antecipar que algumas formas de previsão de IA também podem desbloquear essas possibilidades.

Investimentos em Não Decidir

Jobs, Zuckerberg ou Obama estavam realmente evitando decisões com sua rotina diária de roupas? Sim, se você olhar o dia, não o quadro todo. Se você usar a mesma coisa todos os dias, é melhor escolher algo adequado para esse fim.

Regras

Você não pode se dar ao luxo de ter algo que seja desconfortável em diferentes condições ou inapropriado para inúmeras situações. Não é fácil encontrar essa roupa. As chances são de que cada um passou um tempo considerável para chegar à sua escolha final.

Visto sob essa luz, as regras não são realmente uma falta de tomada de decisão, mas sim uma tomada de decisão preventiva. Fazemos isso o tempo todo quando planejamos. Poucas pessoas viajam sem primeiro reservar acomodações, selecionar voos de volta e fazer um esforço considerável para fazer as malas. Aqueles que viajam com frequência reduzem a carga cognitiva associada a fazer a mala ao preparar previamente itens — artigos de higiene e carregadores, por exemplo — que usam apenas para esse fim. Esse é um exercício completo de gerenciamento de quando e com que frequência decidir que, na verdade, permite economizar tempo gastando tempo antecipadamente.

Quando você faz tais investimentos em não decidir, os hábitos resultantes são difíceis de quebrar. Se funcionarem bem, a ideia é não saber que você tem um hábito que pode ser melhorado por meio de decisões. Se você desenvolve uma IA cujo valor é permitir decisões que não estão sendo tomadas, terá uma batalha difícil para conseguir sua adoção.

Quaisquer investimentos que as figuras públicas façam em relação às suas rotinas de vestuário são insignificantes em comparação com os investimentos que a maioria das empresas e das organizações faz em não decidir. Apesar de manter a reputação do oposto, a maioria das organizações é de máquinas de não decisão. No centro disso, estão os procedimentos operacionais padrão (ou SOPs). Estes são documentos detalhados que descrevem procedimentos para tudo que precisa ser feito na organização. Obviamente, eles diferem de empresa para empresa, mas nenhum negócio funciona sem eles.

Embora um SOP possa evitar a necessidade de reinventar a roda em termos de tomada de decisões e, assim, desempenhar o papel de um investimento na redução da carga cognitiva semelhante às escolhas pessoais que descrevemos até agora, ele traz consigo outro benefício: confiabilidade. Quando as pessoas em uma organização seguem regras, estão fazendo coisas que facilitam o trabalho de outras pessoas sem que elas tenham que se envolver em uma comunicação dispendiosa, como reuniões.

O setor de construção frequentemente divide todo o processo em tarefas mais simples. Existe um cronograma de construção com uma listagem linha por linha e dia a dia de cada tarefa a ser realizada, e em que ordem.[9] Os resultados das tarefas são planejados com antecedência. Nenhuma pessoa no local precisa pensar além de sua tarefa. Sua única função após a conclusão é relatar que terminou, fazendo uma marca de seleção, e seguir em frente. Há exceções que exigem mudanças e revisão, mas, na maioria das vezes, tudo ocorre de acordo com um plano. Cada pessoa faz sua parte e anota quando conclui a tarefa que lhe foi atribuída.

Tais regras geram confiabilidade, que reduz a incerteza e a necessidade de fazer algo ativo para coordenar as tarefas. Com efeito, as decisões são tomadas antecipadamente e colocadas no plano. Mas o plano em si significa que é caro mudar de direção. Enquanto os problemas que surgem forem pequenos, as coisas podem prosseguir. No entanto, um grande problema pode inviabilizar um plano. E um conjunto fixo de SOPs pode dificultar a mudança e a adaptação. Como veremos mais adiante, se você quiser incluir a IA na mistura desse sistema de regras afinado, haverá um desafio imediato. O objetivo da IA é permitir decisões, mas quando as decisões são tomadas, a coordenação se torna difícil.

Novas Decisões

A previsão da IA pode ser significativa o suficiente para fornecer as informações necessárias, de modo que seja justificada a tomada de uma decisão baseada na previsão, em vez de seguir uma regra.

Novas decisões substituem regras antigas. Mas regras antigas não existem isoladamente. Em vez disso, edifícios e andaimes são construídos para isolar essas regras da incerteza que ainda existe. Há empresas e setores inteiros dedicados a fornecer esse isolamento. Assim, as oportunidades para novas decisões podem ficar ocultas. O desafio é reconhecer isso, encontrar essas decisões ocultas e tomar novas decisões que possam substituir as regras existentes. Veremos esse desafio a seguir.

PONTOS PRINCIPAIS

- Regras são decisões que tomamos preventivamente. Tomar uma decisão, ao contrário de seguir uma regra, permite levar em consideração as informações disponíveis no momento e no local da decisão. Portanto, as ações resultantes de decisões costumam ser melhores do que as resultantes de regras, porque podem responder à situação. Então, por que usaríamos regras, em vez de tomar decisões?

Regras

As decisões incorrem em um custo cognitivo mais alto. Quando o custo vale a pena? Quando as consequências são significativas e o custo da informação é pequeno. A introdução da IA não altera as consequências, mas reduz o custo da informação.

- A compensação entre regras e tomada de decisão é crítica no contexto dos sistemas de IA porque o principal benefício da IA é aprimorar a tomada de decisão. As IAs fornecem pouco valor para as regras. Elas geram previsões, e estas são informações importantes para a tomada de decisões. Assim, à medida que as IAs se tornam mais poderosas, elas reduzem o custo da informação (previsão) e aumentam os retornos relativos à tomada de decisão em comparação com o uso de regras. Assim, os avanços na IA liberarão parte da tomada de decisão ao seguir regras.

- No entanto, as regras não apenas incorrem em custos cognitivos mais baixos, mas também permitem maior confiabilidade. Uma decisão geralmente afeta outras. No contexto de um sistema com decisões interdependentes, a confiabilidade pode ser muito importante. Por exemplo, a maioria das organizações depende de procedimentos operacionais padrão (SOPs), que são regras. Os SOPs reduzem a carga cognitiva e aumentam a confiabilidade. Se você usar a previsão de IA para transformar regras em decisões, talvez seja necessário redesenhar o sistema para levar em conta a confiabilidade reduzida.

5

Incerteza Oculta

O economista George Stigler observou certa vez: "Se você nunca perde um avião, está gastando muito tempo em aeroportos."[1] Ele disse isso décadas atrás, mas teria feito a mesma declaração hoje?

Os arquitetos que projetaram o novo Terminal 2 do Aeroporto de Incheon, na Coreia do Sul, esperam que não. Chegue cedo para um voo e você terá muito o que fazer, em vez de esperar. É possível visitar um spa, jogar em um cassino, visitar uma exposição de arte, assistir a uma apresentação de dança ou patinar no gelo. Você também pode simplesmente comprar o quanto quiser, fazer uma refeição ou dormir um pouco na "zona da soneca". Para novos terminais de aeroportos, isso não é exceção, mas a regra. Cingapura instalou recentemente um jardim com uma cachoeira de cinco andares. Doha oferece uma piscina e um centro de entretenimento infantil. Vancouver tem um aquário. Amsterdã apresenta regularmente coleções de arte transferidas de seus famosos museus.[2]

Para o arquiteto de Incheon, Gensler, o objetivo era fazer do aeroporto o "destino":

> Uma nova geração de aeroportos trata o terminal como mais do que o ponto inicial. Na verdade, estamos reconhecendo uma nova realidade: por causa da segurança, os passageiros passam mais tempo

nos terminais, tornando-os vitais para o crescimento de receita e reputação, criando novas possibilidades para o que os aeroportos podem ser. Essa conscientização faz com que os aeroportos tratem cada vez mais os terminais como destinos, onde os passageiros também gastam dinheiro.[3]

Tome isso, Stigler. Você não consegue desperdiçar tempo em um aeroporto se quer passar um tempo lá. E é isso que as pessoas estão fazendo:

> "Os passageiros estão gastando até uma hora a mais dentro do aeroporto do que há uma década ou mais", diz Tom Theobald, arquiteto e diretor da Fentress Architects, empresa especializada em projetos de aeroportos. Ele observou que, mesmo que as viagens aéreas tenham mudado drasticamente, muitas vezes, esse tempo adicional é gasto em aeroportos construídos nos anos 1960 e 1970.[4]

Mas o que veio primeiro? Os aeroportos só agora estão sendo projetados como um "destino". Apesar de os aeroportos serem o que eram antes, as pessoas passavam mais tempo lá. Foi uma escolha. Por quê? Chegar ao seu voo tornou-se mais incerto. Há tráfego, estacionamento e filas de segurança para enfrentar. Os próprios voos têm taxas de alteração, overbooking, conexões e corridas até o compartimento das bagagens. Chegar a um voo no horário é mais difícil, e as consequências de não o fazer aumentaram. Mesmo sem um campo de golfe de nove buracos (voe para Bangkok e veja!), você pode querer chegar um pouco mais cedo apenas para ler um livro.[5] A cada nova comodidade, porém, você se esquece de por que chegou ao aeroporto uma hora antes do voo. Então, essa se torna a nova regra.

Reflita sobre como essa situação é estranha. Desde 1992, Incheon gastou US$ 10 bilhões na expansão de seu aeroporto. Grande parte desse custo foi para construir espaços terminais expansivos com uma arquitetura desafiadora, além das linhas de segurança. Mas veja a declaração de missão do Aeroporto de Incheon; seu objetivo é "garantir um transporte aéreo tranquilo".[6] Você não encontrará um aeroporto que afirme estar fazendo outra coisa além de transportar pessoas. No entanto, aqueles que projetam aeroportos estão pensando em maneiras de manter as pessoas lá. Além do mais, cerca de 40% das receitas do aeroporto vêm agora de taxas não aeronáuticas, sendo a maior parte os aluguéis dos varejistas.[7] Os designers estão fazendo seu trabalho — garantindo que os aeroportos possam gerar mais receita e, ao mesmo tempo, fazendo com que não pensemos no tempo extra que gastamos neles.

Os aeroportos modernos são um monumento ao que chamamos de "incerteza oculta". Quando as pessoas não têm as informações de que precisam para tomar decisões ideais — digamos, sobre quando partir para o aeroporto —, elas adotam regras. As mudanças nas viagens aéreas e na chegada e passagem entre aeroportos tornaram desejável a seleção de regras que o façam esperar mais tempo nesses locais. Os aeroportos sabem que, se esperar for desagradável, viajar se tornará desagradável, e você viajará menos. Então, ao assumir novos grandes investimentos em infraestrutura, eles não estão pensando apenas na passagem das pessoas. Estão pensando em tornar a espera mais agradável e em ganhar dinheiro com isso no processo. Depois de chegar mais cedo ao aeroporto, você estará mais disposto a pagar por uma refeição ou outras atividades, da mesma forma que a pipoca, mesmo que seja mais cara, fica melhor quando você está prestes a entrar no cinema. Se você não sente o custo de uma regra e raramente perde um voo, não refletirá sobre suas regras e seus hábitos. A incerteza passa para segundo plano, enquanto as consequências de todo esse sistema de escolhas podem ser vistas na forma de novos prédios reluzentes com incríveis cachoeiras de cinco andares.

O capítulo anterior mostrou que, ao procurar oportunidades de usar a IA para tomar novas decisões, você deve dar uma boa olhada nas regras e ver se elas podem ser transformadas em decisões que utilizam a IA para abraçar, em vez de tolerar a incerteza. Neste capítulo, mostraremos que não são apenas as regras em si que representam o alvo da oportunidade para novas decisões possibilitadas pela IA, mas os edifícios e os andaimes que foram construídos para esconder a incerteza que leva a sentimentos de desperdício e ineficiência no processo das regras que adotamos. Não são apenas um sinal de que há uma oportunidade para a IA; também representam a magnitude dessa oportunidade. De fato, para os aeroportos, algumas aplicações muito simples de IA são uma ameaça a tudo o que eles representam atualmente.

O Universo Alternativo do Aeroporto

Antes de considerar a ameaça que a previsão de IA pode representar para os aeroportos, como em tudo, existe um sistema alternativo que pode nos mostrar como é o outro lado. Um exemplo é o universo alternativo dos muito, muito ricos. Eles não voam comercialmente e, portanto, não têm a oportunidade de lidar com os terminais de aeroportos públicos antigos ou recém-projetados. Em vez disso, eles têm voos particulares e passam por terminais privados. Normalmente, brilho, glamour, bons restaurantes e galerias de arte estarão onde estão os muito ricos. Mas no mundo dos aeroportos, os terminais privados são positivamente espartanos.

A razão pela qual não há investimento em tornar os terminais privados lugares melhores é que a própria incerteza que aflige o resto de nós não aflige os ricos. Com um avião comercial, você está preso a um cronograma, e esses aviões deixarão para trás os passageiros atrasados. Com um avião particular, o horário é mais flexível ou até inexistente. Se os passageiros não estiverem lá, o avião não sai até eles chegarem. Se os passageiros chegarem mais cedo, o avião parte nessa hora. Todo o sistema é projetado para que não haja espera — pelo menos, por parte dos passageiros. Se não há espera, não há necessidade de investir para tornar a espera mais agradável. Ao mesmo tempo, os ricos não têm regras sobre quando precisam sair para o aeroporto. Eles saem quando querem. Se mais pessoas pudessem ter essa experiência, certamente o terminal ideal seria mais espartano do que uma catedral.

Você não precisa ser rico, no entanto, para ver esse universo alternativo. Basta comparar o mundo do outro lado dos portões de chegada com os da partida. Quando as áreas de chegada são separadas das áreas de partida, elas são espartanas. Você pode encontrar alguns estabelecimentos de comida leve, mas todo o resto é projetado para tirar você do aeroporto. A questão crítica é a proximidade do táxi e do estacionamento, mesmo que você não esteja com muita pressa. Você ainda se lembra dos detalhes das chegadas em seu aeroporto regular, além da melhor forma de sair dele?

A Ameaça da IA no Aeroporto

Os aeroportos não são estranhos à IA. O controle de tráfego aéreo adotou sistemas baseados em IA para prever melhor as chegadas de aeronaves e o congestionamento.[8] No aeroporto de Eindhoven, está sendo testado um novo sistema de manuseio de bagagem com IA, por meio do qual os passageiros simplesmente fotografam suas malas e as deixam lá, e depois as pegam em seu destino — sem a necessidade de etiquetas.[9] Sujeito a requisitos de privacidade, espera-se fazer o mesmo com passageiros e passagens.[10] Tudo isso ajudará você a chegar ao seu voo mais rapidamente.

Mas nenhuma dessas coisas atinge os principais fatores de incerteza em sua viagem: tráfego e segurança. A mudança, porém, já está presente no trânsito. Aplicativos de navegação, como o Waze, levam em conta as condições do tráfego e podem estimar razoavelmente quanto tempo você levaria para chegar a qualquer aeroporto com base na hora do dia. Os aplicativos não são perfeitos, mas estão cada vez melhores.

Ao serem liberados de regras que informam com que antecedência precisam sair para o aeroporto, os usuários de aplicativos podem adicionar o horário de seu voo ao calendário e receber a melhor hora para partir, agendando o horário de acordo. Melhor ainda, em um futuro próximo, a incerteza sobre o horário real de partida de um voo será levada em consideração. Em vez de apenas informar quando você precisa sair com base em uma partida programada, o aplicativo informará quando sair dependendo da partida real prevista do voo. Novamente, há incerteza residual, mas o salto de não ter informações para ter informações mais precisas pode economizar horas de espera. Da mesma forma, muitos usuários da Uber que antes pensavam que não se importariam em saber a hora prevista de chegada de seu táxi agora citam essa informação como um dos recursos mais valiosos do serviço. A Uber usa IA para fazer essa previsão.[11]

A IA também pode prever os tempos de espera da linha de segurança. Junte tudo e você pode usar a IA para decidir quando partir para o aeroporto, em vez de confiar nas regras. Como em tudo, haverá alguns que pularão nessa possibilidade antes de outros. Em Incheon e em muitos outros aeroportos, esperar não é ruim mais, então talvez você não precise tomar uma decisão fundamentada.

Aqueles que desenvolvem um aplicativo de navegação orientado por IA ou um preditor de partida de voo não têm interesse direto nos ganhos das atividades do aeroporto no terminal. No entanto, o valor de suas aplicações de IA depende criticamente de quantas pessoas não querem esperar nos aeroportos. Assim, se atualmente é menos caro ter que esperar em aeroportos, o valor desses aplicativos diminui.

A previsão da linha de segurança é outra questão. Os aeroportos afirmam que querem melhorar o tempo da segurança e reduzir a incerteza. Mas, como economistas, não achamos que seus incentivos estejam alinhados com os passageiros. Sim, melhorar o tempo dedicado à segurança dará mais tempo para gastar nas instalações além da segurança. Mas, ao mesmo tempo, reduzirá a incerteza e fará com que as pessoas apertem os horários de chegada ao aeroporto. Tendo isso combinado com a IA que resolve a outra incerteza dos passageiros ao chegar ao terminal, os aeroportos desejarão eliminar a incerteza sob seu próprio controle?

Regras por Acomodação

A questão mais geral não é sobre aeroportos, mas sobre regras. As regras surgem porque é caro abraçar a incerteza, mas elas geram seus próprios problemas.

O chamado Princípio de Shirky, apresentado pelo escritor de tecnologia Clay Shirky, afirma que "as instituições tentarão preservar o problema para o qual são a solução". O mesmo pode ser dito das empresas. Se seu negócio é fornecer uma maneira de ajudar pessoas quando elas estão esperando por um avião, qual é a chance de você tentar garantir que elas não tenham que esperar por aviões?

Se você deseja encontrar oportunidades de mudança criando novas decisões habilitadas por IA, precisa olhar além das grades de proteção que protegem as regras das consequências da incerteza e direcionar atividades que facilitem o pagamento desses custos ou reduzam a probabilidade dos resultados ruins que as regras teriam que tolerar.

Podemos ver isso na proteção de longa data que os agricultores empregam na Inglaterra, construindo cercas vivas. Uma cerca viva é um conjunto cuidadosamente planejado de árvores e plantas robustas que servem como uma parede entre os campos. É extremamente útil se seu campo está cheio de animais e você não quer contratar uma pessoa para garantir que eles não se percam. Também é útil se você não deseja que chuvas fortes provoquem a erosão do solo ou se deseja proteger as plantações dos ventos fortes. Dada toda essa proteção contra eventos de risco, não nos surpreendemos que essa prática tenha originado o termo "cobertura" (hedging), que evoluiu para algo com o significado mais amplo de seguro.

Mas cercas vivas têm um custo. Ao dividir as terras agrícolas, elas impossibilitam o uso de certas técnicas, inclusive a mecanização, que só são eficientes para grandes extensões de terra. Após a Segunda Guerra Mundial, o governo britânico subsidiou a remoção das cercas vivas, embora em alguns casos essa remoção fosse excessiva devido ao seu papel na gestão de riscos. Hoje, há um movimento para restaurar as cercas vivas, liderado principalmente pelo príncipe de Gales.[12]

Em muitas situações, investimentos dispendiosos são feitos para cobrir ou proteger do risco um tomador de decisões aspirante. Quilômetros de rodovias têm grades de proteção para impedir que os carros desçam de aterros, colinas ou entrem no trânsito. A maioria, felizmente, nunca foi usada, mas cada uma permite que uma estrada seja construída de uma maneira que, de outra forma, não seria suficientemente segura, dada a falibilidade dos motoristas humanos.

De forma mais geral, os códigos de construção especificam com precisão várias medidas para proteger de eventos incertos os que estão dentro dos edifícios. Isso inclui incêndios, mas também danos causados pelo clima, fundações de edifícios frágeis e outros fenômenos naturais, como terremotos.

O que essas medidas de proteção têm em comum é que elas geralmente geram o que parecem ser soluções superdimensionadas. São projetadas para determinado conjunto de eventos — a tempestade que ocorrerá uma única vez na vida ou a maior inundação no século. Quando esses eventos ocorrem, a engenharia parece valer a pena. Mas, na ausência deles, há motivos para questionamentos. Por muitos anos, os autores do livro *Freakonomics: O lado oculto e inesperado de tudo que nos afeta*, Steven Levitt e Stephen Dubner, apontaram como os coletes salva-vidas e os botes em aeronaves — para não mencionar as demonstrações de segurança de cada um — pareciam um desperdício, dado que poucas aeronaves haviam pousado com sucesso na água.[13] Então, em 2009, o capitão Sullenberger pousou um avião da US Airways sem motores funcionando no rio Hudson. Esse exemplo de um evento de baixa probabilidade faz com que os coletes salva-vidas de precaução valham a pena? É difícil saber. Mas não podemos concluir que a ausência de um resultado possível nos leve a avaliar a probabilidade desse resultado como zero.

O ponto principal de Levitt e Dubner, no entanto, é que, embora muitas vezes seja possível avaliar a probabilidade ou a mudança na probabilidade da incerteza subjacente ao longo do tempo, isso quando medidas de proteção são empregadas, não é possível medir se os investimentos feitos para reduzir a probabilidade de uma consequência são excessivos, pois a própria estratégia de gerenciamento de risco empregada retira essa informação. É inteiramente possível que muito seja desperdiçado em algo que, por outras razões, não é mais de alto risco.

Os Sistemas das Estufas

Os aeroportos podem parecer um lugar assustador para a IA superar os custos da incerteza. Mas as oportunidades podem estar aí: em suas próprias atividades. Encontrar a incerteza oculta e criar previsões de IA para promover novas decisões pode levar a mudanças radicais na forma como você faz seus negócios.

O cultivo de safras está repleto de incertezas, principalmente devido ao clima. Se as condições forem muito quentes, muito frias, muito úmidas, pouco úmidas ou com muito vento, os rendimentos poderão ser baixos. Tudo isso pode levar você a cultivar dentro de casa para controlar o clima. O problema é que as lavouras também precisam de luz. Daí a estufa, um local de cultivo de plantas em seu interior que ainda conta com os benefícios da luz solar. Uma estufa dá ao agricultor um controle extraordinário sobre temperatura, umidade e irrigação.[14] Esse controle não sai barato. Aquecimento, resfriamento e luz suplementar requerem energia. A energia necessária é previsível e pode ser gerenciada.

O problema, porém, é que não são só as plantas que gostam de um clima controlado — pragas também prosperam nessas condições. Pulgões, mosquitos, minhocas, ácaros e outros logo crescem e se multiplicam mais rapidamente do que ao ar livre.[15] Massachusetts tem um manual de manejo de estufas, um terço do qual é dedicado ao controle de pragas.[16] Fazer isso leva um tempo considerável por parte dos agricultores. Eles inspecionam plantas, eliminam poças de água, esterilizam ferramentas e usam pesticidas. Grande parte do trabalho envolvido no gerenciamento de estufas envolve protegê-la da chance de entrada de pragas ou reduzir o impacto de qualquer praga que entre pela porta.

A IA pode ajudar. A Ecoation é uma startup que usa a IA para melhorar o manejo de pragas em estufas.[17] A Ecoation é um sistema de reconhecimento. Um operador humano dirige a máquina em uma estufa e os sistemas de visão de máquina geram previsões de possíveis infestações e áreas de risco. Isso permite prever o presente: dizer ao agricultor onde pesticidas ou outras ferramentas de controle de pragas são necessários hoje. Esses dados também permitem que a IA preveja os pontos da estufa onde há maior probabilidade de haver pragas uma semana no futuro. A semana do prazo de entrega é sobre quanto tempo pode levar para encomendar e implantar ferramentas para controlá-las.[18] A principal vantagem é a economia de custos: o uso da IA significa que as ferramentas certas de controle de pragas são encomendadas no momento certo, que é como a Ecoation atualmente comercializa seus serviços.

Mas olhar o sistema como um todo lhe dirá que há benefícios maiores do que a economia de custos. Os agricultores seguem uma série de regras que minimizam os problemas de pragas, incluindo o plantio de culturas tolerantes a pragas, mantendo as estufas pequenas para que possam ser inspecionadas, calibrando as condições climáticas de certas maneiras, e assim por diante. Existe um valor real em poder relaxar essas regras. Se a IA para previsão de pragas for boa o suficiente, as estufas poderão operar de maneira diferente, e os agricultores terão culturas sensíveis a pragas. Estufas maiores serão possíveis, e poderão surgir estratégias alternativas para economizar energia. Se empresas de IA como a Ecoation fizerem um bom trabalho de controle de pragas, poderemos substituir as regras existentes e construir um novo sistema. Na agricultura, assim como nos aeroportos, a IA pode permitir a transição de regras para decisões.

PONTOS PRINCIPAIS

- Não são simplesmente as regras em si que representam o alvo da oportunidade para decisões habilitadas por IA, mas os edifícios e os andaimes que foram construídos para esconder a incerteza que leva ao desperdício e à ineficiência nas regras que adotamos.

- Os aeroportos modernos são um exemplo de edifícios caros e andaimes construídos para esconder a incerteza. As principais fontes de incerteza são possíveis atrasos causados pelo tráfego e pela segurança. Novos aeroportos luxuosos são projetados para ajudar as pessoas a esquecer que estão operando sob uma regra que as obriga a chegar ao aeroporto muito antes da partida programada.

- Em estufas, as previsões de IA para infestações de pragas podem ser usadas para aumentar a capacidade do produtor de evitá-las. Essa é uma solução pontual. Se a IA para a previsão de pragas se tornar boa o suficiente, em vez de ser usada como uma solução pontual, a IA poderá permitir uma mudança em nível de sistema. Todo o projeto estrutural e o fluxo de trabalho da estufa são influenciados pelo risco de infestação de pragas. Com melhor previsão, os agricultores podem ter culturas diferentes (mais sensíveis a pragas), operar estufas maiores e buscar novas estratégias alternativas de economia de energia.

Regras São Colas

O escritor e cirurgião médico Atul Gawande adora checklists. Sua ode a elas, *Checklist: Como fazer as coisas bem-feitas*, tinha um único objetivo: explicar a superespecialistas altamente qualificados que checklists devem ser valorizadas. Elas são uma parte essencial de fazer seu trabalho em ambientes cada vez mais complexos.

As checklists são um elemento básico da vida organizacional moderna. Quando o Exército dos EUA estava procurando por um novo avião bombardeiro, inicialmente rejeitou o Modelo 299 da Boeing e ficou com a alternativa da McDonnell Douglas, apesar de o Boeing carregar cinco vezes a carga útil do McDonnell Douglas, voar mais rápido e percorrer o dobro da distância, porque, bem, o Boeing caiu. O acidente não foi devido a um problema de design, e sim a um erro do piloto. Era um avião mais difícil de pilotar.

O exército decidiu comprar alguns Boeings de qualquer maneira. Mas, em vez de dar mais treinamento aos pilotos, como observa Gawande, fez algo mais simples: desenvolveu e deu aos pilotos uma checklist das etapas necessárias em várias atividades, como decolagem e pouso:

> Sua mera existência indicava o quanto as técnicas aeronáuticas haviam avançado. Nos primeiros anos de voo, colocar uma aeronave no ar era estressante, mas não era complexo. Usar uma checklist

Regras

para decolar não ocorria a um piloto mais do que a um motorista dando ré no carro na garagem. Mas o novo avião era complicado demais para ficar na memória de qualquer piloto, por mais experiente que fosse.

Com a checklist em mãos, os pilotos voaram no Modelo 299 por um total de 1,8 milhão de milhas sem nenhum acidente. O Exército finalmente encomendou quase 13 mil aeronaves, que apelidou de B-17.[1]

Gawande argumentou, de forma convincente, que a medicina moderna havia se tornado tão complexa que poderia se beneficiar da mesma abordagem. Ele sabia que era uma venda difícil. Afinal, os melhores cirurgiões ainda resistiam a ter que lavar as mãos e esfregá-las.[2] Mas as checklists eram usadas para ambientes complexos em todo lugar, desde canteiros de obras até a Cheesecake Factory. Se eles conseguiam salvar vidas, os médicos certamente poderiam aceitar a proposta.

Não discutiremos com Gawande sobre o valor das checklists, mas simpatizaremos com aqueles que as utilizam. A checklist existe devido à incerteza. Como há muitas partes inter-relacionadas em um sistema complexo e muitas pessoas realizando tarefas dentro delas para tudo funcionar, as checklists não são simplesmente indicadores de que algo foi feito. Em vez disso, são a manifestação de regras e a necessidade de segui-las. Elas existem para garantir a confiabilidade e reduzir o erro. A alternativa é que os especialistas tomem decisões com base em suas próprias observações, o que cria problemas e incertezas para outras pessoas.

As grandes empresas têm checklists. Elas também têm procedimentos operacionais padrão (SOPs), que desempenham um papel semelhante. Conforme visto no Capítulo 4, os SOPs são manuais extensos que identificam todas as etapas que as pessoas precisam seguir, incluindo verificar se as cumpriram. Os SOPs fazem com que as organizações complexas funcionem. Mas temos que reconhecê-los pelo que representam: são regras a seguir, não decisões a tomar.

SOPs e checklists são os detritos da incerteza oculta que gerou as várias regras esculpidas nas veias da organização. Para cada regra, há uma incerteza que levou a ela. E para cada uma delas, podemos perguntar: se tivéssemos previsão de IA, poderíamos aumentar a produtividade transformando a regra em uma decisão e removendo-a do manual SOP?

Pessoas Diferentes São Diferentes

As regras envolvem fazer a mesma coisa para todos como se fossem todos iguais. Mas não somos todos iguais. Pessoas diferentes são diferentes. Essa talvez seja a lição fundamental do marketing. Assim, os profissionais de marketing tentam segmentar a população em grupos e direcionar produtos para os grupos que podem achá-los atraentes.

Quando os profissionais de marketing tratam todos iguais, é porque carecem de informação. Se tivessem informações, forneceriam produtos e serviços personalizados. Esses profissionais podem mudar de regras que tratam todos da mesma forma para decisões que lhes permitem fornecer os produtos certos para as pessoas certas no momento certo.

No rádio, era tudo sobre regras. As estações de rádio contratavam DJs que transmitiam as mesmas músicas para todos os ouvintes. Serviços de streaming de música como Spotify, Apple Music e Pandora permitiram a criação de playlists personalizadas.

Mas quais desafios estão envolvidos na criação de valor a partir de playlists personalizadas? Os pesquisadores David Reiley e Hongkai Zhang, da Pandora, fizeram essa pergunta quando voltaram a atenção para o exame de outras regras em sua empresa. Embora as playlists sejam personalizadas, o negócio funcionava por regras. A Pandora tem um modelo "freemium": clientes que pagam uma taxa têm uma experiência sem publicidade. Todos os outros ouviam de graça, desde que em meio à lista de reprodução escutassem determinado número de anúncios por hora.

Reiley e Zhang, trabalhando com Ali Goli, professor da Universidade de Washington, perceberam que poderiam aplicar a IA nos dados de um experimento que determinava o quanto as pessoas não gostavam dos anúncios e o quanto gostavam do serviço. A IA forneceu previsões personalizadas para que eles pudessem avaliar não apenas o quanto as pessoas não gostavam dos anúncios, em média, mas também as diferenças entre elas. Com essas informações, os pesquisadores não precisavam mais seguir uma regra para a inserção dos anúncios. Em vez disso, algumas pessoas poderiam receber mais anúncios, e outras, menos.[3] Ao personalizar o número de anúncios, eles perceberam que poderiam aumentar substancialmente os lucros. A IA previu quais clientes ouviriam mais se os anúncios diminuíssem e quem poderia ser induzido a mudar para a versão paga.

Com essa informação em mãos, eles não precisavam mais da regra de exibir o mesmo número de anúncios para todos: poderiam decidir mostrar menos anúncios para os consumidores que ouviriam mais se o número de anúncios por hora diminuísse, e mostrar mais anúncios para os consumidores que mudariam para a versão paga. O departamento de pesquisa da Pandora mostrou como a IA permite novas decisões.

Não foi simples. A capacidade de publicidade expandida requer busca e captação de mais anunciantes. Goli, Reiley e Zhang estimaram que apenas dois terços dos locais de anúncio seriam preenchidos. O desafio era conseguir novos anunciantes para não enviar o mesmo anúncio para o mesmo cliente repetidamente.[4] A implementação bem-sucedida exigia uma nova estratégia de vendas de publicidade da plataforma e também uma compreensão das reações dos clientes. O aspecto mais lucrativo da IA seria aumentar a publicidade para clientes que estavam em dúvida entre as versões gratuita e paga. Ao diminuir a qualidade da versão gratuita, esses clientes mudariam para a versão paga. No entanto, os clientes poderiam ficar chateados se a Pandora usasse seus dados assim. Essa estratégia levava ao risco de que os clientes deixassem o serviço por completo.

Por causa dessas restrições, a Pandora ainda não implementou essa IA e continua usando uma regra para determinar quantos anúncios exibir. Construir uma IA é o primeiro passo para descartar uma regra. Os processos ainda precisam mudar para permitir decisões.

Another Brick in the Wall[*]

A educação é cheia de regras: onde sentar, como agir, o que fazer. Um de nós (Avi) recebeu da escola de seu filho um "guia para pais sobre políticas e práticas" de 59 páginas. O guia abrange regras de saúde e segurança relacionadas a alergias, piolhos, lesões e imunização, e também a política de lição de casa, como os aniversários são comemorados, celulares, entrega e coleta, e a política de comportamento de classe. Isso é só para os pais!

Essas regras servem a um propósito: permitir um sistema educacional seguro e eficiente. Como disse Cosmo Kramer em *Seinfeld*, "uma regra é uma regra, e, convenhamos, sem regras, há caos".[5]

---

[*] Referência à música da banda Pink Floyd, lançada em 1979, que faz uma crítica ao sistema educacional. (N. da T.)

Claro, é possível ter muitas regras. A preocupação de que a educação crie uniformidade tem uma longa história. Em 1859, John Stuart Mill escreveu em *Sobre a Liberdade* que uma "educação geral do Estado é um mero artifício para moldar as pessoas para serem exatamente iguais umas às outras".[6]

Os educadores estão bem cientes dessa tensão entre regras e flexibilidade. Documentos educacionais descrevem e tentam abordá-la. Os Padrões de Aprendizagem do Jardim de Infância do Estado de Nova York, por exemplo, enfatizam:

> Em vez de prescrever uma progressão de aulas ou currículos para todas as crianças em todos os contextos, os padrões servem para articular as expectativas do que as crianças podem aprender e fazer como resultado de uma instrução que não é padronizada, mas personalizada, diferenciada, adaptada, cultural e linguisticamente relevante e baseado no contexto. Embora possamos ter os mesmos objetivos de aprendizagem para todas as crianças, nossos meios de atingir esses objetivos são altamente adequados para cada criança.[7]

Portanto, existem padrões para todos, mas a educação que cada aluno recebe é diferente. Essa é uma visão maravilhosa e desafiadora. Os melhores professores fazem isso acontecer, adaptando as lições para cada criança em sua sala de aula. Outros acham mais desafiador. De uma perspectiva global, é ainda mais difícil. Os países de alta renda gastam milhares de dólares por criança, enquanto muitos países de baixa renda gastam apenas US$ 50 por criança ao ano. Com tão poucos recursos, é difícil fugir das regras.[8]

Um lugar para começar é a educação para o empreendedorismo. Agências humanitárias como o Banco Mundial e governos de todo o mundo gastam mais de US$ 1 bilhão para treinar cerca de 4 milhões de empreendedores potenciais e existentes nos países em desenvolvimento todos os anos.[9] Muitos desses programas de treinamento funcionam para melhorar as práticas de negócios e os lucros, mas são caros, e o retorno sobre o investimento nem sempre é claro. O treinamento online é promissor, mas não pode ser uniforme. Infomerciais universais fazem pouca diferença. Uma das principais lições é a de que o treinamento personalizado intensivo funciona melhor. O desafio é como oferecer essa educação personalizada em escala.

Os economistas Yizhou Jin e Zhengyun Sun chegaram à conclusão de que a IA poderia ajudar. Eles trabalharam com uma grande plataforma de e-commerce para oferecer treinamento de empreendedorismo a centenas de milhares de novos vendedores. O programa envolveu dezenas de módulos possíveis e focou a criação de um site, estratégia de marketing e atendimento ao cliente. Por exemplo, o treinamento pode fornecer uma checklist das melhores práticas em descrições de produtos para que os clientes entendam o que estão comprando. Outro aspecto do treinamento se concentra na otimização de mecanismos de pesquisa e na seleção de palavras-chave.

Nem todos os módulos eram relevantes para todos os vendedores, e um novo vendedor pode não saber que tipo de treinamento o ajudaria. A IA permitiu essa personalização: ela coletava dados sobre as operações e os produtos reais de um vendedor e desenvolvia uma sequência de treinamento. Em seguida, recomendava módulos aos vendedores, que, então, implementavam os módulos. Isso significou educação empreendedora personalizada para centenas de milhares de vendedores. Em vez da regra de que todo vendedor recebe as mesmas informações, a IA permitiu novas decisões sobre quais empreendedores recebiam quais treinamentos.

O programa foi executado usando um teste de controle aleatório para que sua eficácia pudesse ser medida.[10] De 8 milhões de novos negócios na plataforma, 2 milhões receberam treinamento. Destes, cerca de 500 mil o usaram. As empresas que usaram o treinamento tiveram um aumento de 6,6% na receita. Ao longo de um ano, o programa aumentou a receita do vendedor em cerca de US$ 6 milhões. Pode não parecer muito: US$ 12 por empresa ao ano, mas está começando com uma base de US$ 200 em receita total. Um programa de treinamento personalizado com professores humanos nunca poderia ser rentável. A IA permite decisões sobre qual treinamento enviar para qual empreendedor, ao mesmo tempo que atinge centenas de milhares de empresas. A IA permitiu decisões sobre regras e criou valor em escala.

Desobedecendo as Regras

Quando as regras já existem há muito tempo, pode ser difícil ver o sistema no qual elas estão inseridas. Como as regras são confiáveis, inúmeras regras e procedimentos podem permanecer juntos. Se algo se move, tudo pode se mover de uma só vez.

Na versão gratuita da Pandora, cada usuário recebe a mesma quantidade de publicidade. Em geral, é assim que funcionam as mídias suportadas por publicidade. As estações de televisão em rede usavam oito minutos a cada meia hora para esse fim; essa foi a regra que impulsionou a receita da rede. Em torno dessa regra, uma variedade de outros processos se desenvolveu: os programas foram projetados para durar 22 ou 44 minutos, o que significava que os roteiristas precisavam escrever todos os episódios de um programa com a mesma duração, com pausas naturais nos intervalos quando os comerciais aconteciam. Essa regra está afixada a esse sistema.

O YouTube fornece um exemplo de design de sistema alternativo para conteúdo. Ao contrário da rede de televisão, os criadores do YouTube podem criar conteúdo de qualquer tamanho. A IA do sistema pode prever quais espectadores serão mais atraídos por qual conteúdo, e a IA que conduz o mecanismo de pesquisa e o mecanismo de recomendação permite que os espectadores encontrem conteúdo adequado, apesar de um catálogo aparentemente infinito. Além disso, a IA pode prever quais usuários serão mais atraídos por quais anúncios. É importante ressaltar que *esse recurso de previsão é muito mais valioso em um sistema que permite que diferentes usuários visualizem diferentes conteúdos*. Mesmo que a rede de televisão tivesse uma IA capaz de gerar previsões semelhantes, o valor seria muito menor, porque seu sistema obriga todos os espectadores a assistir ao mesmo conteúdo. Então, o melhor que se pode fazer é prever qual anúncio seria mais atraente para a maioria dos espectadores.

Em outras palavras, a mesma IA que prevê a atração do espectador por conteúdo e publicidade é muito mais valiosa no sistema do YouTube do que no sistema de rede de televisão. Embora a IA permita *diretamente* a descoberta em um vasto catálogo de conteúdo e a correspondência de anúncios, ela permite *indiretamente* a flexibilidade na duração dos conteúdos, porque as soluções para a descoberta e a publicidade resolvem o problema de um número infinito de combinações de conteúdo, publicidade e horários, o que torna difícil a duração flexível do conteúdo para a rede de televisão.

Nos sistemas escolares, os alunos da mesma série aprendem as mesmas coisas. *Existe um currículo fixo.* "Os alunos são educados em lotes, de acordo com a idade, como se a coisa mais importante que eles tivessem em comum fosse a data de fabricação."[11] Por exemplo, em Ontário, onde moramos, quase todos os alunos nascidos em 2009 ingressam na primeira série em 2015 e no ensino médio em 2023. Essas regras existem para gerenciar a incerteza em torno de em qual nível determinado aluno deve estar, por motivos acadêmicos e sociais. Essas regras, por sua vez, unem-se em um sistema: treinamento de professores para lidar com uma diversidade limitada de necessidades de aprendizagem; uma despretensiosa ajuda extra e recursos para os alunos que ficam para trás. E no nível do ensino médio, existem programas nominais para alunos que não se enquadram no processo padrão da sua "linha de produção", incluindo escolas alternativas, programas de trabalho e estudo, e processos para obter certificados de equivalência ao ensino médio.

Uma IA que prevê o próximo melhor conteúdo de aprendizado para cada aluno personalizaria a educação, permitindo que os alunos que dominam um tópico rapidamente passem para algo novo antes de ficarem entediados e, ao mesmo tempo, que os alunos que precisam de mais prática em um tópico tenham mais tempo, exemplos e exercícios para desenvolver competência nessa área antes de prosseguirem. Como uma solução pontual, essa IA poderia melhorar o aprendizado no sistema escolar existente até certo ponto, embora o impacto seja limitado, porque, uma vez que um aluno conclua o currículo baseado na idade de sua série, ele terminará o ano ou precisará continuar com qualquer aprendizado adicional com apoio limitado do professor, porque os professores geralmente são treinados para um nível específico (por exemplo, matemática do ensino médio). No sistema existente, esse problema ficaria cada vez mais grave nas séries posteriores, à medida que a diferença entre alunos mais rápidos e mais lentos em uma área aumentasse com o tempo. Para apoiar seus alunos, os professores precisariam dominar o ensino de uma gama cada vez maior de tópicos.

Imagine, em vez disso, um sistema em que os alunos progridem na escola como uma turma (seu desenvolvimento físico e social é controlado pela biologia), mas muitos tutores e professores diferentes vêm e vão para apoiar diferentes alunos, dependendo de suas necessidades individuais de aprendizagem. Os tutores e os professores com quem os alunos trabalham são independentes da idade dos alunos, mas determinados pela natureza de suas perguntas e habilidades em uma disciplina. O impacto da IA seria muito maior nesse novo sistema em comparação ao impacto da mesma IA no sistema existente, porque cada aluno poderia receber uma educação personalizada de acordo com suas necessidades e seu estilo de aprendizagem. Alunos que aprendem rápido em uma matéria e devagar em outras podem ser acomodados, e alunos que precisam se concentrar em habilidades específicas teriam professores especializados nessas áreas. Os professores não precisariam selecionar o estilo que mais ajudaria a turma toda: os que são ótimos em ajudar alunos com dificuldades a ler e os que se destacam em ajudar os alunos a brilhar nas competições de matemática passariam todo seu tempo fazendo aquilo que fazem de melhor.

Regras como a programação de 22 minutos e o currículo baseado na idade foram estabelecidas para lidar com a incerteza, e então várias formas de andaimes foram desenvolvidas para otimizar o desempenho do sistema. Embora invisíveis para o observador casual, as regras se tornaram a cola que mantém o sistema unido. Assim, introduzir uma IA que permita transformar uma regra em decisão pode parecer atraente à primeira vista, mas seu impacto pode ser limitado, porque a regra sendo substituída está fortemente acoplada a outros elementos do sistema.

O lançamento de uma IA que preveja o próximo melhor conteúdo no sistema escolar existente teria um impacto limitado porque a regra do currículo baseado na idade com um único professor por turma é a pedra angular do sistema educacional atual, especialmente no ensino fundamental. Por outro lado, usar exatamente a mesma IA, mas incorporá-la em um novo sistema projetado para alavancar o conteúdo e o ritmo personalizados da IA, associando-a a discussões personalizadas, projetos em grupo e suporte ao professor — o que exigiria alocações de tutores e professores muito mais flexíveis e treinamento de um educador modificado —, provavelmente resultaria em um impacto muito maior na educação, no crescimento e no desenvolvimento pessoais.

Em outras palavras, a regra do currículo baseado na idade é a cola que une grande parte do sistema educacional moderno e, portanto, uma IA que personaliza o conteúdo de aprendizagem pode fornecer apenas benefícios limitados nesse sistema. O principal desafio para liberar o potencial de uma IA de educação personalizada não é construir o modelo de previsão, mas separar a educação da regra curricular baseada na idade que atualmente une o sistema.

PONTOS PRINCIPAIS

- Assim como os SOPs, as checklists são a manifestação de regras e a necessidade de segui-las. Elas existem para garantir a confiabilidade e reduzir o erro. A alternativa é que as pessoas tomem decisões com base em suas próprias observações. Embora mudar de uma regra para uma decisão possa melhorar a qualidade dessa ação específica, também pode criar problemas e incertezas para outras pessoas.

- As regras se unem em um sistema. Por isso é difícil substituir uma única regra por uma decisão habilitada por IA. Assim, muitas vezes, uma IA muito poderosa agrega apenas um valor marginal, porque é introduzida

Regras

em um sistema em que muitas partes foram projetadas para acomodar a regra e resistir à mudança. Elas são interdependentes, coladas.

- Um exemplo é uma IA de educação personalizada que prevê o próximo melhor conteúdo a ser apresentado a um aluno. Colocar essa IA em um sistema projetado em torno da regra do currículo baseado na idade sufocaria o benefício. Por outro lado, incorporar a mesma IA em um novo sistema que alavanca discussões personalizadas (não com base na idade), projetos em grupo e suporte ao professor provavelmente resultaria em um impacto muito maior na educação geral, no crescimento e desenvolvimento pessoais. O principal desafio para liberar o potencial de uma IA de educação personalizada não é construir o modelo de previsão, mas desvincular a educação da regra curricular baseada na idade que atualmente une o sistema.

PARTE TRÊS

Sistemas

Sistemas Ressecados *Versus* Sistemas Lubrificados

A IA não nos salvou da covid-19, mas poderia. Não o fez porque, diante da incerteza, muitos países seguiram procedimentos de saúde pública baseados em regras, e não em decisões. Já observamos que a previsão de IA tem o potencial de passar de regras para decisões. Consequentemente, a pandemia é um lugar importante para começar nossa discussão sobre como a IA pode facilitar essas mudanças.

O fato de a IA não nos salvar da covid-19 não significa que ela não estava pronta para fazê-lo, mas que nós não estávamos prontos para ela. Em muitos países, as regras tradicionais estabelecidas pelas autoridades de saúde pública não acomodavam o tipo de tomada de decisão necessária para preservar a economia diante de uma pandemia. No entanto, houve algumas exceções. Descrevemos uma em que um pequeno grupo de grandes empresas criou uma plataforma de inovação justamente para lubrificar o sistema. Isso permitiria a tomada de decisão sob a incerteza, a fim de evitar que portas se fechassem por causa de um sistema baseado em regras severas que ignorava as informações.

A Regra Mais Cara

Agora todos sabemos os riscos à saúde que surgem durante uma pandemia. Em janeiro de 2021, cerca de 9 milhões de estadunidenses tinham covid-19.[1] Para eles, a covid-19 era um grave problema de saúde. Para a maioria dos outros 320 milhões, no entanto, não havia um problema de saúde: eles não estavam doentes. Não estavam contaminados. No entanto, muitos ainda foram gravemente afetados em sua capacidade de trabalhar, estudar e se divertir. A maioria das pessoas foi afetada pela covid-19 não por um problema de saúde, mas por um problema de previsão. Não tínhamos informações para prever quem estava contaminado e poderia espalhar o vírus para outras pessoas.

A mensagem das autoridades de saúde pública foi a de que o mais seguro era tratar todos os outros como igualmente contaminados e perigosos. Com doenças infecciosas que se espalham de pessoa para pessoa, o contato com os outros torna-se mais perigoso se você não sabe quem está contaminado. É por isso que nos distanciamos dos outros durante uma pandemia — é a maneira mais simples de nos proteger.

Consideremos um contexto de árvore de decisão. A ação que está sendo tomada é isolar ou interagir com os outros (representado na Figura 7-1). Se você se isola, não espalha a doença, mas tem que se distanciar, o que custa caro pessoalmente. Se você interagir, o resultado dependerá de se você está contaminado. Se estiver, poderá espalhar o vírus. Se não, sua vida seguirá normalmente.

A árvore de decisão destaca o problema que surge quando a maioria das pessoas não está contaminada. Se você está infectado com covid-19, é muito mais perigoso do que se não está, ou seja, se soubéssemos quem está ou não infectado, poderíamos fazer algo diferente. Poderíamos nos manter afastados dos infectados e agir com mais normalidade perto daqueles que não estão. Esse é o principal problema de previsão no cerne de uma pandemia: poderíamos evitar muitos custos se apenas soubéssemos quem estava infectado e nos mantivéssemos longe dos outros.[2] Poderíamos, então, cuidar dos negócios com segurança, mantendo as pessoas infectadas em quarentena. Faça isso e não apenas você manterá as coisas mais normais, mas controlará a pandemia ao quebrar as cadeias de transmissão. O problema era que a informação era necessária para transformar o distanciamento social de uma regra em uma decisão. E a necessidade de informações para resolver a incerteza significa que tínhamos um problema de previsão.

FIGURA 7-1

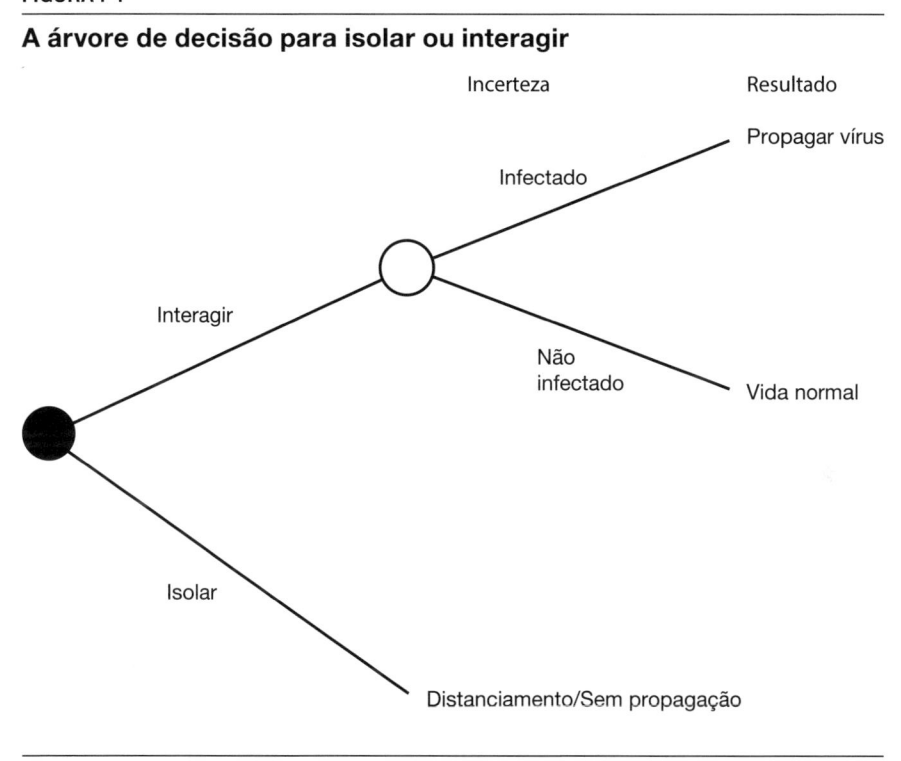

A árvore de decisão para isolar ou interagir

```
                    Incerteza              Resultado

                                          Propagar vírus
                    Infectado

      Interagir        ◯
                    Não
                    infectado         Vida normal
  ●

      Isolar

                    Distanciamento/Sem propagação
```

Covid-19 como um Problema de Previsão

O primeiro passo para identificar um problema de previsão é perguntar onde está a incerteza. Dessa perspectiva, as pandemias são carregadas de incerteza. A grande incógnita é quando um patógeno com potencial pandêmico pode atacar. Esse pode, de fato, ser um problema resolvido pela IA. No entanto, o que queremos focar é algo mais próximo: a gestão da pandemia. Ou seja, quando um patógeno está prestes a se tornar uma pandemia ou já se tornou uma, qual é a principal incerteza para controlá-lo rapidamente?

Talvez essa seja uma forma estranha de formular o problema da gestão da pandemia. Afinal, estamos acostumados a pensar nela como um desafio de saúde pública: como encontramos vacinas, tratamentos que podem salvar vidas ou mitigações para minimizar a propagação? Mas quando desvendamos o que realmente está transformando uma pandemia em *pandemia*, com todos os seus custos humanos não apenas em termos de saúde, mas também de subsistência econômica e vida social, percebemos que as mesmas mitigações que impedem as pessoas de infectarem umas às outras tiram suas vidas normais.

Nos primeiros meses da pandemia, inúmeras ferramentas foram desenvolvidas para prever quem poderia estar infectado. Uma das maneiras mais antigas pelas quais as autoridades de saúde pública separam quem provavelmente está infectado é rastreando a exposição. Se você estiver perto de uma pessoa infectada, é mais provável que também esteja infectado. Esse rastreamento de contato pode ajudar a prever quem pode ter sido infectado recentemente. Em muitos países, esse foi um processo trabalhoso e incerto, com funcionários ligando para os infectados e perguntando onde eles estiveram. Na Coreia do Sul, as autoridades de saúde pública desenvolveram novos procedimentos combinando dados de câmeras de circuito fechado, cartões de crédito e celulares para apoiar os esforços de rastreamento de contatos.[3]

Mas a inovação não se limitou ao rastreamento de contatos. Os especialistas em IA também desenvolveram ferramentas para prever a infecciosidade. Uma equipe desenvolveu ferramentas para detectar infecções assintomáticas fazendo as pessoas tossirem em seus telefones.[4] Na fronteira grega, uma ferramenta de IA que levava em consideração fatores como modo de viagem, pontos de partida e informações demográficas, e que era atualizada semanalmente, podia detectar 1,85 vez mais pessoas assintomáticas que a vigilância aleatória, ajudando a identificar quais viajantes poderiam entrar no país sem a necessidade de testes adicionais.[5] Ferramentas de previsão sem IA também foram desenvolvidas. Muitos lugares usaram câmeras termográficas e termômetros para detectar febres, presumindo que pessoas com temperaturas elevadas eram mais propensas a ter covid-19. Na Tailândia, cães foram treinados para farejar a doença nas pessoas.[6]

No outono de 2020, ficou claro para muitos que os testes rápidos do antígeno eram a ferramenta mais eficiente para prever a infecciosidade. Embora os testes de reação em cadeia da polimerase (PCR) pudessem detectar quantidades muito baixas do vírus, eles eram mais lentos e mais caros do que os testes de antígeno.[7]

A previsão é o processo de preencher as informações que faltam, e os testes de covid-19 ajudaram a preencher as informações sobre contaminação. Como outras previsões, os testes rápidos de antígeno não são 100% precisos. Ainda assim, falsos positivos são raros com testes de antígeno, o que significa que é improvável que alguém teste positivo e não esteja contaminado.[8] Portanto, se você pudesse testar as pessoas e exigir que aquelas com testes de antígenos positivos ficassem em casa, a propagação da doença poderia ser controlada. O mesmo não ocorre com os testes de PCR, em que é possível testar positivo por semanas ou meses após o período de infecção. Em outras palavras, no outono de 2020, tínhamos uma ferramenta barata de previsão que poderia ser produzida em massa. Não era uma ferramenta de IA, mas um tipo diferente de dispositivo de previsão.

Armados com esse conhecimento, fizemos parceria com a epidemiologista Laura Rosella, a cientista política Janice Stein e a diretora executiva do CDL, Sonia Sennik, para projetar e ajudar as empresas a implementar um programa de testes rápidos para permitir que os locais de trabalho abrissem com segurança.[9]

A ideia era testar os trabalhadores regularmente, manter em casa os que testassem positivo para covid e permitir que todos os outros fossem trabalhar, confiantes de que seus colegas haviam testado negativo recentemente. A ferramenta de previsão estava disponível e o plano parecia simples de implementar. Isso tornaria mais seguros os locais de trabalho essenciais que não haviam fechado e, com o tempo, permitiria que a economia começasse a reabrir.

Porém, logo aprendemos que prever era a parte fácil. O sistema era unido por muitas regras que não serviam para a tomada de decisões baseada em informações. Havia muitas regras: de privacidade sobre informações de saúde das pessoas, sindicais sobre limitar o acesso a locais de trabalho, de segurança de dados sobre armazenamento e processamento de informações pessoais, de descarte de resíduos perigosos para os testes usados, de compensação dos trabalhadores sobre quem arcaria com os custos de folga quando alguém testava positivo, e a lista continua.

Apesar da urgência de resolver o problema de informação que ameaçava paralisar a economia, a extensão de ressecamento em que o sistema se encontrava tornava impossível a tomada de decisões baseada em informação. Precisávamos encontrar uma maneira de lubrificar o sistema para torná-lo mais responsivo às informações — especificamente, às previsões de infecciosidade.

Discutimos o problema com um grupo de CEOs e formadores de opinião, incluindo Mark Carney, ex-governador do Banco da Inglaterra e do Banco do Canadá; Brenda Fitzgerald, ex-diretora dos Centros de Controle e Prevenção de Doenças em Atlanta; e a autora Margaret Atwood. Em outubro de 2020, surgiram doze CEOs que concordaram em fornecer o cenário para um sistema lubrificado.[10] Cada um se comprometeu a nomear um de seus subordinados diretos para trabalhar diretamente no projeto e remover as barreiras das regras sempre que possível. Nosso objetivo era projetar um sistema nesse ambiente que fosse suficientemente atraente para inspirar outras empresas, bem como autoridades de saúde pública, a trocar parte de seu sistema ressecado e baseado em regras por decisões lubrificadas baseadas em informações.

Essas doze grandes empresas — as sócias fundadoras do Consórcio CDL Rapid Screening — representavam manufatura, transporte, serviços financeiros, serviços públicos, entretenimento e varejo. Juntas, empregavam mais de meio milhão de trabalhadores. Os CEOs estavam ansiosos para iniciar o regime de testes, abrir seus locais de trabalho e manter seus funcionários seguros. Logo depois que começamos, os funcionários entrevistados relataram sentir-se confortados por eles e seus colegas de trabalho serem testados antes de entrar no local de trabalho.[11]

Um de nossos membros fundadores iniciou o projeto em 11 de janeiro de 2021, em um local no centro de Toronto. Nos meses seguintes, o sistema provou funcionar bem. A pequena fração de pessoas infectadas foi identificada para que nunca chegasse perto de seus colegas de trabalho, os trabalhadores relataram se sentir mais seguros e os gerentes conseguiram manter as instalações abertas; de outra forma, provavelmente precisariam fechar. Em seguida, criamos um manual para compartilhar com outras empresas e, por fim, outros tipos de organizações, incluindo ONGs, acampamentos, creches e escolas. O manual incluía orientações sobre como preparar um processo de relatório de dados, administrar os testes rápidos de antígeno, montar um quiosque de teste físico, treinar a equipe que gerenciava o processo, comunicar o programa aos funcionários e seus sindicatos, gerenciar os fluxos de dados, descartar os testes usados, lidar com a logística associada aos funcionários que testam positivo, solicitar testes rápidos ao governo, e assim por diante.

Com o tempo, outras empresas começaram a ficar mais lubrificadas. No Canadá, tanto nacionalmente quanto província por província, os trabalhadores podiam fazer o autoteste no trabalho sob supervisão e em casa, sem a necessidade de um profissional de saúde.

Os testes eram necessários. As pessoas temiam que alguns participantes expostos à covid-19 interpretassem um teste negativo como um sinal de que não desenvolveriam a doença por várias semanas, quando, na melhor das hipóteses, levariam dias. Testes frequentes mitigavam esse risco, então precisávamos de um sistema de dados para acompanhar quem testou e quando. As empresas, porém, só aceitariam o sistema de dados se protegesse a privacidade do trabalhador. Desenvolvemos um sistema de rastreamento de dados que atendeu às preocupações dos funcionários em relação à privacidade e aos requisitos de saúde pública para garantir a conformidade.

As políticas da empresa evoluíram para dar suporte a testes rápidos. Na ausência de auxílio-doença e outras proteções no local de trabalho, os trabalhadores estavam cautelosos em participar, então os empregadores determinavam quem faria o teste e quando. As empresas precisavam decidir se o teste contava como parte do dia de trabalho, onde o teste seria realizado e o que fazer quando alguém testasse positivo. Elas também precisavam atribuir responsabilidade por essas decisões de saúde e segurança. Inicialmente, não existia um processo para determinar as responsabilidades dos trabalhadores, dos gestores e dos profissionais de saúde. O sistema começou a funcionar à medida que as empresas ganharam confiança em nosso manual, que incluía procedimentos operacionais padrão, compartilhados livremente e atualizados com frequência.

No fim, nosso sistema de teste rápido no local de trabalho foi usado em mais de 2 mil organizações no Canadá, mantendo milhares de casos de covid-19 fora dos locais de trabalho e das escolas. No entanto, os desafios foram substanciais. Demorou seis meses para a maioria dos participantes iniciais implantar testes em escala e um ano para que dezenas de milhares de trabalhadores fossem testados regularmente. A ferramenta de previsão foi a parte fácil. No entanto, foi apenas uma pequena parte da mudança necessária para ajudar a resolver o problema de informação da covid-19 e permitir que as pessoas voltassem à rotina.

Sistemas Lubrificados

A mensagem deste capítulo é: para tirar proveito das máquinas de previsão, precisamos transformar regras em decisões. No entanto, o sistema — o conjunto de procedimentos segundo o qual algo é feito — deve ser capaz de acomodar a transformação. Se uma regra estiver colada a outra para que o sistema seja confiável, colocar uma decisão dentro desse sistema pode ser infrutífero.

Aqui destacamos a regra que muitos de nós seguimos em 2020: fique em casa. Não sabíamos quem era o contaminado, e essa incerteza significava que a regra era ficar longe das pessoas.

Sistemas

Essa regra, por sua vez, criou todos os tipos de dificuldades. Primeiro, muitas pessoas trabalham fora de casa e os clientes de seus negócios precisam sair de casa. Restaurantes, lojas e teatros não podem funcionar durante o bloqueio. Se as pessoas não puderem sair, muitas ficarão desempregadas. Governos em todo o mundo adicionaram subsídios salariais e apoio às empresas, uma solução cara, desenvolvida para compensar os desafios criados pela regra.

Em segundo lugar, o isolamento gera seus próprios desafios e afetou o estado mental das pessoas. Era difícil verificar se as crianças estavam seguras e se os idosos tinham aquilo de que precisavam. As consultas médicas passaram a ser online ou foram totalmente canceladas. Essas questões geraram suas próprias novas regras. Os membros da família verificavam uns aos outros. Muitas escolas tinham políticas de ligar para casa. Os médicos foram solicitados a verificar proativamente seus pacientes. Em algumas partes do mundo, foram adicionados monitores domésticos para garantir a segurança dos idosos.

A pandemia nos lembra que, muitas vezes, gravitamos em torno de regras e que as regras têm suas próprias ineficiências. Para a covid-19, não ter uma solução de previsão para a infecciosidade significava que tínhamos que fechar rapidamente economias inteiras, causando desemprego em massa e perturbações na vida social e escolar. A previsão, se estivesse disponível e integrada a um sistema lubrificado que funcionasse bem, teria permitido que decisões fossem usadas para a gestão da pandemia sem sacrificar os resultados da saúde, minimizando os custos incorridos em toda a sociedade. Discutimos essa questão no Capítulo 6. Regras que significam que damos a todos o mesmo produto ou a mesma educação limitam as decisões que tomamos e o valor que criamos.

As regras são nosso alvo principal ao procurar novas oportunidades de tomada de decisão que a previsão de IA pode revelar. Para a pandemia, havia ferramentas para gerar as previsões necessárias. Os testes rápidos ajudaram a preencher as informações que faltavam sobre se alguém estava contaminado. Também houve inovação em procedimentos dependentes, como auxílio-doença e isolamento. Quando as decisões interagem, passar de regras para decisões requer um sistema de coordenação lubrificado. Os tomadores de decisão precisam saber o que os outros estão fazendo, alinhar seus objetivos e possibilitar a mudança. No entanto, um novo sistema pode ser tão inovador que você pode criar uma nova organização para usá-lo, em vez de encaixá-lo em uma existente.

De forma mais ampla, descobrir a incerteza fornece um primeiro passo para abrir novas decisões por meio da previsão. Fazer isso efetivamente requer mudanças nos procedimentos dependentes que, conforme observado no Capítulo 2, definem uma solução de sistema.

PONTOS PRINCIPAIS

- Usamos uma regra — distanciamento social — para gerenciar a pandemia. Essa regra era cara e levou ao fechamento de uma fração significativa dos sistemas educacionais, de saúde e da economia mundial. O isolamento resultante teve impactos na saúde mental das pessoas que levarão décadas para serem totalmente compreendidos. Muitas outras regras foram construídas em torno da regra de distanciamento social, como limites de capacidade de restaurantes, protocolos de transporte público, métodos de ensino escolar, restrições de eventos esportivos, subsídios salariais e procedimentos de atendimento de emergência.

- Enquanto a maioria das pessoas pensava na covid-19 como um problema de saúde, nós a reformulamos como um problema de informação.[12] Para aqueles que foram infectados, a covid-19 era, de fato, um problema de saúde. No entanto, para a grande maioria que não foi infectada, ela era um problema de informação. Isso porque, sem a informação de quem estava infectado, tínhamos que seguir a regra e tratar todos como se pudessem estar infectados. Isso levou ao fechamento da economia. Se, em vez disso, tivéssemos feito uma previsão razoavelmente precisa, poderíamos ter resolvido o problema da informação e colocado em quarentena apenas as pessoas com alta probabilidade de estarem contaminadas. As regras são nosso alvo principal ao procurar novas oportunidades de tomada de decisão que a previsão de IA pode revelar.

- Para tirar proveito das máquinas de previsão, muitas vezes, devemos transformar regras em decisões. No entanto, o sistema deve ser capaz de acomodar a mudança. Se uma regra estiver colada a outra para que o sistema seja confiável, colocar uma decisão nesse sistema pode ser infrutífero. Descrevemos um exemplo relacionado à covid-19 em que desenvolvemos um sistema pequeno, mas lubrificado, inicialmente composto por doze grandes empresas, em que os CEOs direcionaram suas equipes de liderança sênior para tomar decisões baseadas em informações com base em previsões de infecciosidade dos funcionários, a partir de testes rápidos de antígeno. Isso permitiu que essas empresas mantivessem seus negócios funcionando em um ambiente onde o sistema predominante provavelmente teria forçado o fechamento. A demonstração desse sucesso posteriormente motivou mais de 2 mil organizações a adotar esse sistema e mudar de regras para decisões.

8

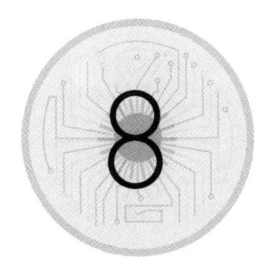

Mentalidade de Sistema

Todos os anos, competidores se reúnem em Bletchley Park — onde Alan Turing trabalhou para decifrar os códigos alemães na Segunda Guerra Mundial — para superar os programas de computador. O concurso é baseado no famoso jogo de imitação (agora conhecido como teste de Turing), em que uma pessoa tem uma conversa por mensagem em um computador com uma entidade invisível. A entidade pode ser um programa de computador ou uma pessoa. Cada um tenta convencer sua contraparte de que é, de fato, humano. Se você é uma pessoa competindo, na verdade, como disse o autor Brian Christian, tenta ser "a pessoa mais humana".[1] Em geral, o ser humano vence, mas muitas pessoas têm problemas para convencer sua contraparte de que é uma pessoa.

Disputas como essa, em que uma pessoa enfrenta uma inteligência de máquina, são um dos pilares da pesquisa de IA. Quão melhor é um algoritmo para identificar o que está em uma imagem? Os carros autônomos têm menos probabilidade de se envolver em acidentes do que os dirigidos por pessoas? A IA será capaz de selecionar melhores candidatos para entrevistas e contratações do que seu departamento de RH? Um computador pode vencer o campeão mundial no jogo Go?

Os concursos convidam à comparação e são fonte de angústia sobre se as máquinas substituirão as pessoas. Curiosamente, os carros eram melhores que os cavalos, mas os cavalos ainda correm. E quando as máquinas foram mais rápidas do que as pessoas em qualquer distância, as Olimpíadas continuaram sem problemas. Por que seria diferente mesmo se uma máquina fosse melhor jogando Go? As métricas capturaram algo, mas a substituição não necessariamente aconteceu.

Mas quando a pessoa está escolhendo quem fará determinada tarefa, o sentimento ou a aposta não resolvem. As métricas são escolhidas para avaliar o desempenho com base na eficiência pura e convidar à substituição com base no custo. Se uma máquina puder fazer essa tarefa e for mais barata, a substituição certamente ocorrerá. Os cavalos ainda podem correr, mas não deslocam mais as pessoas. Assim como as máquinas substituíram as pessoas nas tarefas físicas, talvez elas façam o mesmo com as tarefas cognitivas.

Uma indústria inteira surgiu tentando examinar os empregos das pessoas, tarefa por tarefa, a fim de avaliar se as máquinas podem realizar essas tarefas na era da IA. Existem trinta tarefas distintas associadas à ocupação do radiologista (consulte a Figura 8-1).[2] Apenas uma dessas tarefas se relaciona diretamente com a previsão de máquina: a tarefa três sobre a interpretação dos resultados dos procedimentos de diagnóstico por imagem.

Cada trabalho pode ser considerado dessa maneira e avaliado quanto à "ameaça" que a IA representa para ele. Em 2013, um estudo da Oxford Martin School declarou que quase metade dos empregos nos EUA é vulnerável à automação.[3] Esse é o principal medo em relação à IA. Erik Brynjolfsson, Tom Mitchell e Daniel Rock mediram a "adequação para o aprendizado de máquina" de 964 ocupações, 18.156 tarefas e 2.069 atividades de trabalho. As ocupações de risco incluíam trabalhadores que fazem muitas das previsões que já destacamos, incluindo concierges (que fazem recomendações) e autorizadores de crédito. Os trabalhos de massoterapeutas, biólogos e arqueólogos permanecem seguros. Sem nenhuma surpresa, os principais trabalhos e macroeconomistas do mundo expressaram a preocupação de que, à medida que a IA assume certas tarefas, pouco poderia ser deixado para os trabalhadores humanos, especialmente aqueles que ainda não estão no topo da distribuição de rendimentos.[4]

Uma década após a onda de IA, as máquinas substituíram os humanos em pouquíssimas tarefas. Os *chatbots* desempenham um papel maior no atendimento ao cliente e a tradução automática está ganhando uma parcela maior dessa atividade. Mas o desemprego tecnológico ainda não está no horizonte; há muitos empregos disponíveis. Embora existam IAs que podem superar as pessoas, em muitos casos, essas pessoas, apesar de tudo, ainda são mais baratas do que as máquinas que as podem substituir. Portanto, embora economistas como Daron Acemoglu e Pascual Restrepo possam argumentar que, devido aos custos de capital, a substituição seja apenas uma questão de tempo, ainda podemos respirar com tranquilidade.

FIGURA 8-1

Trinta tarefas associadas ao trabalho do médico radiologista

1. Obter históricos dos pacientes a partir de registros eletrônicos, entrevistas com pacientes, relatórios ditados ou comunicar-se com os médicos responsáveis.

2. Preparar relatórios compreensíveis que contemplem todas as informações coletadas.

3. Realizar ou interpretar os resultados dos procedimentos de diagnóstico por imagem, incluindo ressonância magnética (RM), tomografia computadorizada (TC), tomografia por emissão de pósitrons (TEP/TC), estudos de cardiologia nuclear em esteira, mamografia ou ultrassom.

4. Revisar ou transmitir imagens e informações usando arquivamento de imagens ou sistemas de comunicação.

5. Comunicar os resultados do exame ou as informações de diagnóstico aos médicos responsáveis, pacientes ou familiares.

6. Dar aconselhamento a pacientes para explicar os processos, os riscos, os benefícios ou os tratamentos alternativos.

7. Instruir a equipe radiológica nas técnicas, nas posições ou nas projeções desejadas.

8. Conversar com profissionais médicos sobre diagnósticos por imagens.

9. Coordenar serviços radiológicos com outras atividades médicas.

10. Documentar o desempenho, a interpretação ou os resultados de todos os procedimentos realizados.

11. Estabelecer ou aplicar padrões para a proteção de pacientes ou funcionários.

12. Desenvolver ou monitorar procedimentos para garantir o controle de qualidade adequado das imagens.

13. Reconhecer ou tratar complicações durante e após os procedimentos, incluindo problemas de pressão arterial, dor, sedação excessiva ou sangramento.

14. Participar de atividades de educação continuada para manter e desenvolver expertise.

15. Participar de atividades de melhoria de qualidade, incluindo discussões de áreas em que o risco de erro é alto.

16. Realizar procedimentos intervencionistas, como biópsia guiada por imagem, angioplastia transluminal percutânea, drenagem biliar trans-hepática e colocação de cateter de nefrostomia.

17. Desenvolver planos de tratamento para pacientes que necessitam de tratamento radiológico.

18. Administrar radioisótopos a pacientes clínicos ou para pesquisa médica.

19. Aconselhar outros médicos sobre indicações clínicas, limitações, avaliações ou riscos de aplicações diagnósticas e terapêuticas de materiais radioativos.

20. Calcular, medir ou preparar dosagens de radioisótopos.

21. Verificar e aprovar a qualidade das imagens diagnósticas antes que os pacientes recebam alta.
22. Comparar procedimentos de medicina nuclear com outros tipos de procedimentos, como tomografia computadorizada, ultrassonografia, ressonância magnética nuclear e angiografia.
23. Orientar tecnólogos ou técnicos de radiologia sobre dosagens, técnicas, posições e projeções desejadas.
24. Estabelecer e aplicar normas de proteção contra radiação para pacientes e funcionários.
25. Formular planos e procedimentos para departamentos de medicina nuclear.
26. Monitorar o manuseio de materiais radioativos para garantir que os procedimentos estabelecidos sejam seguidos.
27. Prescrever radionuclídeos e dosagens a serem administrados a pacientes individuais.
28. Revisar as solicitações de procedimentos e os históricos médicos dos pacientes para determinar a aplicabilidade dos procedimentos e dos radioisótopos a serem usados.
29. Ensinar medicina nuclear, radiologia diagnóstica ou outras especialidades no nível de pós-graduação.
30. Testar instrumentos de avaliação de dosagem e medidores de pesquisa para garantir que estejam funcionando corretamente.

Fonte: O*NET, https://www.onetonline.org/link/summary/29-1224.00. De "29-1224.00 — Radiologists", no National Center for O*NET Development. Utilizado sob a licença CC BY 4.0.

Há, no entanto, outra perspectiva sobre como a IA pode mudar nossa vida profissional e como as coisas são produzidas. O professor Tim Bresnahan, de Stanford, argumentou que todo o exercício de desconstruir o potencial da IA nas tarefas que ela pode executar ignora o que impulsionou a adoção radical de novas tecnologias no passado: mudanças em todo o sistema.

Bresnahan argumenta que já vemos isso em lugares que adotaram agressivamente a IA: Amazon, Google, Facebook e Netflix:

> A substituição em nível de tarefa não desempenha nenhum papel nessas aplicações da tecnologia de IA. Essas aplicações iniciais muito valiosas não são aquelas em que o trabalho realizava uma tarefa e foi substituído pelo capital. Os observadores se concentram na substituição em nível de tarefa não porque ocorre, mas porque a definição de IA geral inclui "tarefas geralmente realizadas por humanos". Até que a IA geral seja comercializada, o que não é provável em um futuro previsível, a análise deve se concentrar nas capacidades e nas aplicações das tecnologias de IA reais. Embora possa haver alguma substituição em nível de tarefa no futuro, ela não está relacionada à proposta de valor das tecnologias de IA.[5]

Mentalidade de Sistema

A IA nas principais empresas de tecnologia não é um projeto de demonstração. Inclui sistemas de produção em grande escala que geram bilhões de dólares em receita. Não foi construído tarefa por tarefa, com a IA envolvida em algumas delas. Em vez disso, as grandes empresas de tecnologia construíram sistemas completamente novos.

A adoção bem-sucedida da IA apresenta o que chamaremos aqui de *mentalidade de sistema*, que contrasta com uma mentalidade de tarefa, pois vê o maior potencial da IA e reconhece que, para gerar valor real, os sistemas de decisões, incluindo a previsão de máquinas e humanos, precisarão ser reconstituídos e construídos. Isso já está acontecendo em alguns lugares, mas a história nos diz que é mais fácil para aqueles que estão começando implementar mudanças em todo o sistema e aproveitar as novas tecnologias de uso geral, como a previsão de IA, do que para as empresas estabelecidas. Os carros podiam ser melhores que os cavalos, mas os carros precisavam de postos de gasolina, boas estradas e todo um novo conjunto de leis.

Valor *Versus* Custo

Os economistas tendem a se concentrar no custo, e, como economistas, somos tão culpados disso quanto qualquer um. Toda a premissa de nosso primeiro livro era a de que os avanços da IA reduziriam drasticamente o custo da previsão, levando a um aumento de escala de seu uso. No entanto, embora esse livro sugerisse que os usos iniciais da IA seriam onde a previsão já estava ocorrendo explicitamente, digamos, na previsão de vendas ou do clima, ou implicitamente na classificação de fotos e linguagem, estávamos cientes de que a oportunidade real estaria nos novos aplicativos e nos usos que foram ativados quando os custos de previsão caíram o suficiente.

Ao mesmo tempo, por meio de nosso trabalho com startups no LDB, percebemos que o discurso inicial dos empreendedores era sobre como tal e tal sistema de IA seria valioso para as empresas porque economizaria os custos da contratação de pessoas. Ao precificar esses produtos de IA, eles estavam adotando uma mentalidade de custo, calculando o salário economizado e outros custos, e precificando sua própria máquina de substituição com base nisso.

Na maioria das vezes, foi uma negociação difícil. Se você for a uma empresa e disser que ela pode economizar US$ 50 mil por ano em custos com mão de obra se eliminar determinado trabalho, será melhor que seu produto de IA elimine todo esse trabalho. Em vez disso, o que os empreendedores descobriram foi que seu produto talvez estivesse eliminando uma tarefa de uma pessoa, e isso não seria suficiente para economizar custos de mão de obra significativos para o possível cliente.

Os melhores resultados eram aqueles que não focavam a substituição, mas o valor. Esses argumentos demonstraram como um produto de IA pode permitir que as empresas gerem mais lucros, digamos, fornecendo produtos de maior qualidade para seus próprios clientes. Assim você não tem que demonstrar que sua IA poderia executar determinada tarefa a um custo menor do que uma pessoa. E se isso também reduziu a resistência interna à adoção da IA, apenas facilitou a tarefa de vendas. O importante aqui é que uma abordagem de aumento de valor para a IA, não uma abordagem de economia de custos, tem mais probabilidade de encontrar lugar na adoção da IA.[6]

Vimos a mesma dicotomia nas revoluções tecnológicas anteriores. Para a eletricidade, que discutimos no Capítulo 1, a substituição do vapor na fabricação foi lenta e levou décadas. Só valia a pena para as fábricas existentes adotar a eletricidade se ela custasse menos que o vapor. Isso foi algo difícil de vender para as fábricas já projetadas para funcionar a vapor. Por outro lado, uma vez que os fabricantes perceberam que a eletricidade lhes oferecia a oportunidade de redesenhar as fábricas em grandes instalações planas fora dos caros aluguéis da cidade, houve um interesse muito maior em investir em novas fábricas que prometiam uma produtividade significativamente maior devido ao seu novo design. De fato, os carros elétricos já foram considerados uma tecnologia mais promissora do que os movidos a gasolina. Como se viu, a gasolina permitiu que os carros percorressem distâncias maiores e acabou vencendo, pelo menos até o avanço da tecnologia das baterias no início do século XXI. No caso das fábricas redesenhadas, a eletricidade aumentou o valor, enquanto no outro, o transporte, não. O valor ganhou.

Criticamente, a adoção de um novo sistema requer a substituição de um sistema existente. Um cálculo de custo puro raramente levará a tal substituição. Há custos transitórios na construção de novos sistemas, e se o melhor que você fizer for economizar uma fração dos custos do sistema existente, é improvável que valha a pena. Em vez disso, se o novo sistema faz algo novo, ou seja, leva a novas oportunidades de criação de valor, então é isso que impulsionará o uso da IA.

O Desafio da Mudança no Sistema Inteiro

Muito já foi escrito sobre o potencial da IA na medicina.[7] O livro *Deep Medicine: How Artificial Intelligence Can Make Healthcare Human Again*, [sem publicação do Brasil] de Eric Topol, explica como a IA pode melhorar os diagnósticos, liberando os médicos para passar mais tempo com seus pacientes e entender suas necessidades. As aplicações de IA na medicina incluem diagnóstico de doenças, cirurgia automatizada, monitoramento de pacientes em casa, tratamentos personalizados, descoberta e redirecionamento de medicamentos.[8] Essas oportunidades criaram preocupações sobre um "lado obscuro da IA na área da saúde", em que as IAs competem com os médicos pelo diagnóstico.[9]

Talvez a razão pela qual a obra de Topol seja tão influente é porque ele entende o sistema de saúde (ele é cardiologista e professor de medicina molecular na Scripps Research), entende de IA (investiu significativamente em aprender as capacidades e as limitações dessa tecnologia no que se refere aos cuidados de saúde) e é um mestre comunicador e tradutor de coisas complicadas (ele é fundador e diretor do Scripps Research Translational Institute).[10] Há apenas um problema: ele não é economista, então não escreve sobre o comportamento humano em termos de incentivos, ou talvez ele acredite que os médicos estejam acima de tais instintos primitivos. Nossa preocupação é a de que, se simplesmente introduzirmos novas tecnologias de IA no sistema de saúde existente, os médicos poderão não ter incentivo para usá-las, dependendo de se aumentarão ou diminuirão sua remuneração, o que é impulsionado pela taxa por serviço ou pelo reembolso baseado em volume.

Topol acredita que, se as IAs economizarem o tempo dos médicos, eles passarão esse tempo extra conversando e se conectando com seus pacientes. A evidência de que ferramentas anteriores de aumento de produtividade para médicos aumentaram o tempo que eles passam se conectando com seus pacientes não é de todo clara. Pode ser o contrário. Se as IAs aumentarem a produtividade dos médicos, eles poderão passar menos tempo com cada paciente individualmente sem diminuir sua renda. Para atingir os objetivos dignos aos quais o autor aspira, precisamos de mais do que novas tecnologias de IA. Precisamos de um novo sistema, incluindo novos incentivos, treinamentos, metodologias e cultura para que os médicos utilizem suas ferramentas tecnológicas da maneira aspirada no livro de Topol.

Portanto, sem surpresas, apesar das muitas oportunidades para aprimorar a medicina com IA, conforme descrito em *Deep Medicine* e em outras publicações, a assistência médica não está na vanguarda de sua adoção. Em um estudo sobre trabalhos de IA e aprendizado de máquina em diversos setores, a assistência médica ficou em último lugar. No final de 2019, a assistência médica tinha uma fração menor de empregos envolvendo IA do que qualquer outro setor, exceto construção, artes e entretenimento. Até os serviços de acomodação e alimentação, transporte e armazenamento envolveram mais trabalhadores com habilidades relacionadas à IA.[11] Uma razão pode ser que o sistema de saúde é particularmente complicado. A Figura 8-2 mostra uma imagem do sistema de saúde dos EUA que o Congresso criou em 2010 para mapear o Obamacare.[12]

Com tantas decisões coordenadas, as soluções pontuais e de aplicativo têm um valor limitado, a menos que outras mudanças sejam feitas. Pode ser fácil imaginar como a IA permitiria tratamentos personalizados, mas muitas pessoas precisam mudar o que fazem para que isso aconteça (por exemplo, coletar mais dados pessoais, dar um atendimento mais personalizado, criar reembolsos mais centrados no atendimento). As soluções pontuais de IA na área da saúde geralmente fornecem previsões que ninguém pode usar (por exemplo, porque as opções de tratamento não estão disponíveis). Os aplicativos de solução muitas vezes permitem ações que ninguém pode tomar (por exemplo, porque as regras de responsabilidade dificultam a adoção) ou deseja tomar (por exemplo, porque estão desalinhadas com o sistema de compensação). O desafio não é tanto que as previsões não sejam boas o suficiente ou que as ações sejam inúteis; é que fazer com que todas as partes móveis funcionem juntas não é fácil.

Mentalidade de Sistema | 91

FIGURA 8-2

Diagrama do Sistema de Saúde dos EUA, 2010

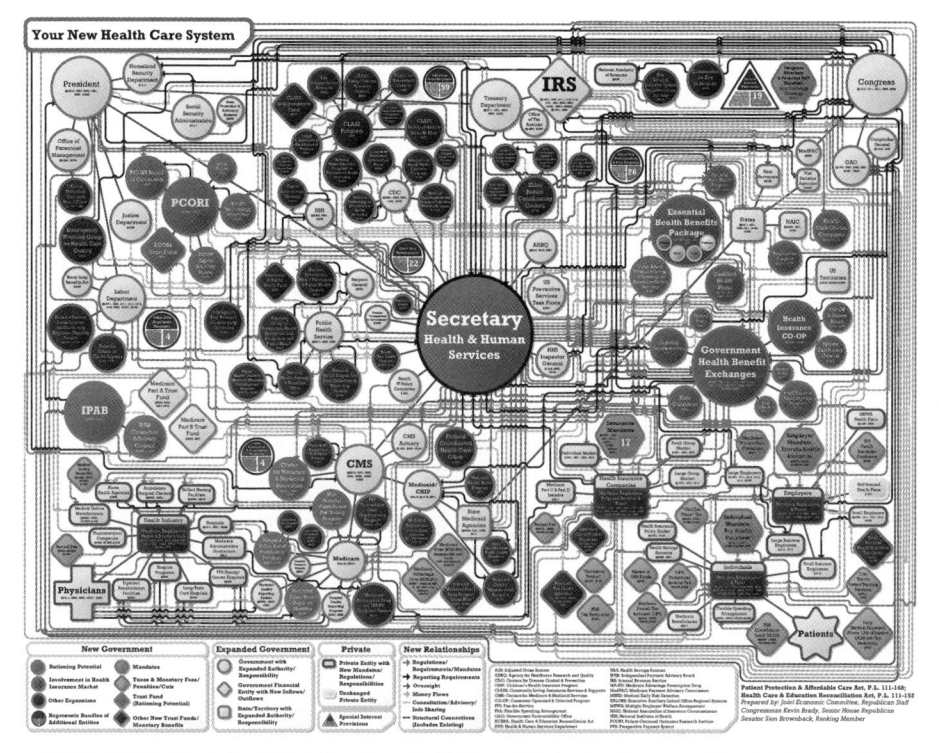

Fonte: Joint Economic Committee, Republican Staff, "Understanding the Obamacare Chart", julho de 2010, https://www.jec.senate.gov/public/_cache/files/96b779aa-6d2e-4c41-a719-24e865cacf66/understanding-the-obamacare-chart.pdf.

Para que isso aconteça, é necessária uma mudança no sistema. E não faltam visões para um novo sistema de saúde habilitado por IA. Se a IA fornecer diagnóstico, as regras sobre quem tem permissão para fazer o que na assistência médica deverão mudar.[13] Com as máquinas fazendo diagnósticos, o papel principal do médico deve estar no lado humano da assistência médica. Isso exigiria várias outras mudanças. A faculdade de medicina não exigiria mais a memorização de fatos e não selecionaria mais os alunos com base em sua capacidade de entender biologia o suficiente para se sair bem nas provas. Essas habilidades podem não melhorar muito com uma década de escolaridade de nível superior; portanto, os médicos que atendem pacientes podem precisar apenas de algo como um diploma de graduação. Isso, por sua vez, exigiria grandes mudanças regulatórias para quem pode fornecer serviços de saúde e quais seriam esses serviços. Talvez o atendimento ao paciente se torne o papel principal do farmacêutico. Talvez os assistentes sociais se mudem para o que costumava ser o domínio do médico. No Capítulo 18, fornecemos um processo para desenvolver uma solução de sistema de IA na área da saúde e apresentamos uma visão do que tal sistema na medicina de emergência pode envolver. Talvez nada disso aconteça, porque muita coisa precisa mudar.

A IA também pode mudar o sistema de saúde global. O Banco Mundial destacou como as tecnologias como a IA podem nivelar o campo de atuação entre os países.[14] A combinação de monitoramento remoto de pacientes e diagnóstico feito por máquinas pode melhorar os cuidados de saúde em locais de difícil acesso.

Os cardiologistas de Camarões estão em hospitais em áreas urbanas, mas muitos de seus 25 milhões de habitantes vivem longe. A maioria das pessoas com doença cardiovascular nunca é diagnosticada. O inventor camaronês Arthur Zang desenvolveu o Cardiopad para resolver esse problema. Cardiopad é uma ferramenta para permitir cardiogramas remotos, sem a necessidade de um cardiologista local para realizar o teste. A ferramenta já possibilitou o diagnóstico remoto de milhares de pacientes, mas ainda requer um cardiologista para fazer o diagnóstico final. Os vinte cardiologistas que trabalharam com o Cardiopad em 2020 ficaram maravilhados — o país inteiro tinha apenas sessenta cardiologistas. Isso resolveu o problema do acesso aos cardiogramas, mas não a questão do diagnóstico, em que máquinas fazem o diagnóstico e humanos o aceitam. Além disso, uma vez que milhares de pessoas são diagnosticadas, é necessária uma infraestrutura para o tratamento da doença.

Atualmente, o sistema de diagnósticos e tratamentos estão ressecados. Ao delimitar o diagnóstico, o sistema atual cria pouca incerteza sobre quantos pacientes precisam ser tratados. O Cardiopad é uma peça desse sistema; foi criado para resolver a distância entre cardiologistas e pacientes. Para melhorias em larga escala no atendimento cardiovascular em Camarões, mudanças precisam ser feitas na forma como o diagnóstico funciona e novos caminhos de tratamento precisam ser criados, que, por sua vez, aproveitam as mudanças no diagnóstico. Essas soluções de sistema ainda precisam ser desenvolvidas.[15] Até então, o Cardiopad continuará a melhorar os cuidados de saúde para milhares de pacientes em Camarões, mas não permitirá melhorias na saúde cardiovascular da população geral.

A IBM — uma empresa muito maior que o Cardiopad — criou o Watson, que era a promessa de um impacto descomunal na área da saúde. Mas não conseguiu cumpri-la. Havia problemas de dados e riscos reais de erros nas previsões. Como disse um parceiro da IBM: "Pensamos que seria fácil, mas acabou sendo muito, muito difícil."[16] É bastante fácil identificar as tarefas que se prestam a soluções pontuais e as de aplicativos de IA. A IBM descobriu isso. Foi muito difícil incorporar essas soluções de forma produtiva no sistema existente, e um novo sistema ainda não surgiu.

Virada

Na transição em que nos encontramos, as oportunidades de adoção de IA costumam ser reativas: um fornecedor aborda você com uma nova IA para prever algo relevante para sua organização, ou você pede a suas equipes internas para fazerem uma análise dos fluxos de trabalho e ver se há alguma oportunidade de usar a IA para auxiliar em uma ou mais tarefas.[17] Essa é uma boa abordagem, mas boa para fazer uma coisa: encontrar soluções pontuais para a IA.

Até agora, esperamos ter convencido você de que vale a pena procurar oportunidades para adotar uma IA que seja transformacional. Isso requer examinar sistemas inteiros e entender como a IA pode facilitar uma mudança positiva nesses sistemas. É aí que estão as oportunidades mais significativas para a IA.

Mas é fácil dizer que você deve ter uma mentalidade sistêmica. O mais difícil é realmente desenvolvê-la. Incertezas ocultas são, por definição, difíceis de encontrar. As regras que unem o sistema existente são difíceis de remover. Um primeiro passo é reconhecer que a mudança do sistema é necessária. Esse reconhecimento já está acontecendo em um setor da economia. Veremos isso a seguir.

PONTOS PRINCIPAIS

- O pensamento em nível de tarefa é atualmente a abordagem dominante para planejar a introdução da IA em todos os setores da economia. A ideia principal é identificar tarefas específicas em uma ocupação que dependem de previsões que a IA, não um ser humano, pode gerar com mais precisão, rapidez ou economia. Líderes corporativos, consultores de gestão e acadêmicos em grande parte convergiram para essa abordagem.

- O domínio do pensamento no nível da tarefa é surpreendente porque as implementações mais radicais da IA até o momento não são substituições

Sistemas

do trabalho humano em nível de tarefa, mas novos projetos sistêmicos que só são possíveis devido aos recursos de previsão oferecidos pela IA (Amazon, Google, Netflix, Meta, Apple). O pensamento em nível de tarefa leva a soluções pontuais que geralmente são motivadas por economia de custos com base na substituição da mão de obra. Em contraste, o pensamento em nível de sistema leva a soluções sistêmicas que geralmente são motivadas pela criação de valor.

Existem muitas aplicações para a IA na área da saúde: diagnóstico de doenças, cirurgia automatizada, monitoramento de pacientes em casa, tratamentos personalizados, descoberta e redirecionamento de medicamentos etc. No entanto, o sistema de saúde viu apenas um benefício marginal da IA até o momento. Parte disso se deve ao tempo necessário para a regulamentação, mas muito se deve aos benefícios discretos das soluções pontuais de IA no sistema de saúde atual. Um sistema de soluções é necessário para alavancar totalmente o poder da IA na área da saúde. Devemos começar do zero e imaginar como a saúde das pessoas pode ser mais bem atendida em um sistema que tenha acesso a uma nova e poderosa tecnologia de previsão. Isso significa repensar o treinamento, os procedimentos de entrega, a remuneração, a privacidade e a responsabilidade. Significa adotar uma mentalidade de sistema.

9

O Melhor Sistema de Todos

"AlphaFold é a conquista mais importante em IA de todos os tempos", declarou um artigo na *Forbes*. Essa frase é uma hipérbole, mas não foi assim que a revista acadêmica *Nature* a encarou quando, da mesma forma, declarou que o sistema "mudaria tudo".[1]

AlphaFold é uma IA programada para prever estruturas de proteínas. As proteínas são os blocos de construção da vida, responsáveis pela maior parte do que acontece dentro das células. Como uma proteína funciona e o que ela faz é determinado por sua forma tridimensional. Na biologia molecular, "estrutura é função".

Os cientistas há muito se perguntam de onde vem essa estrutura e como as partes constituintes de uma proteína mapeiam as muitas voltas e dobras de sua forma final. Durante décadas, experimentos de laboratório foram a principal forma de visualizar as estruturas das proteínas.

Com o AlphaFold como uma ferramenta para prever essas estruturas a partir de sua sequência de aminoácidos, os cientistas podem descobrir novos fatos sobre os blocos de construção da vida.[2] Pesquisadores da Universidade da Califórnia, em São Francisco, usaram o AlphaFold para descobrir detalhes anteriormente desconhecidos sobre uma proteína chamada SARS-CoV-2, que avançou o desenvolvimento do tratamento da covid-19. Cientistas da

Universidade do Colorado, em Boulder, que passaram anos tentando determinar a estrutura de determinada proteína bacteriana para ajudar a combater a resistência a antibióticos, usaram o AlphaFold e descobriram a estrutura em quinze minutos.[3] Outro laboratório observou que o AlphaFold forneceu uma estrutura de proteína em trinta minutos, depois de tentar outras ferramentas por uma década.[4] O chefe desse laboratório, Andrei Lupas, observou: "Isso mudará a medicina. Isso mudará a pesquisa. Mudará a bioengenharia."

A Invenção de um Método de Invenção

Se tivéssemos que apontar uma área em que a IA tem o maior potencial para transformar a economia, apontaríamos o outro lado da maioria das atividades comerciais comuns: os sistemas de inovação e invenção. A boa notícia é que também é nessa área que aqueles que usam a IA parecem reconhecer a necessidade de uma mentalidade sistêmica em sua adoção. Se o AlphaFold mudar a medicina, a pesquisa e a bioengenharia, definitivamente será mais do que uma solução pontual.

Na primeira conferência NBER Economics of Artificial Intelligence que organizamos em 2017, os economistas Iain Cockburn, Rebecca Henderson e Scott Stern argumentaram que a IA "tem o potencial de mudar o próprio processo de inovação". *Data science* já era um componente do processo científico. A IA o tornaria melhor, mais rápido e mais barato e permitiria novos tipos de previsões. Isso abre novos caminhos de investigação e melhora a produtividade dentro do laboratório.[5] Como uma nova maneira de criar produtos, em vez de uma melhoria em um produto específico, o impacto econômico das ferramentas de pesquisa não se limita à sua capacidade de reduzir o custo da inovação.[6] Em vez disso, elas alteram a maneira de inovar.

O microscópio também foi um novo método de invenção. Do microscópio veio a teoria das doenças causadas por germes. Essa teoria inspirou grande parte da medicina moderna e tornou viável a luta contra vírus e bactérias. Também mudou outros aspectos da medicina: a cirurgia tornou-se clinicamente útil, o parto ficou mais seguro e hospitais tornaram-se lugares onde as pessoas eram curadas, e não aonde iam para morrer.[7]

No entanto, a IA não é apenas um método de invenção, mas também uma tecnologia de uso geral. É por isso que ela requer mudanças no sistema e que o seu potencial sugere um paradoxo.

Novos Sistemas de Inovação

A inovação envolve um processo estruturado de tentativa e erro. A Figura 9-1 mostra como esse processo funciona em muitos contextos. A organização de pesquisa especifica um objetivo e gera hipóteses sobre como atingir esse objeto. Em seguida, projeta e executa um experimento para testar a hipótese principal. Muitas vezes, esse experimento falha. Felizmente, essa falha gera aprendizado e novas hipóteses, uma das quais leva a um experimento bem-sucedido. A organização executa um piloto e, se esse piloto for bem-sucedido, a inovação poderá ser implantada em escala.

Esse processo se aplica a sistemas de inovação relativamente simples, como mecanismos de recomendação de conteúdo, e a sistemas mais complexos, como os de desenvolvimento de medicamentos. Consideramos cada um deles por sua vez.

FIGURA 9-1

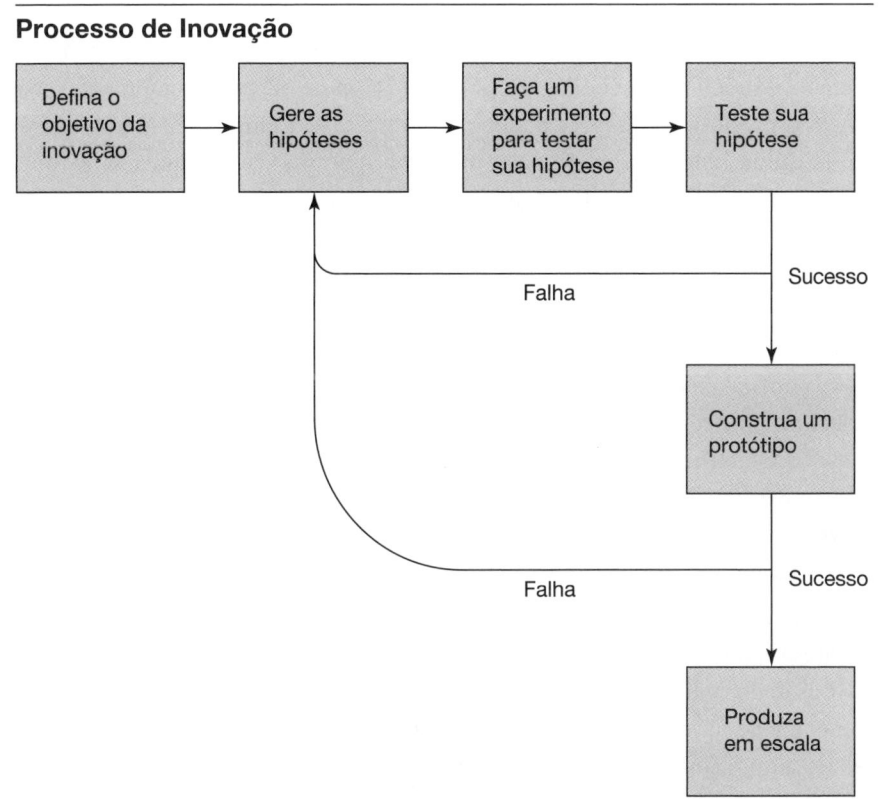

Processo de Inovação

[Fluxograma: Defina o objetivo da inovação → Gere as hipóteses → Faça um experimento para testar sua hipótese → Teste sua hipótese. Falha retorna para Gere as hipóteses; Sucesso segue para Construa um protótipo. Falha retorna para Gere as hipóteses; Sucesso segue para Produza em escala.]

Um sistema de recomendação, como ocorre na Amazon e no Spotify, pode ter como objetivo maximizar o engajamento do usuário ou aumentar as vendas. Os professores de negócios Dokyun Lee e Kartik Hosanagar trabalharam com um grande varejista online para examinar como os detalhes do mecanismo de recomendação afetavam as vendas. Eles compararam os mecanismos de recomendação de "filtro colaborativo" baseados em sugestões de "pessoas que compraram isso também compraram aquilo" com mecanismos baseados no ajuste com a sequência de palavras-chave inserida. A empresa com a qual trabalhavam tinha uma hipótese ou uma teoria de que o mecanismo de recomendação aumentaria as vendas. Eles, então, fizeram um experimento e mostraram aleatoriamente a alguns usuários o novo mecanismo de recomendação, e a outros, o antigo mecanismo de pesquisa baseado em palavras-chave. Na maioria das categorias de produtos, as compras foram maiores com a nova opção. A intervenção funcionou, então a empresa decidiu implantá-la.

O mecanismo de recomendação também sugeriu algumas novas oportunidades. Mudou a distribuição de produtos, com mais pessoas comprando os mesmos produtos populares e menos compras de produtos pouco populares ou de cauda longa. A distribuição muda porque uma recomendação de que "quem comprou isso também comprou aquilo" aumenta as vendas dos produtos mais populares. Na época, nos livros, todo mundo também comprava *O Código da Vinci*, então seria recomendado para todos. A empresa decidiu ir contra as novas melhorias que aumentariam os lucros em toda a distribuição e especialmente na cauda longa. O mecanismo de recomendação era uma solução pontual de IA que se encaixava no fluxo de trabalho existente. Reverter o declínio nas compras na cauda longa exigiria coordenação com outras divisões. Os engenheiros temiam que daria muito trabalho para implementar e que o novo algoritmo tivesse consequências não intencionais. E, o mais importante, "não queriam interromper o sistema existente". A mudança no nível do sistema foi muito grande, dados os benefícios previstos.[8]

Uma IA focada na inovação pode mudar esse processo. Em vez de formular hipóteses sobre o melhor tipo de mecanismo de recomendação, a IA poderia usar os dados existentes para gerar milhares de possíveis mecanismos de recomendação (veja a Figura 9-2). Uma vez que essa etapa de geração de hipóteses seja mais rápida, ela permitirá a inovação em medidas mais impactantes do que compras de curto prazo, como *churn* (cancelamento de compras) ou vendas de longo prazo. Com melhores hipóteses, pode ser possível realizar mais experimentos com maior rendimento e maior retorno sobre o investimento. Além disso, se as previsões forem boas o suficiente, pode ser possível pular o experimento ou as fases do piloto. Um de nós (Ajay), junto com os economistas John McHale e Alex Oettl, modelou essa ideia no campo da descoberta de novos materiais.[9] Uma previsão melhor no estágio de desenvolvimento de hipóteses poderia levar a um sistema totalmente novo.

FIGURA 9-2

Teste Simples: Desenvolvimento de algoritmo de recomendação

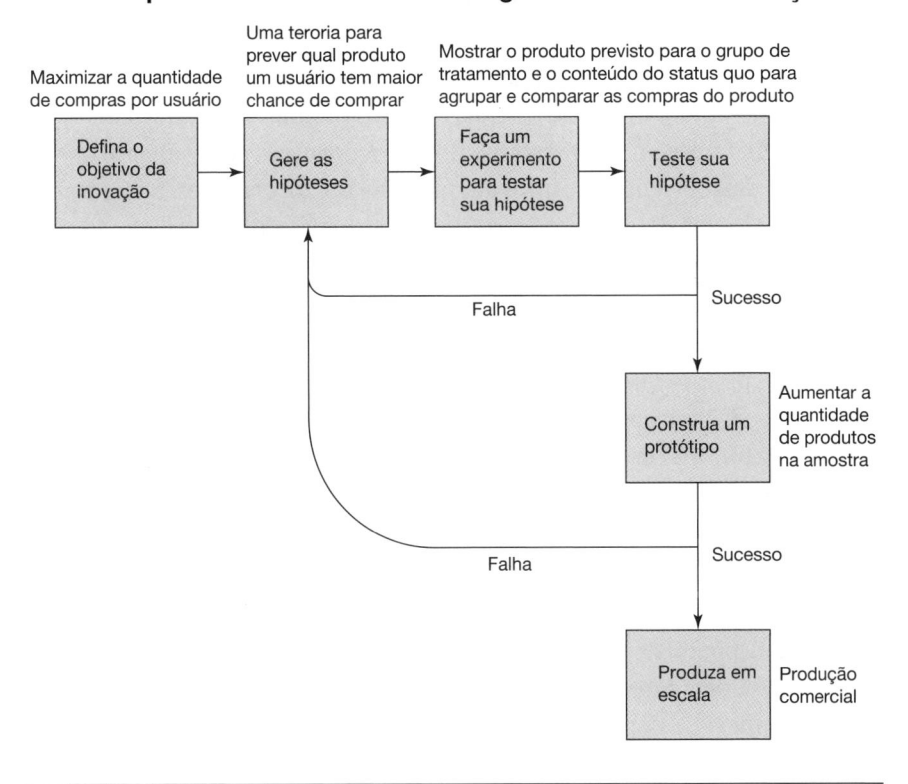

```
Maximizar a quantidade    Uma teoria para        Mostrar o produto previsto para o grupo de
de compras por usuário    prever qual produto    tratamento e o conteúdo do status quo para
                          um usuário tem maior   agrupar e comparar as compras do produto
                          chance de comprar

    ┌──────────┐     ┌──────────┐     ┌──────────┐     ┌──────────┐
    │ Defina o │     │ Gere as  │     │ Faça um  │     │ Teste sua│
    │ objetivo │ ──▶ │hipóteses │ ──▶ │experimento│──▶ │ hipótese │
    │da inovação│    │          │     │para testar│    │          │
    └──────────┘     └──────────┘     │sua hipótese│   └──────────┘
                          ▲          └──────────┘          │
                          │                                │
                          │        Falha        Sucesso    │
                          └────────────────────────────────┤
                                                           ▼
                                                    ┌──────────┐   Aumentar a
                                                    │Construa um│  quantidade
                                                    │ protótipo │  de produtos
                                                    └──────────┘   na amostra
                                                           │
                                    Falha        Sucesso   │
                          ┌────────────────────────────────┤
                          │                                ▼
                                                    ┌──────────┐   Produção
                                                    │Produza em│  comercial
                                                    │  escala  │
                                                    └──────────┘
```

A mesma mudança de sistema pode ocorrer para o sistema de P&D mais complexo no desenvolvimento de medicamentos. O objetivo é planejar novos medicamentos. O processo é semelhante: criar hipóteses, experimentar, testar e implantar.

Essas oportunidades dependem, claro, de um avanço significativo na previsão de IA. O AlphaFold pode ser exatamente esse avanço. A previsão do AlphaFold por si só não mudará a medicina, a pesquisa e nem a bioengenharia.

Os pesquisadores que já procuram uma previsão agora poderão operar com mais eficiência. Assim como no caso da empresa de detecção de fraudes financeiras Verafin, discutida anteriormente neste livro, uma previsão muito melhor é uma solução pontual que pode ser inserida em um sistema existente e fazê-lo funcionar um pouco melhor.

Essa hipérbole em torno do AlphaFold é impulsionada por uma visão de um novo sistema de pesquisa médica. Esse sistema "exigirá mais raciocínio e menos mão na massa".[10] Uma vez que é fácil prever a estrutura de qualquer proteína, a abordagem da pesquisa muda. Aqueles que trabalham para aproveitar a oportunidade que o AlphaFold oferece reconhecem que há mais oportunidades para desenvolver tratamentos para doenças relativamente obscuras porque descobrir as estruturas das proteínas agora é simples. Laboratórios especializados em determinar estruturas de proteínas não servem mais para nada. O futuro requer mais laboratórios que convertam estruturas de proteínas conhecidas em tratamentos úteis.

A previsão que o AlphaFold fornece muda como a pesquisa pode ser feita. Ao mudar o processo de inovação, o AlphaFold pode mudar a medicina. De forma mais geral, o impacto da IA na inovação pode, em última análise, superar o impacto de todas as outras aplicações da IA. Como a inovação é fundamental para a produtividade, o crescimento econômico e o bem-estar humano, por meio de seu impacto na inovação, a IA pode ter um efeito maior do que as gerações anteriores de tecnologias de uso geral, desde a máquina a vapor até a internet.

Com o AlphaFold, prever a estrutura da proteína em questão não é mais um processo oneroso de interação entre teoria e experimento. Esse estágio agora é conhecido. Com isso, os objetivos de inovação podem ser mais ambiciosos. Mais reações de proteínas de drogas podem ser testadas. A IA pode afetar a produtividade de uma descoberta específica, permitindo a priorização de melhorias nas tecnologias satélites a essa descoberta; pode aumentar o valor esperado da inovação e aumentar ou diminuir os testes, dependendo da inovação; pode reduzir os custos associados a gargalos bem definidos nos processos de descoberta (veja a Figura 9-3).

Embora seja amplamente reconhecido que um novo sistema é necessário, tal sistema não aparece sem muito tempo, esforço e recursos.

FIGURA 9-3

Teste Complexo: P&D para o desenvolvimento de medicamentos

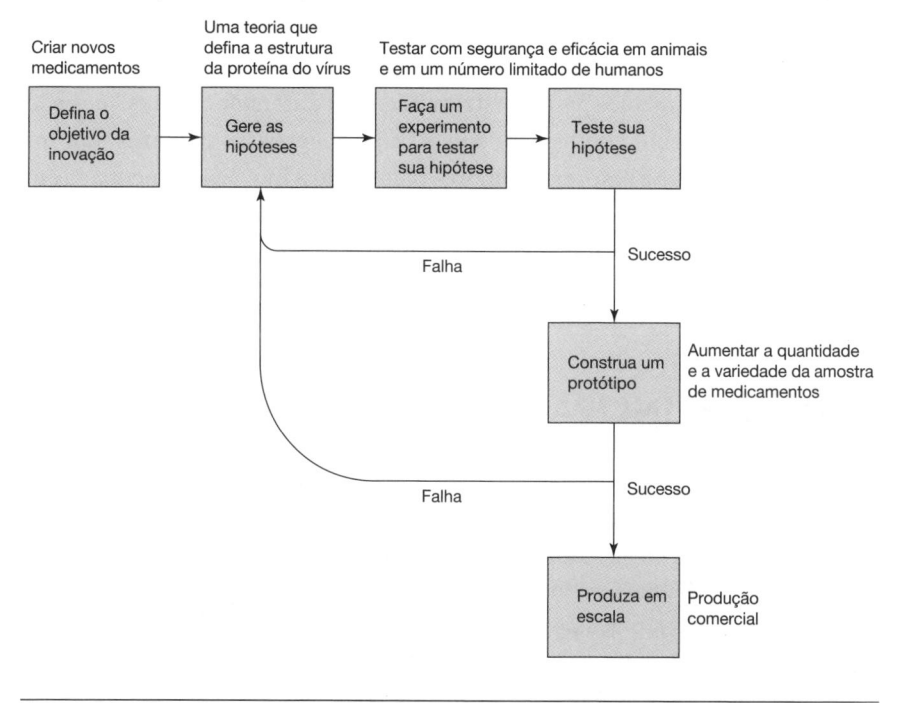

```
Criar novos          Uma teoria que
medicamentos         defina a estrutura    Testar com segurança e eficácia em animais
                     da proteína do vírus  e em um número limitado de humanos

[Defina o        ] → [Gere as    ] → [Faça um        ] → [Teste sua]
[objetivo da     ]   [hipóteses  ]   [experimento    ]   [hipótese ]
[inovação        ]                   [para testar    ]
                                     [sua hipótese   ]

                          Falha ←――――――――――――― Sucesso ↓

                                     [Construa um]   Aumentar a quantidade
                                     [protótipo  ]   e a variedade da amostra
                                                     de medicamentos

                          Falha ←――――――――――――― Sucesso ↓

                                     [Produza em]   Produção
                                     [escala    ]   comercial
```

Sistemas de Reconhecimento

O que queremos dizer é que até mesmo reconhecer a oportunidade da mudança de sistema é difícil. Estamos começando a ver progresso em relação ao impacto da inteligência artificial no sistema de inovação, e vários sistemas de IA estão aparecendo nesse processo. Por exemplo, Alán Aspuru-Guzik, professor da Universidade de Toronto, está usando IA na química: uma IA, que prevê quais hipóteses testar, é integrada como parte de uma solução de sistema envolvendo braços robóticos controlados por outra IA e um laboratório portátil totalmente abastecido para fazer experimentos automatizados. Ele chama o sistema de "laboratório de química autônomo".[11]

Muitas outras partes da economia, no entanto, não viram a necessidade de mudar. E reconhecer a necessidade de mudança do sistema é apenas o primeiro passo. Além disso, o tipo certo de mudança precisa acontecer, o que exige muito investimento e um pouco de sorte. Grandes empresas raramente acham que vale a pena transformar a maneira como seu setor opera, especialmente se o setor for lucrativo no momento. O risco de errar é muito alto.

É por isso que a mudança tecnológica pode levar à disrupção. A tecnologia abre novas oportunidades para construir negócios e atender clientes, mas não está claro exatamente como. Quando startups e empresas menores têm incentivos para inovar e empresas maiores não, então a inovação é incubada em pequenos mercados atendidos por pequenas empresas, até que seus produtos amadureçam e se tornem alternativas viáveis para grandes mercados. Por fim, os operadores históricos entram em colapso e novas formas de fazer negócios surgem a partir disso. Passamos a esse tipo de mudança a seguir.

PONTOS PRINCIPAIS

- Inovações no próprio sistema de inovação podem ter efeitos em cascata em muitos outros sistemas. Avanços na tecnologia de lentes levaram a inovações no mercado de ótica pessoal (por exemplo, óculos), mas também no mercado de ferramentas de pesquisa (por exemplo, microscópios), o que permitiu mais inovações no sistema de inovação. Do microscópio surgiu a teoria de doenças transmitidas por germes, que tornou viável o combate a vírus e bactérias e mudou outros aspectos da medicina.

- Um dos principais papéis da IA no sistema de inovação é prever a consequência de novas combinações. Situações em que anteriormente dependíamos da teoria científica ou da tentativa e erro agora podem, às vezes (se tivermos dados suficientes para treinar modelos), usar a previsão de IA para gerar hipóteses.

- A geração automatizada de hipóteses pode aumentar significativamente a produtividade da inovação. No entanto, para se beneficiar totalmente dessa tecnologia, devemos reconsiderar todo o sistema de inovação, não apenas a única etapa da geração de hipóteses. Por exemplo, a geração mais rápida de hipóteses terá pouco impacto se a próxima etapa do processo, o teste de hipóteses, não mudar e simplesmente criar um gargalo mais à frente.

PARTE QUATRO

Poder

10

Disrupção e Poder

Reservemos um momento para recapitular. A IA é uma tecnologia potencialmente transformadora, e a história nos diz que a transformação não vem fácil. Embora os frutos iniciais de uma nova tecnologia sejam soluções e aplicações pontuais, a adoção e a transformação reais ocorrem quando novos sistemas são criados e impulsionados pela tecnologia. A IA fornece previsões e, portanto, o valor é criado por uma tomada de decisão aprimorada. Soluções pontuais permitem a previsão para melhorar as decisões existentes. Os aplicativos podem potencialmente desbloquear novas decisões, mas essas novas decisões não surgem do nada. Pelo contrário, elas substituem as regras. As regras admitem erros e muitas vezes têm andaimes construídos em torno delas (por exemplo, terminais de aeroporto) para mitigar suas consequências. Portanto, a incerteza que poderia ser um alvo para a previsão da IA pode ficar encoberta. O sistema resultante baseado em regras pode ser muito robusto — o que chamamos de "colado". Isso significa que mudar as regras para as decisões e usar IA pode não valer a pena, a menos que adotemos uma mentalidade de sistema.

Há trabalho a fazer para inovar em nível de sistema para que a IA atinja seu potencial transformador. O restante deste livro descreve esse trabalho e os desafios que muitas organizações enfrentarão. O mais importante a entender é que esse processo será disruptivo.

Disrupção. Esta é uma palavra problemática. Como economistas, evitamos os chavões, e talvez não haja palavra mais badalada nos círculos tecnológicos do que *disrupção*. No entanto, ao considerar a adoção da IA no contexto da mudança em todo o sistema, essa palavra é adequada por três razões. Primeiro, como já vimos, as oportunidades para a aplicação da IA podem ser ocultadas e, portanto, os setores existentes são vulneráveis a pontos cegos. Em segundo lugar, os desafios e as compensações em derrubar os sistemas existentes e construir novos são parte integrante do processo de destruição criativa que acompanha a mudança tecnológica transformacional. Finalmente, à medida que os sistemas antigos são substituídos por novos, há necessariamente uma mudança no poder — especificamente, o poder econômico — que torna o acúmulo de poder a recompensa para a inovação do sistema e a potencial disrupção algo a temer e resistir. Essas três coisas estão associadas ao que muitos colocam sob o termo abrangente de *disrupção*, então faz sentido usá-lo aqui.

A Predição Pode Ser Disruptiva

O restante deste livro é sobre como a previsão de IA e sua adoção podem ser disruptivas. Por necessidade, uma vez que isso ainda não aconteceu, fazemos especulações nesse exercício. Tais especulações são informadas pelo que sabemos sobre a previsão da IA e a economia da tecnologia. Também tivemos avanços em nossa capacidade de prever antes — auxiliados pela coleta de dados e informatização.

Até a década de 1990, a geração de eletricidade era um assunto altamente regulamentado. Na maioria dos países, todo o processo de produção e entrega de eletricidade para empresas e residências era organizado em entidades verticalmente integradas. Uma razão para isso era que a geração de eletricidade era cara e o produto era quase impossível de armazenar. Se você soubesse quanta eletricidade desejava, poderia produzi-la, mas havia milhões de decisões separadas sendo tomadas para se usar eletricidade a cada minuto do dia. Sem atender à demanda, toda a rede poderia travar.

Na verdade, você poderia produzir quanta eletricidade quisesse, mas também tinha que cuidar de várias outras coisas. Tinha que garantir que as linhas de distribuição não atingissem a capacidade em diferentes localidades, contabilizar as usinas geradoras indisponíveis e levar em conta os custos variáveis dos combustíveis usados em primeiro lugar. O resultado final era um controle rígido e um excesso de oferta a qualquer momento, apenas por precaução. Cuidado era a regra do dia.

Mas com o tempo, a previsão — a do tempo, a de engenharia e a do tempo de inatividade — ficou melhor. A informatização ajudou, assim como a experiência acumulada. Em nível operacional, isso permitiu que as empresas de eletricidade diminuíssem um pouco a cautela. Mas esses sistemas planejados não fizeram um bom trabalho economizando nos custos de combustível. Era muito fácil administrar uma grande usina de carvão ou nuclear, em comparação com ligar e desligar uma usina de gás de menor capacidade.

Essas melhorias na previsão acabaram permitindo uma mudança na estrutura organizacional da indústria: em direção a uma maior modularidade e menor coordenação centralizada. Em vez de os geradores serem rigidamente controlados e planejados, uma melhor previsão de demanda e distribuição significava que usinas individuais poderiam fazer lances para vender eletricidade nos mercados locais. No final da década de 1980, economistas e especialistas em eletricidade perceberam que esses *pools* de energia elétrica poderiam reduzir custos sem comprometer a qualidade.

O problema central de garantir que a oferta exceda a demanda não desapareceu. Em vez disso, a previsão de alta qualidade das necessidades locais de eletricidade significava que as decisões individuais de produção da usina poderiam ser descentralizadas. As propostas podiam ser recebidas com um dia de antecedência, e a quantidade ofertada correspondia à quantidade demandada com pouco risco de preços extraordinariamente altos. Certamente, ocorreram alguns picos de preços, e os proprietários das usinas geradoras sem dúvida gostaram disso. Em todo o sistema, uma melhor previsão significava menos planejamento central e mais competição. Os custos gerais de eletricidade despencaram.[1] Sem surpresa, quase todas as principais economias agora têm *pools* de energia elétrica anteriormente inconcebíveis, todos possibilitados por uma melhor previsão.

A previsão abriu uma nova forma de organização do setor elétrico, com a geração descentralizada de eletricidade. A melhor previsão fez com que aqueles eventos em que a demanda excedia em muito o esperado se tornassem mais raros em tempo real. Assim, as informações da previsão poderiam ser enviadas para as várias usinas geradoras, operadoras de linhas de transmissão e distribuidoras com mais de um dia de antecedência, e cada uma poderia, então, comunicar suas intenções de fornecimento ao operador do sistema centralizado. Isso significava que eles tinham um critério muito maior, o que, por sua vez, abria oportunidades de investimento em diferentes usinas e outras opções de geração de eficiência. Não precisava haver um plano central para tudo.

A transformação da indústria de eletricidade envolveu uma mudança da centralização para a descentralização. Mas o importante a lembrar são as implicações disso em relação a quem detinha o poder — não o elétrico, mas o econômico.

Você tem poder econômico se o que possui ou controla é valioso e escasso em um mercado. É por isso que possuir o retrato de sua esposa feito por Picasso é diferente de possuir o desenho de sua esposa feito por seu filho de 5 anos. Ambos são únicos e, portanto, escassos; ambos são representações igualmente imprecisas de como é a pessoa, mas um é mais valioso. É também por isso que possuir um Picasso original é diferente de ter uma impressão da mesma pintura. Ambos são esteticamente equivalentes, mas um é escasso, e o outro não.

A escassez, subjacente ao poder econômico, pode ser amenizada pela concorrência, de modo que os economistas às vezes tratam o poder econômico e o poder de monopólio como equivalentes. Quando algo que antes era escasso está sujeito à competição, o poder muda.

As mudanças na eletricidade foram muito prejudiciais para os produtores que contavam com sua estrutura verticalmente integrada para protegê-los da concorrência. Para as usinas de energia em particular, a concorrência significava lucros menores, pois agora elas tinham que licitar para serem despachadas, em vez de depender de contratos de longo prazo e outros arranjos. Da mesma forma, havia oportunidades para mais distribuidores interconectarem sistemas locais em mercados regionais mais amplos. Nos Estados Unidos continental, havia apenas dez mercados cruzando vários estados.

Muitas vezes, vemos isso com a disrupção. Um setor no qual os provedores tradicionais têm poder econômico de repente fica sujeito à concorrência e seu poder é diminuído. Mas o poder não desaparece; ele muda. No caso da eletricidade, o poder mudou de fornecedores verticalmente integrados para alguns outros, mas de forma mais significativa para o consumidor de eletricidade.

Em outros casos, a disrupção na forma de concorrência pode transferir o poder dos produtores tradicionais para novos. Em outras palavras, o poder de monopólio continua; apenas os nomes dos monopolistas mudam. Assim, o poder econômico não é ameaçado pela inovação em si; é o prêmio dessa inovação. Como veremos, quando a disrupção assume a forma de inovação do sistema, surge essa passagem da tocha entre os atores poderosos. No entanto, aqueles que não têm interesse no sistema atual geralmente estão mais bem posicionados para colher a recompensa de criar um novo.

Ameaças Disruptivas

Por que a disrupção — particularmente proveniente da inovação do sistema — representa uma ameaça tão grande para os operadores históricos na remoção de seu poder econômico e, por sua vez, uma oportunidade para novos entrantes?

O termo *disrupção* surgiu do trabalho de Clayton Christensen.[2] Christensen observou que as empresas estabelecidas se enxergam "fazendo as perguntas erradas" em relação às novas tecnologias e seu valor para os clientes, e assim evitam certas tecnologias que oferecem poucas vantagens para seus próprios clientes. Por outro lado, essas mesmas tecnologias atraem clientes que não são atendidos ou são mal atendidos pelos líderes de mercado existentes. Por exemplo, os fabricantes atuais de discos rígidos enfatizavam o desempenho e o armazenamento, mas havia clientes dispostos a trocá-los por um tamanho menor ou pela eficiência de energia. Os entrantes podem aproveitar essas oportunidades e, se essas tecnologias melhorarem, acabar se tornando fortes concorrentes no setor.[3]

A disrupção realmente desafiadora surge quando uma mudança tecnológica radical não melhora o desempenho nas métricas tradicionais, mas, em alguns casos, pode melhorar o desempenho nas métricas que não são o foco do setor existente. Isso pode criar pontos cegos para os operadores históricos. Como a historiadora Jill Lepore descreve a teoria:

> Em seu livro de 1997, *O Dilema da Inovação*, [Christensen] argumentou que, muitas vezes, não é porque seus executivos tomaram decisões ruins, mas porque tomaram boas decisões, o mesmo tipo de boas decisões que tornaram essas empresas bem-sucedidas por décadas. (O "dilema da inovação" é que "fazer a coisa certa é a coisa errada".) Na visão de Christensen, o problema era a velocidade da história, e não tanto um problema, mas uma oportunidade perdida, como um avião que decola sem você, e você nem sabia que havia um avião e entrou no campo de pouso, pensando ser um prado, e ele o atropelou durante a decolagem.[4]

Já vimos que os ingredientes para esses pontos cegos em relação à IA estão nas regras e na incerteza oculta. Quando isso acontece, gerenciar a disrupção não é simplesmente atingir um conjunto diferente de clientes, mas sim reformular a organização dos negócios e os problemas que precisam ser suas prioridades. Sem surpresa, um caminho rápido para a disrupção é não perceber que uma tecnologia requer mudança organizacional.

Um exemplo disso foi o tanque, introduzido pelos britânicos no final da Primeira Guerra Mundial. Os tanques eram relativamente rápidos e podiam causar o caos no exército inimigo — pelo menos essa era a ideia do chefe dos tanques da Grã-Bretanha na época, J. F. C. Fuller. Mas no período entre guerras a Grã-Bretanha ignorou os planos de Fuller, e os tanques foram colocados na cavalaria. Quando a Alemanha se remilitarizou, "o principal homem do exército britânico, o marechal de campo Sir Archibald Montgomery-Massingberd, respondeu aumentando o valor gasto em forragem para cavalos em dez vezes. Os oficiais de cavalaria receberiam um segundo cavalo; os oficiais dos tanques também ganhariam um".[5] Por outro lado, os alemães, cuja organização militar havia sido dizimada, não tentaram encaixar a tecnologia em sua organização existente. Eles entenderam que a nova tecnologia significava uma nova organização e tática do exército. Eles chamaram de "blitzkrieg" e convidaram Fuller para o lançamento.

Embora as peripécias militares britânicas tornem fácil julgar tais histórias como arrogância ou idiotice, narrativas semelhantes aparecem repetidas vezes nos anais da história dos negócios. Isso não passou despercebido na academia. Quando Clay Christensen estava desenvolvendo suas teorias de disrupção em Harvard em 1990, no final do corredor estavam Rebecca Henderson e Kim Clark, olhando para o mesmo fenômeno.[6] Em vez de focar o lado da demanda (ou seja, a falta de valor do cliente), como Christensen fez, Henderson e Clark olharam para a oferta (ou seja, a falta de ajuste organizacional). Eles identificaram muitas situações em que a mudança tecnológica era arquitetônica, mudando as prioridades das organizações, e como as organizações são difíceis de mudar, dando uma oportunidade para organizações sem estrutura que poderiam começar do zero.[7]

Um exemplo mais recente disso é o iPhone. Em 2007, o setor de telefonia móvel estava sob o domínio de uma empresa canadense, a Research In Motion (RIM ou BlackBerry), que desenvolveu o dispositivo de comunicação BlackBerry. Era um telefone celular, porém, mais criticamente, com seu teclado embutido, era uma máquina de e-mail e mensagens de texto. Os empresários estavam fixados nisso. Uma secretária de Estado dos EUA adorou tanto o BlackBerry que montou seu próprio servidor privado para continuar a usá-lo enquanto estava no cargo. A razão pela qual o aparelho funcionou é que o hardware do teclado foi projetado de forma imaculada, a rede de hardware que enviava mensagens era eficiente e segura, e o dispositivo foi construído para circular por aí.

O iPhone, por sua vez, era frágil. Ele não tinha o teclado que os usuários do BlackBerry adoravam, dependia da interface com uma infraestrutura móvel de internet mais lenta, devorava a vida útil da bateria e tinha um telefone horrível. Não é de admirar que todo o setor, incluindo RIM, Nokia e Microsoft, tenha o descartado, dizendo à Apple para sair da indústria e deixá-la para os especialistas.

Novamente, pode ser fácil considerar isso como arrogância. Mas os operadores históricos estavam certos em todas as suas críticas. O que eles não entendiam era que a Apple havia escolhido uma nova arquitetura para smartphones, que integrava hardware e software. Para obter um dispositivo montado de maneira diferente, foi necessário sacrificar o desempenho de todos seus componentes. Olhando para os componentes separadamente, tudo parecia horrível, mas se você entendesse o sistema, a imagem, era diferente. Não é de admirar que um player da tecnologia que viu a oportunidade do iPhone não tivesse uma organização tradicional de desenvolvimento do setor: o Google.

Aqui reside o desafio de lidar com a mudança arquitetônica ou, como a denominamos aqui, de todo o sistema. Primeiro, para implementá-la, você precisa de produtos que inicialmente não pareçam competitivos, porque precisam fazer escolhas que sacrificam o desempenho com que os clientes parecem se importar. Em segundo lugar, como resultado, as organizações existentes que são criadas para se concentrar nesse desempenho não estão equipadas para entender rapidamente todas as compensações que a nova tecnologia está criando. Em outras palavras, eles não conseguem ver o todo. Finalmente, não há feedback rápido sobre esse erro. O iPhone levou quatro anos para afetar as vendas dos fabricantes de celulares. O BlackBerry teve suas maiores vendas após 2007. Somente depois que a Apple e o Google tiveram dispositivos, o novo design do telefone foi preferido. Na época, era tarde demais para todos os operadores históricos se reorganizarem e recuperarem o atraso, embora tentassem.

O Dilema da Mudança de Sistema

Quando uma decisão orientada por IA faz parte de um sistema, a adoção da IA pode exigir um redesenho organizacional com um novo sistema. Como acabamos de ver, uma dificuldade que as organizações existentes enfrentam na criação de novos sistemas é que eles foram otimizados para obter alto desempenho nas tecnologias existentes, enquanto a adoção da IA pode exigir uma mudança de foco. Em alguns casos, a IA leva a organização a se tornar mais modular, enquanto em outros pode levá-la a ter maior coordenação entre as partes. O desafio é reconhecer que o foco atual é o problema, e uma mudança generalizada é necessária.

Quando a alta administração entende que um novo design organizacional é necessário para adotar e integrar uma previsão de IA a uma ou mais áreas-chave de decisão, surge outro desafio. Isso ocorre porque o design organizacional invariavelmente envolve uma mudança no valor e, portanto, no poder dos fornecedores de diferentes recursos dentro da organização. Aqueles que esperam perder na realocação de poder resultante resistirão à mudança. As organizações raramente operam como uma ditadura de livros didáticos, em que o que o CEO diz vale e a mudança simplesmente acontece. Em vez disso, aqueles que esperam ter seu poder diminuído resistem à mudança. No processo, eles podem realizar ações que, na melhor das hipóteses, reduzem a facilidade com que a mudança pode ser implementada. Na pior, a antecipação dessas ações pode fazer com que um redesenho organizacional seja totalmente interrompido ou revertido.[8]

Existem muitos exemplos de resistência à mudança em resposta à adoção de tecnologias disruptivas. Considere, por exemplo, a experiência da Blockbuster Video. A Blockbuster foi líder de mercado em aluguel de fitas de vídeo nas décadas de 1990 e 2000. A narrativa comum sobre o fim da Blockbuster é a de que ela foi derrubada pela Netflix e pela ascensão do vídeo sob demanda no final da primeira década do século XXI. Mas, na verdade, a Blockbuster não sucumbiu passivamente aos novos caminhos. A empresa entendeu o que estava por vir, mas acabou falhando em se ajustar a esse futuro.

Quando a Netflix começou, seu intuito era explorar a nova tecnologia de DVD, que era pequena e fisicamente mais robusta do que as fitas de vídeo anteriores que a Blockbuster alugava. A Netflix experimentou e, finalmente, fez um negócio com assinaturas de clientes, o que permitia que os clientes alugassem três DVDs ao mesmo tempo, sem qualquer limite de tempo para ficar com eles. Os clientes da Netflix encomendavam os DVDs online, que eram enviados pelo correio. Assim, esse modelo tinha duas vantagens: primeiro, os clientes não precisavam visitar uma loja física para obter ou devolver os DVDs; segundo, não havia multas por atraso, que, para uma franquia típica da Blockbuster, poderiam representar mais de 40% de sua receita. As desvantagens eram que a Netflix não tinha necessariamente os lançamentos mais recentes, e seus clientes tinham que planejar sua experiência de exibição, não podendo apenas agir por impulso para alugar um filme.

A Blockbuster percebeu que a Netflix conseguia adquirir clientes e que, em alguns casos, isso afetava sua receita. No início dos anos 2000, ela viu algumas desvantagens em seu próprio modelo que a Netflix estava explorando e experimentou o vídeo sob demanda — a Blockbuster foi a primeira a fornecer serviço de vídeo sob demanda! Mas as velocidades de banda larga naquela época não eram o que são hoje, então o experimento não deu certo. Mas a Blockbuster percebeu que também poderia ter um modelo de aluguel de DVD semelhante ao da Netflix. A diferença seria a opção de selecionar e devolver os DVDs em uma loja, e não apenas pelo correio.

O problema era que esse serviço de assinatura reduzia os 40% da receita de taxas atrasadas que as franquias ganhavam. Além disso, os clientes não necessariamente entravam na loja para comprar outras mercadorias, como pipoca e balas. Portanto, embora a Blockbuster corporativa possa ter se beneficiado ao seguir o modelo Netflix, as franquias foram prejudicadas por ele. Houve resistência, principalmente porque o novo modelo provou ser mais bem-sucedido. No final, isso fez com que o conselho da Blockbuster decidisse mudar a alta administração e voltar ao modelo original de suporte às franquias de varejo. Para combater a Netflix, ela tentou reforçar o que essas lojas ofereciam além do simples aluguel de vídeos. No final, não funcionou, e em poucos anos a Blockbuster não estava mais no mercado.[9]

O caso da Blockbuster é, obviamente, um exemplo radical tanto do fracasso em mudar diante de uma nova tecnologia quanto de como as forças internas impediram essa mudança antes que fosse tarde demais. Mas é um caso presciente exatamente pela força do conflito entre os que se beneficiaram com a nova tecnologia e os que não se beneficiaram. Simplesmente não havia papel para os pontos de venda no novo mundo, mas isso foi o suficiente para impedir que o próprio negócio se adaptasse, embora a alta administração entendesse o que implicava a nova organização.

De modo amplo, como descreveremos nos capítulos a seguir, a IA pode gerar mudanças organizacionais com o efeito de descentralizar o poder ou a coordenação que pode centralizá-lo. De qualquer forma, fica bem claro quem sai perdendo com essas mudanças, e justamente por deter o poder com base no atual sistema organizacional, esses grupos terão interesse em mantê-lo.

Disrupção e Oportunidades

A mudança em nível de sistema é difícil, mas a recompensa pelo sucesso pode ser enorme. Uma questão que surge persistentemente em relação à IA é se as máquinas que incorporam a previsão da IA (robôs físicos ou algoritmos de software) têm, em si, poder. Quando você reconhece o que é IA, suas preocupações de que as máquinas terão poder são equivocadas. Devido à persistência desses argumentos, trataremos disso a seguir.

PONTOS PRINCIPAIS

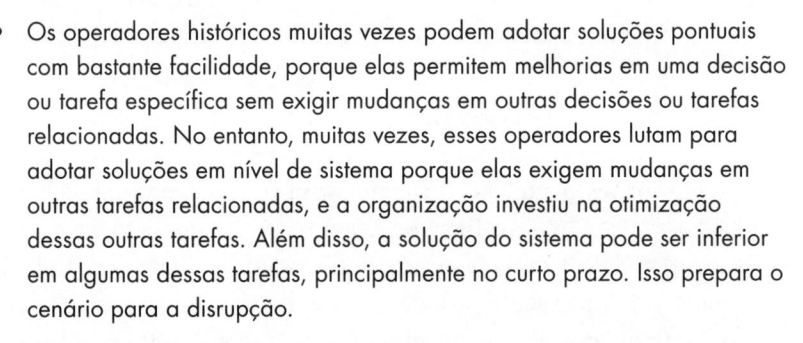

- Os operadores históricos muitas vezes podem adotar soluções pontuais com bastante facilidade, porque elas permitem melhorias em uma decisão ou tarefa específica sem exigir mudanças em outras decisões ou tarefas relacionadas. No entanto, muitas vezes, esses operadores lutam para adotar soluções em nível de sistema porque elas exigem mudanças em outras tarefas relacionadas, e a organização investiu na otimização dessas outras tarefas. Além disso, a solução do sistema pode ser inferior em algumas dessas tarefas, principalmente no curto prazo. Isso prepara o cenário para a disrupção.

- Definimos poder como poder econômico. Você tem poder se o que possui ou controla é escasso em relação à demanda. A escassez, subjacente ao poder econômico, pode ser amenizada pela concorrência, razão pela qual os economistas às vezes tratam o poder econômico e o poder de monopólio como equivalentes. Quando algo que antes era escasso está sujeito à concorrência, o poder muda.

- Às vezes, uma solução em nível de sistema é necessária para se beneficiar totalmente da IA. O redesenho de um sistema pode levar a uma mudança de poder em nível de setor (por exemplo, indústrias ricas em dados se tornam mais poderosas à medida que a IA fica mais predominante), em nível de empresa (discutido no Capítulo 12) ou em nível de cargo (as franquias Blockbuster perderam poder na mudança para aluguel de filmes online e DVDs por correio, por exemplo). Aqueles que perderem o poder resistirão à mudança. Aqueles resistentes à mudança geralmente detêm o poder (é por isso que resistem), portanto, podem ser bastante eficazes na prevenção de mudanças em nível de sistema. Isso cria o contexto para a disrupção.

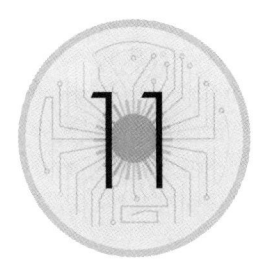

As Máquinas Têm Poder?

"Como a Amazon rastreia e despede automaticamente os trabalhadores do depósito por 'produtividade'", informava a manchete. E também: "A Amazon usou uma IA para demitir automaticamente trabalhadores de baixa produtividade", "Você deixaria um robô demitir seus funcionários?", "Demitido por *bot* na Amazon: 'É você contra a máquina'" e "Para trabalhadores com salários mais baixos, os senhores dos robôs chegaram". Essa última foi do *Wall Street Journal*, em maio de 2019. No artigo, Greg Ip resume o argumento de que é hora de parar de se preocupar com a possibilidade de os robôs tomarem nossos empregos e começar a se preocupar com a possibilidade de eles decidirem quem conseguirá os empregos.

Basta dizer que ele chamou a atenção de muitos, porque tocou em um medo primordial: as máquinas teriam poder sobre as pessoas?

Os artigos citados fariam você acreditar que os trabalhadores da Amazon passavam por uma pequena sala no fim do dia de trabalho, eram escaneados e davam de cara com uma placa verde brilhante com "Até amanhã" ou, alternativamente, uma placa vermelha mostrando "Encerrado", junto com um recibo rosa impresso automaticamente.

No final, a realidade da situação não correspondeu à euforia. Sim, a Amazon estava usando IA para prever o desempenho dos funcionários. Sim, isso pode desencadear uma revisão dos colaboradores. E, sim, após essa revisão, um trabalhador podia ser demitido. Mas, não, as pessoas não estavam sendo levadas para a porta da rua sem um humano envolvido no circuito. A Amazon estava apenas medindo o desempenho do trabalhador usando uma IA, que avaliava se esse desempenho era motivo de preocupação, e deixando a responsabilidade da decisão com um gerente humano. Se esse gerente estivesse apenas seguindo cegamente a previsão da IA, com certeza poderia parecer que a IA estava no controle da decisão, da mesma forma que um gerente pode se esconder atrás de métricas. Nesse sentido, o que a Amazon fez não é diferente de qualquer esquema de medição de desempenho, e está longe de ser óbvio que o esquema era pior do que alguns dos mais subjetivos com os quais a maioria de nós tem de lidar.

Mas e se todas as manchetes fossem verdadeiras e você realmente pudesse ser avaliado e depois demitido sem um humano no processo? As máquinas estão decidindo quem consegue empregos? Elas agora são a burguesia para o nosso proletariado?

A resposta, como demonstraremos neste capítulo, é um definitivo não. Robôs e máquinas, em geral, não decidem nada e, portanto, não têm poder. Um humano ou um grupo de humanos está fazendo as ligações subjacentes às decisões. Para se ter certeza, é possível automatizar as coisas e fazer parecer que uma máquina está fazendo o trabalho sujo, mas isso é ilusão. Em nosso nível atual de IA, pessoas tomam as decisões reais.

Não estamos dizendo isso para fazer uma observação filosófica; deixamos esse debate para outros. Mas aceitar que as máquinas não tomam decisões será fundamental se quisermos avaliar adequadamente o potencial disruptivo da IA. Embora a IA não possa entregar uma decisão a uma máquina, ela pode mudar qual humano toma a decisão. As máquinas não têm poder, mas, quando implantadas, podem mudar quem tem.

Quando as máquinas mudam quem toma as decisões, o sistema subjacente também deve mudar. Os engenheiros que constroem as máquinas precisam entender as consequências do julgamento que incorporam a seus produtos, e as pessoas que costumavam decidir no momento podem não ser mais necessárias.

A noção de que as máquinas não decidem não é nova. Ada Lovelace, que escreveu o primeiro programa de computador em 1842, já havia visto essa limitação:

Ada alerta os leitores sobre a incapacidade do computador de fazer algo a respeito se o usuário insere informações "inverídicas". Hoje chamamos esse conceito de *"garbage in, garbage out"* (lixo entra, lixo sai). Eis como ela disse: "A máquina analítica não tem nenhuma pretensão de originar nada. Ela pode fazer tudo o que sabemos para ordená-la para executar. Pode seguir a análise; mas não tem poder de antecipar quaisquer relações analíticas ou verdades."[1]

As máquinas seguem instruções que devem vir de algum lugar.

Considere a versão hipotética do algoritmo de rescisão da Amazon, por meio da qual ela realmente mediu o desempenho humano e demitiu pessoas sem um ser humano como parte do processo. Ao programar esse algoritmo, alguém, em algum momento, deve ter especificado os elementos de julgamento — incluindo como ponderar fatores como o salário atual, a disponibilidade de funcionários substitutos, os requisitos de treinamento, e outras coisas, como regras legais sobre práticas no local de trabalho e como pesar elementos probabilísticos, como previsões de IA de habilidades prováveis, habilidade e adequação cultural. Algum engenheiro em algum lugar pode ter tentado concluir um programa, mas é mais provável que, se um sistema automatizado for implantado, esses elementos de julgamento virão de um processo mais deliberativo. É necessário um novo sistema de tomada de decisão.

É tentador pensar que podemos entregar decisões a uma máquina. No entanto, embora a implementação de uma decisão possa se tornar totalmente automatizada, a decisão de qual ação tomar após uma previsão ainda precisa partir de uma ou mais pessoas.

Tornar-se Global

As máquinas parecem tomar decisões porque a IA permite a automação. As máquinas de previsão podem mudar o tempo e o local das decisões, permitindo que um humano se envolva em um processo deliberativo, julgue o que fazer quando surge uma situação e codifique isso em uma máquina.

Automação requer julgamento de codificação. Um ser humano deve especificar o julgamento quando a máquina é implantada, em vez de receber uma previsão. Isso significa que o julgamento deve ser útil para inúmeras decisões e deve ser descrito de uma forma que possa ser codificada. Isso não é tão fácil.

Vale a pena visitar o processo que a startup Ada, em Toronto, usa para automatizar o atendimento ao cliente.[2] Os fundadores da Ada o descrevem como a camada de automação que potencializa as interações entre empresas e seus clientes.

A Ada forneceu a camada automatizada por trás do suporte ao cliente do Zoom à medida que a plataforma de vídeo crescia de 10 milhões de usuários diários para 300 milhões no primeiro semestre de 2020 — antes e depois da chegada da covid-19.[3] Ela automatizou 70% das chamadas de vendas, e 98% dos clientes suportam interações com usuários gratuitos — 85% dessas interações com usuários pagos. Provavelmente, se você precisou redefinir sua senha do Zoom ou se sua câmera não estava funcionando, você interagiu com o agente automatizado da Ada.

O processo de construção de julgamento foi fundamental para que isso acontecesse. O processo da Ada começa *prevendo a intenção* de um cliente quando ele inicia uma interação de serviço. A intenção pode ser alterar uma senha, atualizar as informações do cartão de crédito ou atualizar para um serviço mais abrangente. A Ada pode começar com apenas uma previsão que pode fazer com confiança: o cliente deseja alterar sua senha, por exemplo. Ela, então, desenvolve um fluxo de trabalho e julgamento a partir disso: o fluxo de trabalho é o conjunto de ações para ajudar o cliente a alterar a senha. Se a máquina tiver certeza de que o cliente deseja alterar a senha, a Ada iniciará o fluxo de trabalho automatizado para realizar essa alteração. Caso contrário, enviará o problema para um humano.

É aqui que entra o julgamento. Quão confiante a Ada deve estar antes de iniciar a sequência automatizada? Depende. Há uma razão pela qual ela automatizou 98% das interações de clientes gratuitos e apenas 85% de clientes pagos. E não é só porque os clientes gratuitos têm consultas mais fáceis. Além disso, ela julga que cometer um erro com um cliente pago é um problema maior. As apostas são maiores, então o limite para permitir a automação é maior.

À medida que a Ada coleta dados sobre as consultas recebidas e a intenção do cliente, ela cria fluxos de trabalho mais automatizados. Além de senhas, ela pode adicionar atualizações de cartão de crédito e várias questões técnicas, além de identificar quais consultas são chamadas de vendas, para comprar o serviço pago ou atualizar para um nível superior.

Nesse ponto, o julgamento se torna particularmente importante: as consequências de estragar uma chamada de vendas são maiores do que as de estragar uma correção de senha. Para fazer isso bem, a Ada precisa de acesso aos dados e um processo de decisão para determinar quais consultas recebidas automatizar. Parte do poder de tomada de decisão passa do atendimento ao cliente para a administração da empresa e os engenheiros da Ada. Uma melhor previsão da intenção do cliente cria uma oportunidade de automação. Mas se essa oportunidade vale a pena depende do julgamento humano, que pesará o benefício da automação em relação ao custo dos erros. Fazer tudo isso bem requer mudanças em nível de sistema para a coleta de dados, a tomada de decisão e a alocação de responsabilidade.

Estou com Sorte?

Outro medo que surge em relação ao poder das máquinas é o de que as máquinas de previsão agora são frequentemente responsáveis pelas informações que consumimos para ajudar nossa compreensão do mundo e auxiliar na tomada de decisões, desde compras até em quem votar. Se as máquinas nos fornecem informações, então nosso poder está sutilmente diminuindo? Como veremos aqui, nosso relacionamento com a máquina de previsão não é unidirecional. Sim, ela nos fornece informações, e isso nos influencia, mas também fornecemos à máquina as informações que alteram suas previsões. Em outras palavras, do ponto de vista econômico, as máquinas (e seus donos) não têm todas as cartas. Elas precisam de nós para manter sua qualidade. Portanto, embora possa parecer que você não tem controle, tem mais do que pensa.

Consideremos o que temos de mais próximo de uma super IA hoje: a pesquisa do Google, que é uma máquina de previsão. Você faz uma pergunta ou lança alguns termos sobre os quais deseja obter mais informações e o Google examina os sites e fornece uma lista (às vezes, na casa das dezenas de milhares), classificada na ordem que considera como mais provável de ser o que você deseja. Anteriormente, essas classificações eram determinadas em grande parte pelo PageRank, um sistema de pontuação criado por Larry Page que presumia o site mais provável de você querer vincular. Agora, com base em trilhões de pesquisas e cliques, a classificação do Google é uma previsão baseada em DL que não apenas leva em consideração o que os outros fizeram no passado, mas continua a atualizar e também utiliza o que sabe sobre você para oferecer uma classificação personalizada — apenas sua. Estou com sorte?

Não necessariamente com tanta sorte. Você pode não ter notado, porque a maioria das buscas no Google não é realizada a partir da *home page* (em www.google.com), mas essa página inicial tem dois botões (veja a Figura 11-1). Quando você insere um termo de pesquisa, pode clicar em "Pesquisa Google", que retorna aquela lista familiar de sites classificados, juntamente com anúncios que financiam toda a operação. Mas ao lado há outro botão, "Estou com sorte". Clique nesse botão e você será levado diretamente ao site classificado em primeiro lugar. O fato de raramente clicarmos nesse botão sugere que não estamos com tanta sorte. As previsões não são boas o suficiente.

FIGURA 11-1

Home page do Google, 2021

Fonte: Google e o logotipo do Google são marcas comerciais da Google LLC.

Esse não é um botão novo. Ele aparece logo na primeira *home page* do Google (veja a Figura 11-2), e, apesar do famoso desejo do Google de proteger o espaço de sua *home page* com uma aparência bem minimalista, o botão ainda está lá. "Estou com sorte" foi originalmente colocado na *home page* pelo cofundador do Google, Sergey Brin, que o viu como uma forma de destacar o quão boa era a Pesquisa do Google quando foi lançada. Em 2007, Brin afirmou que os usuários do Google tinham apenas cerca de 1% de sorte, pois esse era o número de pesquisas que usavam o botão "Estou com sorte". Ao mesmo tempo, as estimativas indicavam que manter o botão ali custava ao Google US$ 100 milhões em perda de receita publicitária. O Google manteve esse botão por puro motivo de marca, dando uma aparência humana para uma operação que, caso contrário, era artificial.[4]

Por que não estamos com sorte? A resposta simples é que o primeiro resultado geralmente não é o que queremos. Queremos navegar na primeira página e selecionar algo. Então podemos perceber que aquela não é a alternativa certa, voltamos e selecionamos outro link. Da perspectiva do Google, não tem como ser melhor. Se alguém procurasse "máquinas de previsão" no Google e se sentisse com sorte, seria levado ao site do nosso primeiro livro (predictionmachines.ai). Mas e se a pessoa quisesse comprá-lo na Amazon? Nesse caso, esse não seria o caminho mais eficiente para acessar a informação. E se não quisesse o livro, mas um artigo resumido? Você pode saber a decisão que está tomando, mas o Google não. Sem isso, ele faz seu melhor palpite, mas deixa espaço para o julgamento do usuário concluir o processo. O Google pode aspirar a ser uma máquina de decisão, mas, sem julgamento, não pode ser sua máquina de decisão. Assim, ele fica com um papel na previsão e deixa o resto para você. Isso, claro, é bom, pois você pode optar por clicar em um anúncio.

FIGURA 11-2

Home page do Google, 1998

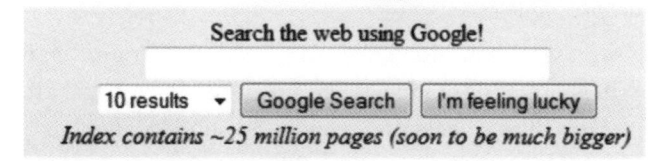

Fonte: Google e o logotipo do Google são marcas comerciais da Google LLC.

O exemplo da Pesquisa Google demonstra como é difícil automatizar uma decisão. Difícil, mas não impossível. No momento em que escrevo, o Google está, de fato, se sentindo mais sortudo. Com o advento da pesquisa assistida por voz, as pessoas fazem consultas mais completas para as quais o Google tem uma resposta mais clara e provavelmente mais confiável. Assim, para muitas consultas feitas com mais frequência ou de maneira mais clara, o Google, tanto na pesquisa por voz quanto em outras, dará uma resposta clara que nem mesmo requer a visita a outro site para se obter mais informações. Para outras situações, mesmo com pesquisa por voz, ele encaminha a pessoa para uma tela para ela decidir. O mesmo vale para outras pesquisas por voz, como Alexa ou Siri. Esse processo é semelhante ao da Ada. Quando acontece, a máquina do Google observa as escolhas feitas e usa essas informações para atualizar suas previsões. *As pessoas são uma parte crítica do sistema.*

Quando a previsão é boa o suficiente e o julgamento e a ação são claros, a automação é possível. Caso contrário, deixe o humano decidir. Esse processo é chamado de julgamento por exceção. Como comenta a autora Janelle Shane, as IAs funcionam melhor quando há contextos e objetivos muito restritos.[5] A solução geralmente é construir um julgamento para novas situações, mas dado um conjunto suficientemente complexo de situações possíveis, sempre haverá algumas em que as recomendações da IA são problemáticas.

A partir disso, podemos concluir que provavelmente formamos um julgamento apropriado e também somos capazes de descrever esse julgamento para situações mais comuns. Para essas situações, pode ser possível codificar o julgamento em um processo automatizado e obter bons resultados. Fora delas — nas situações menos comuns —, essa codificação não é possível. Se reconhecêssemos quando essas situações surgem, em vez de esperar que a máquina seja automatizada para lidar com todas elas, uma solução híbrida seria mais apropriada. A chave é que, quando uma situação está fora do julgamento que foi codificado na máquina, isso é conhecido e comunicado a um humano, que, então, decide o que fazer.

Para revisar, as previsões de IA são imperfeitas. Para mitigar o risco de errar, temos duas linhas de ataque. Primeiro, antes do fato, trabalhamos com as contingências e chegamos a uma conclusão sobre o que a máquina deve escolher para cada uma delas. Em segundo lugar, após o fato, reconhecemos que nem todas as contingências serão cobertas, então contamos com humanos para intervir e tomar a decisão. À medida que a previsão da IA melhorar, precisaremos alocar mais recursos humanos para essas duas funções de julgamento. Em outras palavras, as exceções requerem um projeto de sistema que inclua colaboração entre homem e máquina.

Responsabilidade pelo Julgamento em Escala

Às vezes, é possível automatizar totalmente um processo de decisão especificando o julgamento com antecedência. Ao passar o cartão de crédito, você aciona um conjunto de algoritmos que determina se a transação deve ser processada ou rejeitada, mas a decisão de quais transações processar ocorre muito antes de você passar o cartão.

Nenhuma IA pode fazer esses julgamentos, e eles não podem ser feitos de forma viável ou sensata de maneira descentralizada. Em vez disso, o julgamento é aplicado antes de milhões de decisões de aceitação ou rejeição e, então, codificado para ser usado em escala. Máquinas não tomam decisões; elas podem mudar as pessoas que tomam as decisões, desde indivíduos que decidem no momento em que uma decisão é tomada até aqueles que julgam o que importa antes que a decisão chegue.

Isso nos traz de volta às razões pelas quais a noção de máquinas capazes de demitir funcionários teve tanto impacto. Máquinas não podem demitir (ou contratar). Uma pessoa (ou um grupo), que fez um julgamento ao escolher os critérios para uma máquina usar a previsão e chegar a uma escolha, toma a decisão. De modo geral, ninguém perde o emprego para um robô; a pessoa perde o emprego por causa da maneira como alguém decidiu programar o robô.

É interessante como chegamos a um momento em que podemos facilmente culpar as máquinas pelo que é, em última análise, uma ação humana. Por ironia, uma das principais características do capitalismo — destacada por Friedrich von Hayek — é que ele permite que os tomadores de decisão individuais operem e, em nossos termos, apliquem seu julgamento individual às escolhas. Como observa o historiador Lewis Mumford: "Foi por causa de certas características do capitalismo que a máquina, que era um agente neutro, muitas vezes pareceu um elemento malicioso na sociedade, descuidado com a vida, indiferente aos interesses humanos. A máquina sofreu pelos pecados do capitalismo."[6] Na verdade, o termo "capitalismo" parece evocar totalmente o poder da máquina. Na realidade, são os humanos que aplicam o julgamento codificado nas máquinas que têm esse poder. Esses humanos são responsáveis, e é necessário que os sistemas legais e regulatórios entendam isso.

O problema com a automação de máquinas é que ela obscurece a pessoa responsável pelas decisões. Codificar o julgamento significa que as decisões de uma pessoa podem ter uma escala extraordinária. Por várias razões, gostamos de saber quem é essa pessoa. Afinal, sem responsabilidade e identificação, como alguém pode ser responsabilizado por uma decisão? As implicações da necessidade de um novo design do sistema são óbvias quando consideramos a possibilidade de mudança do julgamento aplicado no momento e no local da decisão para o julgamento codificado antes da decisão e possivelmente longe do local da decisão. Detalharemos isso no Capítulo 13.

Tendo desmascarado o argumento de que as máquinas têm poder, nos voltamos para outro aspecto da IA que tende a acompanhar o medo do controle das máquinas: o feedback. Máquinas de previsão são máquinas de aprendizado. Em algumas configurações, elas podem ser programadas para continuar aprendendo e se atualizando automaticamente. Essa é uma parte fundamental de seu valor. Elas podem evoluir conforme as circunstâncias mudam, mas, ao mesmo tempo, quando se trata de poder, uma máquina que sai na frente pode ficar na frente. No processo, é mais difícil competir contra ela. O potencial de acúmulo de poder para os adotantes de IA é o que consideraremos a seguir.

PONTOS PRINCIPAIS

- Máquinas não podem tomar decisões. No entanto, a IA pode enganar as pessoas e fazê-las pensar que sim. As máquinas podem aparecer para decidir quando somos capazes de codificar o julgamento. A IA gera uma previsão, e a máquina baseia-se no julgamento humano codificado para executar uma ação (decisão).

- As previsões de IA são imperfeitas. Para mitigar o risco de errar, temos duas linhas de ataque. Primeiro, antes de implantar a IA, trabalhamos com as contingências e chegamos a uma conclusão sobre qual ação a máquina deve realizar para cada contingência. Em segundo lugar, depois de implantar a IA, contamos com a intervenção dos humanos quando a IA é incapaz de prever com confiança suficiente ou quando ela prevê um cenário para o qual não codificamos o julgamento (humano no loop).

- Embora as máquinas não tenham poder, elas podem criar poder por meio da escala e realocá-lo mudando quando e onde um julgamento é usado para a tomada de decisões. Os sistemas baseados em IA podem dissociar o julgamento da decisão, de modo que ela seja fornecida em um momento e local diferentes. Se o julgamento mudar de implantado individualmente pelas pessoas para cada decisão, passando e ser codificado em software, isso poderá levar a (1) escala e, assim, a uma mudança no poder devido à mudança na participação de mercado, e (2) a uma mudança em quem toma a decisão e, assim, a uma mudança de poder de quem costumava aplicar o julgamento para quem o fornece para a codificação ou tem o sistema no qual está inserido.

Acumulando Poder

A inovação em nível de sistema é difícil. Por que não deixar seus concorrentes passarem por toda a dor e despesa da descoberta e depois copiá-los? Porque a IA confere uma vantagem aos pioneiros. Ela aprende, e quanto mais cedo for implantada, mais cedo começará a aprender. Quanto mais aprende, melhor fica em termos de precisão da previsão. E quanto melhor fica, mais eficaz é o novo sistema. A roda começa a girar. Essa roda explica por que alguns na comunidade de capital de risco estão investindo de forma tão agressiva em projetos de IA aparentemente incipientes. O aprendizado vem dos dados, e, portanto, a vantagem do pioneirismo vem de um ciclo de feedback que usa esses dados.

A BenchSci é uma empresa de IA em medicina. Seu alvo é a duração do processo de desenvolvimento de medicamentos, e seu desafio é tornar mais fácil para os cientistas encontrar agulhas em palheiros: informações específicas inseridas na imensidão de pesquisas científicas publicadas e bancos de dados internos das farmacêuticas. Para colocar um novo candidato a medicamento nos ensaios clínicos, os cientistas devem realizar experimentos, e a BenchSci percebeu que eles poderiam realizar experimentos mais bem-sucedidos e em menor quantidade se aplicassem insights melhores sobre um grande número de experimentos anteriores.

Usando o aprendizado de máquina para ler, classificar e apresentar insights de pesquisas científicas, a BenchSci descobriu que os cientistas poderiam realizar metade dos experimentos normalmente necessários para levar um medicamento a testes clínicos. Ao encontrar as ferramentas certas (nesse caso, reagentes biológicos — ferramentas essenciais para influenciar e medir a expressão de proteínas) na literatura publicada, em vez de redescobri-las do zero, o tempo para produzir novos candidatos a medicamentos pode ser reduzido drasticamente. Tudo isso resultou em uma economia potencial de mais de US$ 17 bilhões por ano. Em um setor com retornos de produção e desenvolvimento escassos, isso poderia transformar o mercado. Além disso, muitas vidas poderiam ser salvas com a disponibilização mais rápida de novos medicamentos ao público.

O mais notável aqui é que a BenchSci faz o que o Google tem feito por toda a internet: busca, mas em um domínio especializado. Sem o aprendizado de máquina, a BenchSci não seria capaz de processar pesquisas biomédicas publicadas e interpretá-las de uma forma que pudesse se traduzir em economia real de custos para seus clientes. Do mesmo jeito que o Google pode ajudá-lo a encontrar uma maneira de consertar sua máquina de lavar louça sem uma longa ida à biblioteca, a BenchSci ajuda os cientistas a identificar um reagente adequado sem realizar uma série de experimentos. Antes da BenchSci, os cientistas costumavam usar o Google ou o PubMed para pesquisar (por dias) e ler a literatura (por dias) e, em seguida solicitar e testar de três a seis reagentes antes de escolher um (por semanas). Agora eles pesquisam a BenchSci (por minutos), pedem e testam de um a três reagentes antes de escolher um (o que significa menos testes em menos semanas).

A BenchSci deveria se preocupar com a concorrência do Google? Isso depende da capacidade de criar um fosso defensável em torno de um negócio, que, por sua vez, depende da natureza dos dados subjacentes à IA.[1]

Dados e o Negócio da Previsão

Para entender o que é necessário para competir em um mundo com IA, precisamos considerar o que é necessário para produzir previsões melhores e mais baratas. Não existe uma varinha mágica que você possa mover e, de repente, ter IA. É necessário identificar e gerenciar os elementos de geração de previsões e os dados necessários para vincular esses elementos.

O negócio da previsão é, portanto, o negócio de obter algoritmos e dados melhores e mais baratos. Então, de onde eles vêm? Considere os algoritmos. Para construir um algoritmo preditivo, você precisa treinar o modelo com entradas (digamos, imagens) e saídas (digamos, descrições de texto do que está nessas imagens). Isso requer dados de treinamento. Quanto melhores forem seus dados de treinamento, melhores serão seus algoritmos preditivos. O principal desafio de muitas empresas é que elas precisam criar os dados de treinamento necessários (por exemplo, contratando especialistas para classificar as coisas) ou obtê-los em outras fontes (por exemplo, prontuários).

Os dados de treinamento são apenas o começo da história. A IA é diferente de outras ferramentas porque aprende. Quanto mais você a usa, melhor ela fica. A IA aprende com o feedback — ela consome dados, faz uma previsão e pode, então, observar se a previsão aconteceu conforme o esperado. Se sim, ela ganha confiança em seu algoritmo. Se não, aprende como melhorar suas previsões futuras.

Em geral, os modelos de IA precisam ser treinados novamente em dados novos e atualizados, porque o ambiente subjacente muda. Isso pode acontecer com apps de navegação à medida que as estradas mudam e a população se move. Também pode acontecer com a publicidade segmentada conforme os hábitos do consumidor mudam. Os modelos de IA, portanto, ficam desatualizados, e as previsões pioram com o tempo.

Embora novos dados de treinamento possam amenizar esse problema, em alguns casos, coletando de propósito novos dados para dar conta de cada nova circunstância, talvez a abordagem competitiva mais relevante para manter a precisão das previsões em ambientes dinâmicos seja atualizar continuamente o modelo com o que chamamos de *dados de feedback*. Os dados de feedback são gerados pela medição contínua do desempenho das previsões. Para fazer isso, você coleta informações de forma independente sobre a precisão das previsões e mapeia essas informações para os dados de entrada que geraram essas previsões. Combinando esses dados, você tem dados de feedback que pode usar para atualizar os algoritmos.

Por exemplo, quando o telefone usa sua imagem para segurança, você inicialmente o treina para reconhecê-lo. Mas não precisa fazer isso de novo, mesmo que seu rosto mude. Você pode ou não estar usando óculos, seus pelos faciais podem crescer, ou você pode estar usando maquiagem. Dadas essas circunstâncias, a previsão de que você é você pode começar a ficar menos confiável. Assim, seu telefone atualiza o algoritmo usando as imagens que você fornece toda vez que o desbloqueia. Tudo isso pode acontecer no telefone porque todos os dados de treinamento são sobre você. Em outras situações, eles precisam ser atualizados com dados de entrada e resultados de previsão de muitos usuários. Nesse caso, os problemas de privacidade podem ficar grandes e apresentar desafios de coordenação de informações em muitas fontes.

Em resumo, para competir com a previsão, você precisa começar com bons algoritmos e acesso aos dados de entrada. Mas, em muitas situações, também precisará acessar os dados de feedback. Sem surpresa, sua estratégia de dados determinará se você pode competir de maneira sustentável. Em alguns casos, pode haver vantagens consideráveis no pioneirismo porque as previsões de maior qualidade atraem mais usuários, que, por sua vez, geram mais dados de feedback, o que melhora as previsões e atrai ainda mais usuários. Nessa situação, os concorrentes que não incorporam a coleta de dados de feedback em seu design podem não conseguir alcançá-lo. Ciclos de feedback podem criar vantagens para o primeiro a se mover.

Previsões Mínimas Viáveis

Essas vantagens do pioneirismo dependem de quão boa a previsão precisa ser para entrar no mercado. Na economia industrial, as fábricas geralmente são construídas em um tamanho mínimo apenas para serem competitivas o suficiente para entrar no mercado. Isso ocorre porque, na fabricação, o custo unitário médio geralmente diminui com o tamanho da fábrica — até certo ponto. Esse ponto é chamado de "escala mínima eficiente".

Muitas IAs também enfrentam uma escala mínima eficiente. No entanto, a escala não é baseada no rendimento da fábrica, e sim nos dados de treinamento, e a medida limite não é o custo unitário, mas a precisão da previsão. O sucesso de mercado de uma IA depende da precisão de suas previsões. Para serem úteis, as previsões devem ser boas o suficiente para serem comercialmente viáveis. A precisão da previsão de limite pode ser definida por regulação (por exemplo, a precisão de previsão mínima necessária para tomar decisões médicas com base em uma IA para diagnóstico), usabilidade (a precisão de previsão mínima exigida de um serviço de resposta de e-mail automatizado para garantir o custo do espaço da tela) ou concorrência (a precisão de previsão mínima necessária para entrar em um mercado existente, como o de pesquisa, competindo com Google e Bing).

Escrever um programa de IA preciso não requer um grande investimento em ativos físicos; software não requer muito capital. A principal barreira são os dados. Para que uma IA seja precisa o suficiente, ela necessita de dados suficientes. A coleta de dados para atingir essa escala mínima eficiente exige tempo e esforço. A vantagem de lançar o programa primeiro depende de quanto esforço é necessário para conseguir uma previsão comercialmente viável.

Às vezes, não é necessário muito. Nos primeiros anos de internet, tínhamos uma alta tolerância a erros. Os mecanismos de pesquisa forneciam vários links, e o usuário podia escaneá-los e escolher o melhor. Se o mecanismo de busca mostrasse um link irrelevante, pouco dano seria causado. Nos primórdios da internet comercial, isso levou a dezenas de mecanismos de pesquisa diferentes, cada um com um método próprio para identificar os melhores resultados. A competição era feroz.

Em contraste, nos veículos autônomos, nossa tolerância a erros é baixa. A IA precisa ser mensuravelmente melhor do que os humanos para ser confiável no dia a dia. A primeira empresa a construir tal IA terá pouca concorrência inicial devido à escala de dados necessária para construí-la. Há certa urgência, porque quanto mais cedo a IA atingir uma escala mínima eficiente, mais cedo começará a gerar retorno sobre as previsões.

Entretanto, a vantagem de atingir uma escala mínima eficiente durará pouco tempo se o mercado crescer rapidamente — basta que outras empresas obtenham dados suficientes para construir previsões que ultrapassem o limite mínimo para serem viáveis. A escala mínima eficiente não é suficiente para gerar uma vantagem sustentada de ser um pioneiro.

A razão é que, do ponto de vista técnico, há retornos decrescentes de escala nos dados. Você obtém mais informações na décima observação do que na centésima, e muito mais na centésima do que na milionésima. Conforme adiciona observações, cada nova observação tem um impacto menor na qualidade de suas previsões.

Para que os dados gerem uma vantagem de longo prazo, os pioneiros precisam aproveitar uma força econômica mais importante para trabalhar a seu favor: os dados de feedback. Operando em campo, eles poderiam coletar dados de feedback e usá-los para melhorar diretamente suas previsões, tornando mais difícil para os outros alcançá-los. A vantagem não está em lançar um produto quando outros não podem, mas no fato de que o lançamento permite a coleta de dados de feedback.

O lançamento também motiva o investimento em hardware de computação e o talento necessário para tirar o máximo dos dados. A concorrência entre os primeiros entrantes acelera esse investimento, melhorando a qualidade e dificultando a concorrência. O fenômeno de os primeiros líderes serem capazes de dominar um setor vale para muitos setores intensivos em tecnologia. À medida que as empresas estabelecidas melhoram seus produtos, o aprendizado e o investimento em P&D necessários para competir com elas tornam-se proibitivos. Por exemplo, já houve muitos fabricantes de aviões comerciais. Hoje, iniciar no ramo para competir com a Boeing e a Airbus em desempenho, segurança e eficiência de custos pode custar dezenas ou centenas de bilhões.

Em seu livro *Technology and Market Structure* [sem publicação no Brasil], o professor John Sutton, da London School of Economics, identificou dezenas de exemplos, de produtos farmacêuticos a semicondutores e cromatografia líquida. A melhoria constante da tecnologia significa que, de fato, a escala mínima eficiente aumenta com o tempo. Esse aumento (que Sutton chamou de "custos irrecuperáveis endógenos") pode levar a um poder de mercado de longo prazo e, portanto, a um prêmio muito grande para os pioneiros.

Isso aconteceu na publicidade online e nas pesquisas. Comparado às Páginas Amarelas ou a um jornal, o Google faz excelentes previsões sobre quem quer o que e quando, o que permite uma publicidade segmentada. Ao vincular publicidade às compras, o Google pode se beneficiar de um ciclo de feedback, de modo que o sistema saiba se cada previsão estava correta ou não, e, então, atualizar o modelo, tornando difícil para qualquer novo jogador alcançá-lo. Apesar da escala relativamente baixa de eficiência mínima para o lançamento de um mecanismo de busca na década de 1990, as melhorias contínuas do Google — por meio de investimentos em hardware, talento e dados — tornaram muito difícil para qualquer novo mecanismo de busca entrar no mercado.

Ciclos Rápidos de Feedback

Se você colocar sua IA em campo com antecedência, ela poderá coletar dados. Esses dados tornarão as previsões ainda melhores, gerando um ciclo de feedback positivo e uma barreira de entrada para quem quiser competir. Uma vantagem inicial pode acelerar se o ciclo de feedback for rápido o suficiente e esses dados continuarem a gerar previsões melhores.

Dessa forma, as máquinas de previsão adicionam o que tradicionalmente tem sido a vantagem humana — elas podem aprender com os resultados. A extensão da vantagem da IA no aprendizado está relacionada ao atraso no feedback. Ao prever a mortalidade para seguros de vida, o feedback pode ser adiado por décadas. Nesse caso, com um ciclo de feedback tão lento, a capacidade de uma empresa com uma liderança inicial em prever a mortalidade será limitada em termos de sua capacidade de sustentar sua liderança. Mas se os dados de feedback puderem ser gerados rapidamente após a geração da previsão, uma vantagem inicial poderá se traduzir em uma vantagem ainda maior ao longo do tempo e, portanto, em uma vantagem competitiva sustentável.

Quando a Microsoft lançou o mecanismo de busca Bing, em 2009, teve o apoio total da empresa. A Microsoft investiu bilhões de dólares no produto. No entanto, mais de uma década depois, a participação de mercado do Bing continua muito abaixo daquela do Google, tanto em volume de pesquisa quanto em receita de publicidade. Um dos motivos pelos quais o Bing se mostrou tão difícil de acompanhar foi o ciclo de feedback.[2] Na pesquisa, o tempo entre previsão (exibir uma página com vários links sugeridos em resposta a uma consulta) e feedback (o usuário clicando em um dos os links) é curto, geralmente segundos. Nesse caso, o ciclo de feedback é poderoso. O Google operava um mecanismo de pesquisa baseado em IA havia anos, com milhões de usuários e bilhões de pesquisas diariamente. Coletou mais dados e aprendeu preferências mais rapidamente. O novo conteúdo era constantemente carregado online, então o espaço de busca estava em constante expansão. Sempre que um usuário fazia uma consulta, o Google exibia sua previsão dos dez links principais, e o usuário selecionava o melhor link. Isso permitiu que o Google atualizasse seu modelo de previsão, criando um aprendizado constante à luz de um espaço de pesquisa em constante expansão. Com muito mais dados de treinamento baseados em muito mais usuários, o Google pode identificar novos eventos e novas tendências mais rapidamente do que o Bing. No final, o rápido ciclo de feedback, combinado com o investimento contínuo em ativos complementares, como enormes instalações de processamento de dados, significou que o Google manteve sua liderança, e o Bing nunca o alcançou. E também que quaisquer outros mecanismos de busca que tentassem competir com o Google e o Bing nem sequer começavam. Mecanismos de busca como o DuckDuckGo, que abre mão da personalização em prol da privacidade, atendem a importantes mercados, embora em nichos.

Um ciclo de feedback rápido cria uma corrida, porque se seu concorrente já está se beneficiando desse ciclo, suas previsões estão melhorando rapidamente. Um ciclo de feedback rápido amplifica os custos irrecuperáveis endógenos de Sutton. Se você fica muito para trás, pode ser impossível alcançá-lo. Imagine a primeira IA capaz de conduzir um carro com segurança pela cidade de Nova York. Depois que a IA obtiver a aprovação regulatória, ela continuará coletando dados e melhorando cada vez mais. Quando uma segunda IA for aprovada, ela não terá a mesma quantidade e qualidade de dados, e é improvável que seja tão boa. Sem vantagem de custo real e menor qualidade de previsão, o valor do consumidor para a segunda melhor IA será menor.

Ciclos de feedback rápidos, portanto, levam a corridas. Pode haver grandes vantagens em chegar cedo, então as empresas têm motivos para investir agressivamente e fazer a roda girar. Diante disso, investimentos maciços em IA que ainda não parecem prontas fazem mais sentido. A General Motors pagou cerca de US$ 1 bilhão pela startup de direção autônoma Cruise, que parecia ter pouco mais que um protótipo e algumas dezenas de pessoas envolvidas.[3] Por que a GM pagaria tanto? Uma vez que a roda girar, com ciclos de feedback rápidos e custos irrecuperáveis endógenos, pode ser difícil para qualquer entrante tardio alcançá-la.

Previsão Diferenciada

Os produtos concorrentes são, geralmente, diferenciados e muitas vezes atraem diferentes grupos de clientes. Por exemplo, a Coca-Cola e a PepsiCo vendem refrigerantes concorrentes com sabor e imagem de marca diferentes. Da mesma forma, a BMW e a Mercedes-Benz vendem veículos de luxo concorrentes com estilo e características diferentes. Essas imagens e recursos de marca atraem pessoas diferentes. Nessas situações, é difícil definir "melhor". A Coca-Cola não é inerentemente melhor que a Pepsi, apenas um pouco diferente. Quando os produtos são diferenciados, há espaço para concorrentes, em vez de um único fornecedor dominante. Desde que a Coca-Cola e a Pepsi foram lançadas há mais de um século, muitos novos refrigerantes de sucesso, como Red Bull e Honest Tea, encontraram nichos distintos e prosperaram.

Da mesma forma, algumas IAs atrairão diferentes grupos. Considere uma empresa que deseja substituir seu *call center* por um *chatbot*. Quando um *chatbot* é bom o suficiente para ser útil, há muitas maneiras de definir qual o melhor. Empresas diferentes terão necessidades diferentes: uma pode querer que o *chatbot* seja eficiente, respondendo às perguntas dos clientes rapidamente; outra pode se concentrar nas vendas, convertendo as consultas recebidas em novas receitas; e uma terceira pode querer que o *chatbot* seja reconfortante, fazendo as pessoas relaxarem e dissipando a raiva. Talvez seja por essas diferentes maneiras de definir "melhor" que existem dezenas de empresas de *chatbot*, incluindo muitos *players* menores, que encontram nichos distintos e potencialmente lucrativos.

Um exemplo afim é a detecção de melanoma.[4] As IAs construídas na Europa se baseiam desproporcionalmente em dados de pessoas com pele mais clara. As IAs construídos na Ásia usam bancos de dados de pacientes asiáticos. Essas IAs são diferenciadas. As europeias são melhores para os caucasianos, e as asiáticas são melhores para os asiáticos. Embora "melhor" geralmente signifique "mais preciso", as IAs são diferenciadas porque a precisão em um contexto pode não significar precisão em outro.

Ao contrário de refrigerantes, *chatbots* e detecção de melanoma, muitas IAs são diferenciadas apenas pela qualidade. Está claro o que significa uma previsão melhor, e isso pode ser medido. Quando a qualidade é bem definida, como em outros setores, os produtos de mais alta qualidade se beneficiam de maior demanda. A IA é diferente de outros setores porque, na maioria deles, qualidade melhor custa mais. Os vendedores de sapatos de qualidade inferior sobrevivem com preços mais baixos. Isso será difícil no contexto da IA, que é baseada em software: uma vez construído o modelo, o custo de produzir uma previsão de mais alta qualidade é igual ao de produzir uma de baixa qualidade. Se a melhor previsão custa o mesmo que a pior, não há razão para comprar a de qualidade inferior.

Como observamos anteriormente, o Google tem mais dados e benefícios em um ciclo de feedback rápido. Isso não é suficiente para criar vantagem. Também deve ficar claro para os clientes o que compõe uma pesquisa melhor. O Google e o Bing fornecem resultados semelhantes para pesquisas comuns. Digite a palavra "clima" no Google ou no Bing e os resultados provavelmente serão semelhantes. Onde o Bing falha é em pesquisas menos comuns. Insira a palavra-chave "disrupção" e (até o momento em que escrevo) a primeira página do Bing fornece apenas definições de dicionário, enquanto o Google fornece definições e links para pesquisas sobre inovação disruptiva. O Bing conseguiu em algumas dimensões, não em outras. E não há uma categoria em que o Bing seja amplamente visto como superior. Na pesquisa, "melhor" significa encontrar o link no qual o usuário tem mais chances de clicar e permanecer.

Isso vale para todos os usuários, embora os melhores links possam ser diferentes para cada pessoa. Com uma definição clara de previsão e um ciclo de feedback rápido, o Bing não conseguiu se diferenciar o suficiente para ganhar participação substancial.

Feedback dos Sistemas

Os ciclos de feedback são construídos deliberadamente. As IAs que antecipam o valor do feedback garantem que os dados de resultados possam ser coletados. No Capítulo 6, discutimos a solução do sistema de uma IA que prevê o melhor conteúdo de aprendizagem para um indivíduo em determinado dia. Isso personalizaria a educação, permitindo que os alunos se movessem no ritmo apropriado para eles e todos aprendessem mais. Discutimos os desafios no nível do sistema em termos de alocação de professores e desenvolvimento social. Os ciclos de feedback sugerem a necessidade de mais mudanças em nível de sistema. A IA requer dados que informem se o conteúdo melhorou o desempenho do aluno. Quanto mais cedo a IA receber esses dados, melhor. O desafio é como projetar um currículo acadêmico para garantir que os alunos entendam e se lembrem profundamente dos conceitos, mantendo os ciclos de feedback rápidos o suficiente para melhorar a IA. Isso exigirá a superação de barreiras regulatórias para acessar os dados dos alunos, combinada com avanços tecnológicos na proteção da privacidade deles. Como as outras partes desse sistema, a parte do feedback na solução do sistema de IA para a educação personalizada não está pronta.

Embora as IAs de soluções pontuais gerem uma previsão, o poder resultante de ser um dos primeiros a usar a IA em um setor é resultado do feedback. Uma IA deve ter acesso aos dados de resultados para aprender: uma IA de direção autônoma, por exemplo, precisa de acesso a acidentes. Todo sistema de direção autônoma garantiria esse tipo de feedback. Acidentes, felizmente, são raros. Para funcionar bem, um sistema de direção autônoma precisaria de acesso a quase acidentes. Quanto mais quase acidentes, mais rápido ela aprenderia. Isso requer um sistema de identificação quando ocorre um quase acidente e a construção de um processo de aprendizado para evitar esses quase acidentes no futuro. Mas evitar acidentes não é o suficiente. O conforto do passageiro também é importante, portanto, uma solução de sistema de IA que cria uma vantagem para os pioneiros também se beneficiaria de uma maneira de medir o conforto. Portanto, pode ser preciso que as IAs sejam projetadas para aprender e pesar várias medidas de resultados.

O Vencedor Leva Mais

O potencial das máquinas de previsão é imenso. Ciclos de feedback significam que os primeiros participantes têm uma vantagem real. Entrada antecipada significa mais dados. Mais dados significa melhor previsão. Melhor previsão significa mais clientes, o que, por sua vez, leva a mais dados. Ciclos de feedback criam uma corrida para implantar a IA em escala.

Mas lembre-se de que as previsões são como produtos projetados com precisão, altamente adaptados para propósitos e contextos específicos. Empresas que diferenciam contextos e propósitos, mesmo um pouco, podem criar um espaço justificável. O diabo, ou talvez um anjo, mora nos detalhes do sistema em que os dados são coletados e usados.

PONTOS PRINCIPAIS

- Apesar dos desafios de fazer inovação em nível de sistema com IA, há uma boa razão para iniciá-la mais cedo ou mais tarde: a IA confere uma vantagem aos pioneiros porque ela aprende. Quanto mais cedo ela for implantada, mais cedo poderá começar a aprender. Quanto mais aprende, melhor fica em termos de precisão de previsão. E quanto melhor fica, mais eficaz é o novo sistema.

- IAs são softwares. Assim, uma vez construído um modelo de IA, o custo marginal de geração de mais uma previsão é próximo de zero. Portanto, se uma IA se tornar um pouco melhor do que as outras no início do desenvolvimento de um mercado, mais usuários migrarão para o sistema com essa IA. Com mais usuários, a IA se beneficiará de mais dados de feedback; com mais dados de feedback, gerará previsões ainda melhores. Melhores previsões atrairão mais usuários. E assim por diante. Uma vez que a roda começa a girar, a IA que tinha apenas uma pequena vantagem no início pode desenvolver uma grande vantagem ao longo do tempo. A vantagem significativa concedida aos pioneiros leva às corridas, e as empresas investirão de forma mais agressiva do que parece racional à primeira vista porque o prêmio por ser o primeiro é muito grande.

- Os ciclos de feedback podem ter implicações significativas no design do sistema. Para que uma IA aprenda, ela deve ter acesso aos dados do resultado. Por exemplo, um sistema de IA educacional que emprega uma previsão do próximo melhor conteúdo para mostrar a um aluno deve ser projetado para coletar feedback com a maior frequência possível, tanto para determinar se o aluno aprendeu o material quanto para avaliar seu nível de envolvimento. Portanto, isso não seria lançar uma previsão do próximo melhor conteúdo (solução pontual) no sistema educacional existente, mas um novo design do sistema educacional criaria e coletaria dados de feedback de alta frequência medidos em minutos, não no meio do semestre.

PARTE CINCO

Como a IA É Disruptiva

13

A Melhor Dissociação

P: O que sua IA fará por seus clientes?

R: Fornecerá insights.

Se ganhássemos um dólar para cada vez que um fundador de startup desse essa resposta aos mentores do LDC, estaríamos ricos.

Insight é uma palavra-chave para nós porque representa precisamente a maneira equivocada de pensar sobre o valor criado por um avanço de IA. Para uma nova previsão de IA, "insight" quer dizer "não sabemos o que fazer com essa previsão".

A resposta correta seria delinear a decisão que a previsão melhorará. A IA só tem valor se leva a uma melhor tomada de decisão, e isso significa que as novas oportunidades de criação de valor da IA são sobre como elas melhoram as decisões.

A boa notícia é que há decisões em todos os lugares. As decisões são o que colocam a IA como uma tecnologia de propósito geral. E há uma necessidade crescente de boas tomadas de decisão. As estimativas mostram que, em 1960, apenas 5% dos empregos exigiam habilidades de tomada de decisão. Em 2015, esse número era superior a 30%. E esses trabalhos eram mais bem pagos e tinham requisitos de contratação mais rigorosos em relação a educação, habilidades e experiência.[1]

A previsão de IA tem o potencial de aumentar o valor das habilidades de tomada de decisão, ou seja, a capacidade de pegar o que uma pessoa pode chamar de "insight" e traduzi-lo em melhores decisões. Como demonstraremos neste capítulo, a questão crítica não é se, mas quem aproveitará as novas oportunidades de tomada de decisão.

A Chave para a Tomada de Decisão é o Julgamento

"Se você tivesse uma dor de cabeça terrível, eu lhe desse um frasco de comprimidos e nove deles pudessem curá-lo e um pudesse matá-lo, você tomaria um comprimido?"[2]

Jerry Reinsdorf, proprietário do Chicago Bulls, fez essa pergunta hipotética à lenda do basquete Michael Jordan. A maioria de nós responderia que não. A verdadeira decisão era se Jordan deveria voltar a jogar enquanto se recuperava de uma fratura no pé. Era sua segunda temporada na NBA, e Jordan queria voltar. Mas os médicos disseram a ele que, se jogasse, havia 10% de chance de uma nova lesão encerrar sua carreira.[3] Jordan argumentou que 90% de chance de que tudo daria certo seriam bons o suficiente. Portanto, a pergunta sobre a pílula para dor de cabeça.

A resposta de Jordan a Reinsdorf sobre tomar a pílula foi: "Depende de quão ruim é a dor de cabeça."[4]

Ao fazer essa afirmação, Jordan estava argumentando que não eram apenas as probabilidades, isto é, a previsão, que importavam — as recompensas também. Neste exemplo, a compensação refere-se à avaliação da pessoa sobre a dor de cabeça em relação à cura ou à morte. As recompensas são o que chamamos de julgamento.

Para tornar essas distinções entre previsão e julgamento concretas, como Michael Jordan fez, na Figura 13-1, mostramos uma árvore de decisão para o que chamaremos de decisão da pílula. Na raiz da árvore, há dois galhos: em um, Jordan toma a pílula, no outro, não. Se ele decidir tomar, dois galhos representam os dois resultados incertos — ele está curado da dor de cabeça ou morreu por causa da pílula? Nas pontas desses galhos estão os resultados de se sentir bem ou morrer. Por outro lado, se ele não tomar a pílula, não há incerteza. Ele terá dor de cabeça e não correrá o risco de morrer, nem ficará sem dor de cabeça. Assim, a ponta do ramo sem pílula é o fim da história, com o resultado de que Jordan definitivamente ficará com dor de cabeça.

FIGURA 13-1

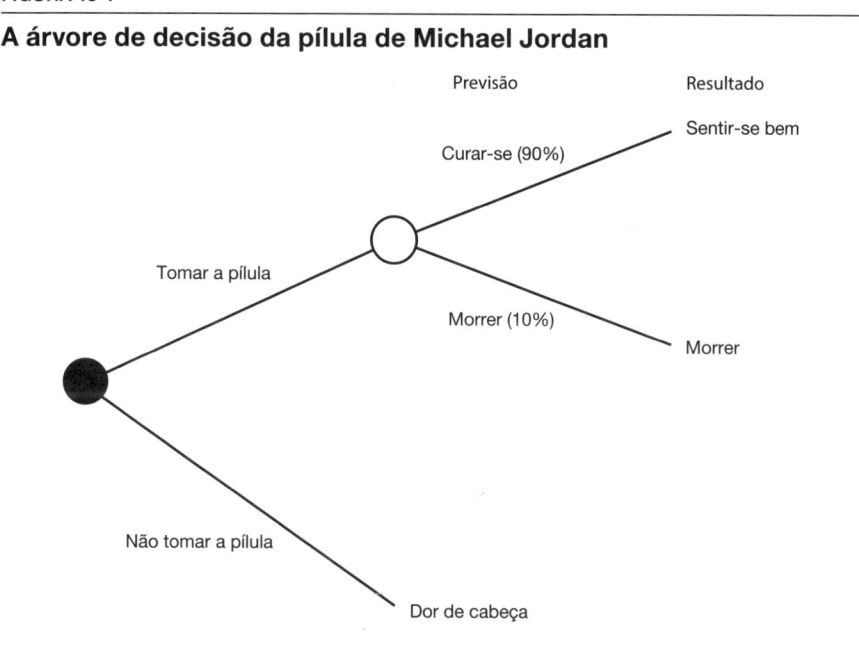

A árvore de decisão da pílula de Michael Jordan

```
                    Previsão                Resultado
                                            Sentir-se bem
                    Curar-se (90%)
      Tomar a pílula
                         ○
                         Morrer (10%)
                                            Morrer

      Não tomar a pílula
                                            Dor de cabeça
```

É fácil classificar os resultados. Sentir-se bem é melhor do que ter dor de cabeça, que é melhor do que morrer. Mas uma chance de 10% de morrer é suficiente para descartar a sensação de bem-estar? Um resultado descritivo não é suficiente. Como observou Jordan, alguma medida de intensidade é necessária para comparar o que você obtém ao evitar uma dor de cabeça. Essa capacidade de decidir a importância de algo é o julgamento.

A pergunta hipotética foi, é claro, projetada para tornar a decisão complicada, pois seria difícil imaginar uma dor de cabeça que criasse uma chance em dez de morrer. Portanto, consideraremos a decisão real de Jordan e Reinsdorf (representada na Figura 13-2). Adicionamos números aos resultados específicos para refletir sua intensidade, isto é, incluímos uma representação de julgamento. Além dos rótulos, a árvore de decisão tem a mesma aparência da Figura 13-1, mas com os números provenientes do julgamento adicionados, temos informações suficientes para elaborar a decisão. Descansar dá a Jordan -10 de certeza, enquanto jogar dá 90% de chance de 100 e 10% de chance de -2.000. Assim, ao jogar, Jordan terá um retorno de –110 (= 0,9 (100) + (0,1) (–2.000)). Jordan não deveria jogar, pois -10 é melhor que -110.

FIGURA 13-2

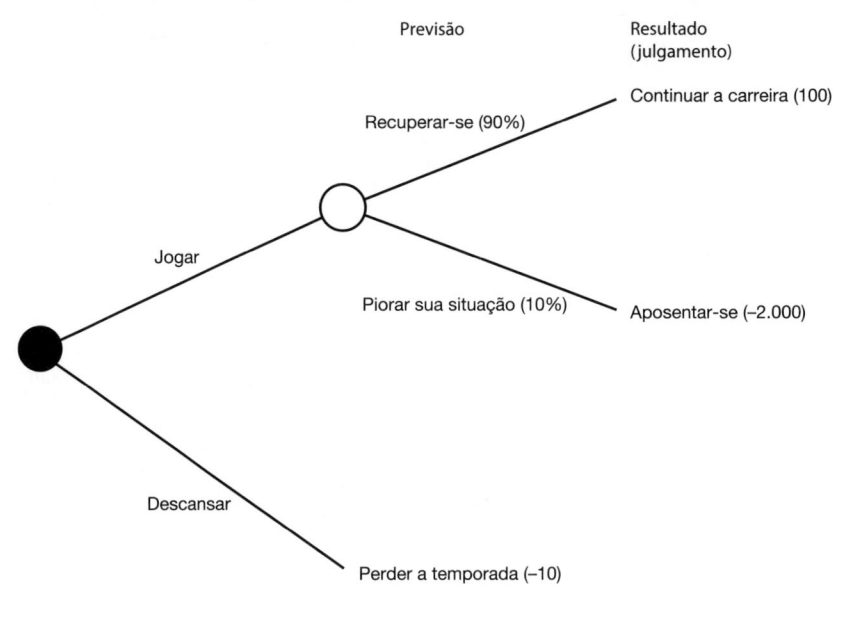

A árvore de decisão para jogar x descansar de Michael Jordan

Previsão — Resultado (julgamento)

Jogar
- Recuperar-se (90%) → Continuar a carreira (100)
- Piorar sua situação (10%) → Aposentar-se (–2.000)

Descansar
- Perder a temporada (–10)

Mas Jordan e Reinsdorf estavam discutindo julgamento. Jordan acreditava que deveria ter permissão para jogar e argumentou que deveria valer, digamos, 200 para ele e o time para que isso acontecesse, e que o custo da aposentadoria era de -1.000. Se esse fosse o julgamento correto, o resultado do jogo seria 80 (= 0,9 (200) + (0,1) (–1.000)). O desacordo deles não era sobre a previsão — isso era com os médicos. O desacordo era sobre o julgamento.

Por fim, Jordan "tomou a pílula" e voltou ao jogo, ainda que com restrições de tempo significativas impostas por Reinsdorf. O Chicago Bulls acabou chegando às finais naquele ano, apesar de perder muitos jogos no início da temporada, quando Jordan estava fora. Eles tiveram o segundo pior recorde (30–52) de um time qualificado para as finais da história. Foram recompensados ao enfrentar o poderoso Boston Celtics de Larry Bird, que venceria o campeonato da NBA naquele ano. No entanto, no segundo jogo da primeira rodada da

Conferência Leste, Jordan marcou 63 pontos, o que, até o momento, ainda é o recorde de pontuação em um único jogo da final da NBA.

A Previsão da IA Força o Julgamento Explícito

A discordância entre Jordan e Reinsdorf surgiu porque eles já haviam recebido um diagnóstico — na verdade, uma previsão — de um médico, e nenhum dos dois estava em posição de contestá-lo. Mas considere quantas decisões são tomadas sem uma previsão explícita. O que acontece depois? Quando um bombeiro tem que escolher se salvará uma pessoa ou outra em uma emergência, ele está considerando as probabilidades relativas de conseguir resgatar com sucesso uma pessoa em detrimento de outra, mas também quem são essas pessoas — digamos, uma pessoa mais velha *versus* uma criança. O bombeiro tomará uma decisão, mas a precisão com que ele coloca pesos em diferentes resultados provavelmente será implícita, não explícita. Nossa avaliação da eficácia de sua decisão se baseia em uma combinação de fatores.

A previsão de IA, no entanto, tira essa parte de uma decisão em potencial das mãos do tomador de decisão. A previsão causa desacoplamento (veja a Figura 13-3).

A separação entre previsão e julgamento não é um conceito hipotético que se aplica apenas à sala de aula, nem ao mundo real. Essa separação fundamenta um artigo recente da McKinsey sobre o futuro do seguro,[5] mapeando uma visão para o seguro de automóveis em 2030. Um cliente entra em seu carro. O assistente digital pessoal do cliente mapeia as possíveis rotas. A IA subjacente ao assistente prevê a probabilidade de um acidente, e o cliente usa seu julgamento para decidir.

FIGURA 13-3

A previsão de IA causa desacoplamento

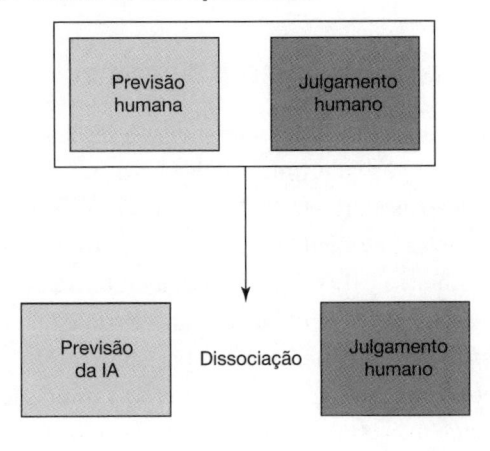

```
        ┌─────────────────────────────┐
        │  ┌──────────┐  ┌──────────┐ │
        │  │ Previsão │  │Julgamento│ │
        │  │  humana  │  │  humano  │ │
        │  └──────────┘  └──────────┘ │
        └──────────────┬──────────────┘
                       │
                       ▼
   ┌──────────┐                ┌──────────┐
   │ Previsão │  Dissociação   │Julgamento│
   │  da IA   │                │  humano  │
   └──────────┘                └──────────┘
```

Isso pode funcionar da seguinte maneira: você está visitando Vancouver a trabalho e alugou um carro. Está hospedado no centro e tem uma reunião na University of British Columbia, do outro lado da cidade. Você pode pegar uma rota panorâmica com uma bela paisagem ou a rota monótona pela rodovia. A rota panorâmica leva você à praia de Kitsilano, ao Jericho Park e aos bancos espanhóis. Lindo. É uma rota um pouco mais lenta, mas não muito. Você chegará à reunião a tempo.

A verdadeira questão é que, na rota mais bonita, muitas outras pessoas olham a paisagem. Elas ficam distraídas. Você tem uma chance um pouco maior de um pequeno acidente. Suponha que seu carro alugado esteja equipado com uma IA que informa exatamente a probabilidade de um acidente nessa rota. Em seguida, você precisa aplicar o julgamento e avaliar se o cenário vale o risco. Para fazer isso, desenha uma árvore de decisão e adiciona recompensas para diferentes resultados, assim como Michael Jordan fez no exemplo anterior. Você calcula seu retorno esperado e decide seguir por essa rota mesmo assim.

Quem faz isso? Ninguém. É muito complicado. É acadêmico, no pior sentido da palavra. Maravilhoso na teoria e inútil na prática.

Mas não precisa ser. Você pode reformular a decisão de uma maneira com a qual esteja familiarizado e fazer isso regularmente. Depois que o assistente de IA prevê as probabilidades, ela informa o preço. Diz que seu prêmio de seguro aumentará em um dólar se você escolher a rota mais bonita e com risco de acidente.

Parece pouco. O motorista pode decidir sobre a rota com base no preço, que, por sua vez, é determinado pela probabilidade de acidente e pelo custo do reparo, que fica oculto para o cliente. A IA calcula a probabilidade de um acidente e atribui custos a ele, mas o cliente vê apenas um preço.

A máquina faz a previsão. O cliente exerce o julgamento. Tudo o que o cliente precisa fazer é julgar se o preço vale o benefício. Fácil.

Isso já acontece. As empresas estão precificando o seguro com base nas decisões de condução minuto a minuto. Muitos oferecem descontos para quem instala aplicativos de telemática em seus telefones, desde que os clientes dirijam bem. A Tesla, por exemplo, não precisa depender de dados telefônicos. Ela pode usar dados do próprio veículo para medir uma pontuação de segurança com base em frenagens bruscas, distância insegura e outros fatores.[6] Com os preços de seguro baseados no comportamento do motorista, os clientes recebem prêmios mais baixos, e todos podemos ter estradas mais seguras.[7]

Previsão e julgamento são separados. A seguradora precifica o comportamento de risco, e o cliente julga se o comportamento vale a pena.

O exemplo do seguro mostra que o julgamento pode ser dissociado da previsão e que nós, humanos, estamos acostumados a fazer julgamentos. Essa é a essência do que os economistas chamam de "preferência revelada". Podemos entender as preferências de alguém a partir de suas decisões, algo que os profissionais de marketing fazem há décadas.

Em 1971, Paul Green e Vithala Rao publicaram um artigo descrevendo uma nova ferramenta radical para avaliar o que os consumidores desejam. Intitulado "Conjoint Measurement for Quantifying Judgmental Data" [Medição conjunta para quantificar dados de julgamento, em tradução livre], começa observando que "a quantificação do julgamento gerencial ou do consumidor há muito tempo apresenta problemas para os pesquisadores de marketing".[8] Eles enfatizam que "o estudo da tomada de decisão do consumidor requer averiguar como os compradores negociam critérios conflitantes na tomada de decisões". O método pedia aos consumidores que classificassem diferentes opções. As escolhas eram hipotéticas, mas fáceis o suficiente porque eram familiares.

Green e Rao usaram o exemplo dos cartões de desconto. Um cartão pode oferecer um desconto de 5% em dez lojas e custar US$ 14; outro pode oferecer um desconto de 10% em cinco lojas e custar US$ 7; e um terceiro cartão pode ter um desconto de 15% em dez lojas e custar US$ 21. Fazendo os consumidores classificarem suas preferências, um estatístico pode descobrir o valor que eles atribuem a cada cartão. As escolhas revelam o julgamento.

Com o tempo, o método avançou. Foi usado para avaliar o valor de pizza pepperoni ou havaiana, caminhões Ford ou carros Toyota, e até mesmo as preferências de estudantes de doutorado chineses em universidades norte-americanas entre permanecer nos Estados Unidos ou retornar à China. Ao perguntar aos alunos se eles prefeririam uma posição de cientista pesquisador no setor privado em Boston por US$ 70 mil ou uma posição de gerenciamento no setor público em Pequim por US$ 50 mil, os pesquisadores conheceram o julgamento dos alunos sobre o valor relativo de viver nos Estados Unidos ou na China.[9]

Essa mesma estrutura de preferência revelada teve um fluxo de pesquisa paralelo em economia, começando com o trabalho de Daniel McFadden que venceu o Prêmio Nobel no início dos anos 1970. É a base para ferramentas modernas para medir a demanda usando dados de scanner de supermercado e fluxos de cliques online.

Quinze anos atrás, talvez o principal economista da área fosse Pat Bajari. Bajari é agora vice-presidente de inteligência artificial e economista-chefe da Amazon. Antes de ingressar na Amazon, ele foi professor nas universidades de Harvard, Stanford, Duke, Michigan e Minnesota. É membro da Econometric Society e escreveu artigos com títulos obscuros como "Demand Estimation with Heterogeneous Consumers and Unobserved Product Characteristics: A Hedonic Approach" [Estimativa de demanda com consumidores heterogêneos e características de produto não observadas: uma abordagem hedônica] e "A Simple Estimator for the Distribution of Random Coefficients" [Uma estimativa simples para a distribuição de coeficientes aleatórios]. (Nota: ele não é tão simples.) Bajari foi um dos principais econometristas de sua geração. Seus artigos eram abstratos, cheio de símbolos e equações. Não esperávamos que ele transformasse a Amazon em um dos maiores empregadores de economistas com doutorado no mundo.

No entanto, foi exatamente isso que ele fez, o que teve muito a ver com suas habilidades como mentor e líder.[10] Também está diretamente relacionado com seus artigos. A estimativa de demanda é fundamental para os negócios da Amazon, então ele precisa saber o que os consumidores valorizam e quanto estão dispostos a pagar. Se a Amazon souber o julgamento de um consumidor sobre o valor de um produto, poderá fornecer o produto certo, na hora certa e pelo preço certo. As ferramentas para estimar o julgamento do consumidor existem na pesquisa de marketing e na econometria. O grupo de economia da Amazon, sob a liderança de Bajari, descobriu como determinar esse julgamento em escala.

Uma vez que reconhecemos que podemos entender o julgamento das decisões, fica claro que nós, humanos, fazemos julgamentos o tempo todo. Somos bons nisso. O julgamento só é desconhecido quando dissociado de uma previsão.

A Oportunidade de Julgamento

Dissociar previsão e julgamento cria oportunidades. Isso significa que quem toma a decisão não é orientado por quem faz a previsão e o julgamento melhor como um pacote, mas por quem é o melhor em fornecer julgamento utilizando a previsão da IA.

Depois que a IA fornece a previsão, as pessoas com melhor julgamento podem brilhar. Como observamos, conceitualmente e cada vez mais na prática, a IA é capaz de realizar previsões com maior grau de precisão do que muitos radiologistas. Embora dependa do que precisamente está sendo previsto, na verdade, uma IA pode ser treinada não observando as previsões dos radiologistas, mas combinando as imagens com resultados confiáveis observados — por exemplo, a patologia encontrou um tumor maligno? Assim, a previsão de IA tem o potencial de se tornar superior à previsão humana, tanto que Vinod Khosla, pioneiro em tecnologia e conhecido investidor em IA, sugere que, no futuro, pode ser uma imperícia que os radiologistas não confiem na previsão de IA.

Aqui reside a questão: o que a previsão de IA faria no valor de julgamento de um radiologista? Dada a forma como os radiologistas (pelo menos nos Estados Unidos) operam, eles são amplamente separados de outras informações sobre o paciente. Assim, se uma IA prevê com 30% de probabilidade que determinado paciente tem um tumor maligno, sob que circunstâncias um sistema médico poderia aceitar o julgamento de um radiologista de que o paciente deve ser diagnosticado e ter o tumor tratado *versus* o diagnóstico de outro que diz que o paciente não precisa disso? De fato, é difícil imaginar. Em vez disso, suspeita-se que um comitê de profissionais médicos delibere e debata as regras de diagnóstico antes de qualquer previsão de máquina, então o julgamento desse comitê seria posteriormente aplicado em escala. A decisão do radiologista torna-se dissociada em uma previsão da máquina e no julgamento de um comitê.

Uma vez que a IA fornece a previsão, novos sistemas podem surgir para tirar proveito de previsões melhores, mais rápidas e baratas, com julgamentos mais apropriados. Em *Máquinas Preditivas*, destacamos uma oportunidade para a Amazon mudar seu modelo de negócios para enviar itens à sua porta antes mesmo de você fazer o pedido. Esse modelo já existe. A Stitch Fix faz isso para roupas.[11] Como disse a CEO Katrina Lake, "fazemos seleções únicas e pessoais combinando dados e aprendizado de máquina com julgamento humano especializado". Mas não para por aí. O estoque é caro na indústria da moda. A equipe de *data science* desenvolveu algoritmos que integraram as decisões de recompra do que ter no estoque com previsões de mudanças na demanda antecipada.

No Capítulo 11, mostramos que as máquinas não têm poder porque o julgamento fornecido para as decisões sempre vem de uma pessoa, mesmo que uma máquina acabe implementando uma decisão. No próximo capítulo, discutiremos as habilidades associadas ao julgamento assim que ele se dissocia da previsão. Essas habilidades explicam como a dissociação de previsão e julgamento muda quem são as pessoas certas para tomar decisões. A dissociação cria uma nova oportunidade para a adoção da IA centrada na melhoria das habilidades associadas ao julgamento.

PONTOS PRINCIPAIS

- Previsão e julgamento são os dois principais ingredientes para a tomada de decisão. Em uma árvore de decisão, a previsão gera a probabilidade de ocorrência de cada ramificação da árvore. O julgamento gera as compensações associadas aos resultados nas extremidades de cada ramificação. Normalmente, tomamos decisões sem reconhecer que as previsões e o julgamento são duas entradas separadas, pois estão na mente da mesma pessoa (o tomador de decisão). Quando introduzimos a IA, mudamos a previsão de uma pessoa para uma máquina e, assim, dissociamos a previsão do julgamento, o que pode mudar quem fornece o julgamento.

- Tomamos decisões o tempo todo e nunca pensamos em previsões ou julgamentos. Apenas decidimos. Embora não pensemos explicitamente em previsão e julgamento toda vez que tomamos uma decisão, é possível inferir o julgamento por meio de técnicas analíticas após a tomada de uma decisão (chamamos isso de "preferência revelada"). Economistas e profissionais de marketing há muito usam ferramentas estatísticas para medir o julgamento com base em escolhas.

- As decisões são os blocos de construção primários de um sistema. Antes da IA, a distinção entre previsão e julgamento era irrelevante do ponto de vista do design do sistema, porque ambas as funções aconteciam na mente de uma única pessoa. A IA muda isso. Quando fazemos a transição da previsão de uma pessoa para uma IA, podemos repensar o design do sistema. Se a IA for muito mais rápida e barata, poderemos fazer a previsão com mais frequência? Poderemos fazer isso para decisões menos importantes? Poderemos codificar o julgamento e, portanto, automatizar e dimensionar a decisão? Poderemos atribuir o papel de julgamento a uma pessoa ou um grupo diferente de pessoas com um julgamento significativamente melhor do que no sistema anterior, no qual o julgamento era restrito à mesma mente que gerou a previsão? A oportunidade para um novo design do sistema é grande porque a IA cria novas oportunidades no nível mais fundamental: a composição da decisão.

14

Pensamento Probabilístico

Em 2018, um veículo autônomo da Uber atropelou e matou um pedestre em Tempe, Arizona. Foi o primeiro acidente fatal de um carro projetado para direção autônoma. O veículo, como alegado, viu o pedestre, mas não freou. Os noticiários citaram um professor da Universidade de Princeton dizendo que o incidente "deveria ser um aviso para todas as empresas que testam veículos autônomos para verificar seus sistemas e garantir que parem automaticamente quando necessário".[1] No dia do acidente, o chefe da polícia de Tempe tinha uma opinião diferente: "É muito claro que teria sido difícil evitar essa colisão, visto como a pessoa saiu das sombras."[2]

A Uber realmente programou seu veículo para matar? Claro que não! Mas também não é certo se o veículo não viu a pessoa. Mas, seis segundos antes do impacto, o veículo previu a presença de um objeto desconhecido. No momento em que o veículo previu que o objeto desconhecido provavelmente era uma pessoa, já era tarde demais para os freios de emergência fazerem a diferença.[3]

Em outras palavras, ambas as interpretações estão erradas porque são determinísticas. O veículo identificou um objeto e havia uma pequena probabilidade de que esse objeto pudesse ser uma pessoa. Se o veículo tivesse previsto antes que o objeto era uma pessoa, teria freado, e a tragédia seria evitada. A revisão do relatório do acidente sugere que o veículo detectou uma pessoa com uma probabilidade muito baixa. Não zero, mas extremamente pequena. Além disso, o veículo foi programado para prosseguir desde que a chance de que algo fosse uma pessoa não fosse muito alta. Isso pode ser 0,01%, 0,0001% ou 0,000000001%, mas nunca zero. Não é assim que as máquinas funcionam.

O resultado é terrível. Um veículo autônomo não viu um pedestre com uma probabilidade alta o suficiente para acionar o freio. Requer mais esforço ver que essa foi uma má decisão. Após o acidente, a Uber congelou seu programa de veículos autônomos, e quando retomou a direção autônoma em dezembro de 2018, o programa estava diferente. Os carros eram limitados a 40 km por hora ou menos e tinham sempre dois motoristas de segurança. Ela implementou uma série de outras mudanças, desde o monitoramento terceirizado dos motoristas até diferentes procedimentos de frenagem automática. Uma decisão baseada em limite não era mais suficiente.

Pensando em Apostas

A distinção entre uma decisão ruim e um resultado ruim é importante. Às vezes, boas decisões levam a maus resultados. Essa é uma das principais mensagens do livro da jogadora profissional de pôquer Annie Duke, *Thinking in Bets* [sem publicação no Brasil]. Até o momento, Duke é a única mulher a vencer o NBC (National Heads-Up Poker Championship). O pôquer é um jogo de sorte e habilidade: é possível jogar suas cartas perfeitamente e perder; também é possível apostar alto em uma mão ruim e ter sorte.

Quando as coisas correm mal, Duke defende que é importante refletir se a culpa foi de uma má decisão ou do azar. Se for apenas má sorte, classifique como um resultado ruim e siga em frente. Se for uma decisão ruim, aprenda e faça melhor da próxima vez.

Muitos jogadores amadores de pôquer obtêm um resultado ruim e mudam sua estratégia. Da mesma forma, muitos fazem grandes apostas idiotas e ganham. Então, eles tomam suas próximas decisões a partir dos resultados anteriores. Esse hábito, que Duke rotula de "resultante", faz com que esses jogadores piorem com o tempo. Sem a capacidade de reconhecer se um resultado foi fruto da sorte, a incerteza dificulta o aprendizado.

Michael Jordan jogou no final da temporada regular de 1985-1986 e não se machucou. Ele conseguiu um bom resultado. Isso é o melhor, independentemente das probabilidades e das recompensas relativas da lesão que poderia acabar com sua carreira ou da possibilidade de não jogar. Depois dessa temporada, ele ganhou seis campeonatos e cinco prêmios de Jogador Mais Valioso e se tornou o atleta que mais lucrou de todos os tempos: US$ 2,6 bilhões. Parece que estar nesses jogos foi a decisão certa. Talvez ele devesse ter retornado ao time antes. Jordan não se machucou, mas isso não significa que ele tomou a decisão certa.

Pensar em apostas exige reconhecer que as previsões são incertas e entender que os resultados são parcialmente determinados pela sorte. E isso não é fácil. Para carros, antes da direção autônoma, a previsão e o julgamento dependiam do motorista. Se um motorista humano atropelasse um pedestre, nunca saberíamos se ele cometeu um erro de previsão (pensou que a probabilidade de atingir a pessoa era efetivamente zero, então não freou) ou de julgamento (estava com pressa e preferiu chegar rapidamente ao seu destino a evitar um acidente). Se ele causa um acidente, presumimos que o julgamento foi bom, mas que ele cometeu um erro mecânico ao gerar a previsão de colisão. No momento, parecemos aceitar isso como sociedade.

Ao projetar um carro autônomo, você pode medir o erro de previsão, mas então tem que quantificar o julgamento, que envolve fazer coisas desagradáveis, como calcular o custo de vida e compará-lo com a experiência de ser um passageiro em um carro (parar com muita frequência por excesso de cautela é desagradável). As pessoas têm que fazer negociações implicitamente o tempo todo, mas hesitam quando precisam ser explícitas. Não será menos desagradável para uma equipe de engenharia e, talvez, de ética determinar o que fazer em relação a um carro autônomo.

Abraçando a Incerteza

Pensar em apostas significa abraçar a incerteza. Examinamos a probabilidade subjacente de que algo acontecerá. Se for suficientemente provável, vá para a esquerda; caso contrário, vá para a direita. Em outras palavras, expressamos nossa regra de decisão contingente à previsão como um ponto de corte. Isso funciona se as previsões são muito precisas. Lembre-se da decisão de Michael Jordan sobre jogar e arriscar mais lesões. Se os médicos dissessem que não havia chance de uma lesão encerrar a carreira de Jordan, tanto ele quanto

Reinsdorf não teriam hesitado. A decisão foi difícil porque a previsão envolvia incerteza. Jordan avaliou que ter 90% de confiança era o suficiente. Reinsdorf discordou.

A ideia de basear as decisões em limites que enumeram a confiança é atraente. Por exemplo, considere o processo pelo qual refugiados são avaliados para entrar em países, uma decisão repleta de incertezas. Com base no testemunho de um requerente de refúgio, os juízes de refugiados precisam decidir se consideram a reivindicação da pessoa plausível e se ela sofrerá danos, conforme coberto pela Convenção das Nações Unidas sobre Refugiados, se sua reivindicação for recusada. Além disso, os documentos de apoio são necessariamente escassos, e os juízes recebem pouco feedback a respeito de suas decisões anteriores.

Atualmente, os juízes fazem o possível para pesar as evidências e tomar essas decisões, e tendem a ser bastante confiantes nelas. Como disse um estudioso: "Algumas pessoas parecem pensar que seu instinto é um árbitro válido da verdade, e se seu instinto lhes diz que alguém está mentindo, bem, a pessoa deve estar mentindo."[4]

A confiança é equivocada. Para tomar uma decisão mais ponderada, ajudaria ter uma previsão disponível que atribuísse uma probabilidade à possibilidade de um reclamante estar, digamos, mentindo ou não. O objetivo seria melhorar os resultados da decisão, em vez de, digamos, aumentar a taxa de reivindicações aceitas.

Atualmente, não há dados disponíveis para ver se as decisões de aceitar ou rejeitar refugiados levaram aos resultados que os juízes pensaram que levariam. Se esses dados fossem coletados, seria possível construir uma máquina de previsão que pudesse avaliar futuros requerentes. Com essa máquina, teríamos uma avaliação mais segura com base em evidências. Em um caso canadense, uma solicitante de refúgio da Alemanha afirmou que estava sendo perseguida pela administração na escola de seu filho e que a polícia alemã não poderia ajudá-la. Há muitos dados sobre a capacidade de resposta da polícia alemã a denúncias de criminalidade, portanto, é possível gerar uma previsão confiável de que a polícia a protegeria, pelo menos conforme exigido por um pedido de refúgio. Os juízes também podem ter certeza de que as evidências apoiariam uma alegação sobre um ativista LGBTQIA+ do Iêmen ou um membro de uma minoria perseguida no Sudão.

Muitos outros casos deixam margem para dúvidas. Frequentemente, há informações inadequadas sobre se uma força policial responderá a apelos de proteção contra violência doméstica ou se o perfil de um reclamante é suficiente para chamar a atenção do governo. Nesses casos, dados ausentes significam incerteza. Tornar essa incerteza visível deve reduzir o excesso de confiança.

O juiz precisa aplicar o julgamento comparando as previsões incertas com uma avaliação que responda à seguinte pergunta: "Qual erro é pior: negar um pedido de refúgio que deveria ter sido concedido ou conceder um pedido que deveria ter sido negado?"[5] Parece bastante simples, mas as apostas são altas. Recusar um pedido legítimo de um refugiado pode levar a tortura ou morte. Aceitar uma alegação falsa significa deixar pessoas se aproveitarem da generosidade de um país. De acordo com a Convenção da ONU, aceitar uma alegação falsa é pior. Há uma clara "escolha errada" em recusar uma reivindicação legítima.

Ao dissociar previsão e julgamento, e deixar claro que, mesmo com as melhores IAs, as previsões para solicitações de refugiados são incertas, a IA pode levar a um processo melhor. No final, se a máquina de previsão adotasse a incerteza inerente à previsão, mais reivindicações seriam aceitas. Os custos de dizer não seriam muito altos.

O sistema atual não funciona assim. Os juízes têm pouca utilidade para uma máquina de previsão que comunica incerteza. Eles não são treinados para interpretar a incerteza estatística, e a lei é ambígua sobre quão pior é a escolha errada. Mesmo que os juízes tivessem treinamento, isso não poderia ser descartado no processo existente. Aceitar todas as reivindicações incertas de refugiados geraria pressão política para dificultar a chegada dos refugiados. Também pode criar incentivos para ocultar informações. Uma IA para reivindicações de refugiados, apesar de seu potencial para um processo mais justo, não é viável sem mudanças no sistema. Parte desse novo sistema seria uma compreensão explícita do julgamento, de como medir o risco relativo de uma escolha errada.

A Falta de Julgamento Restringe a IA

O julgamento é uma expressão do que você quer. Mas se houver um novo contexto, ou caso você não tenha lidado com a informação antes, você necessariamente sabe o que quer? Como um juiz de reivindicações de refugiados deve interpretar a afirmação de que há 40% de chance de que uma reivindicação seja legítima? No passado, os juízes combinavam previsão e julgamento em suas decisões. Para muitas novas aplicações de IA, o julgamento, separado da previsão, pode não existir ainda. Como não havia a capacidade de prever o que estava acontecendo, não havia ação que pudesse ser tomada de acordo com essa previsão, portanto, não havia razão para descobrir qual seria a compensação dessa ação.

Isso significa que a previsão e o julgamento estão potencialmente sujeitos ao problema do ovo e da galinha, o que, por sua vez, cria uma barreira para a adoção de máquinas de previsão e a construção de novos sistemas de IA. Investir e adotar melhores previsões só é algo valioso se você tem alguma utilidade para essas informações. Calcular o que poderia fazer se hipoteticamente tivesse uma melhor previsão só é útil se você antecipar uma melhor previsão. Por esse motivo, não ter julgamento é em si uma restrição à sua disposição de investir em melhores previsões, e vice-versa.

Encontrando Julgamento

O julgamento pode ser construído a partir do trabalho com resultados antecipados antes do fato. Ao pesquisar, avaliar e aprender com os outros, você pode estabelecer os resultados prováveis em diferentes situações. Foi assim que a maioria de nós aprendeu a não tocar em um fogão quente — alguém lhe disse que você se queimaria se tocasse no fogão. Você aprendeu o julgamento sem experimentar a queimadura, porque outra pessoa transferiu o julgamento. O benefício é não cometer erros dispendiosos ao longo do caminho.

Algumas pessoas podem ter ficado céticas. As crianças são instruídas a não fazer todo tipo de coisa, e muitas têm poucas consequências. Os leitores mais rebeldes podem ter tocado no fogão quente. Nesse caso, a evolução entrou em ação e você experimentou a dor de tocar em um fogão quente, aprendendo de outra maneira, por experiência.

Você faz escolhas e depois recebe feedback. Os resultados informam sobre os custos e os benefícios de diferentes caminhos. Quanto mais experimenta fazendo escolhas diferentes em contextos diferentes, mais seus resultados são mapeados para você. A imagem que você constrói a partir dessa experiência é o julgamento que lhe permite saber o que fazer no futuro.

Essas são as duas maneiras pelas quais o julgamento é construído: ou envolve aprendizado planejado de outra pessoa por meio de leitura, instruções ou cultura, ou é aprendido por experiência. Agora examinaremos cada uma dessas maneiras.

Planejando

Ter previsões de baixo custo ou qualidade disponíveis facilita a tarefa de obter julgamento por meio da experiência. Mas e se essas previsões exigirem investimento e desenvolvimento? As previsões podem ser baratas após esse desenvolvimento, mas os custos envolvidos na aquisição de dados e treinamento e, então, no teste dos algoritmos resultantes podem exigir uma justificativa clara de uso. Fazer uma análise cuidadosa de quais escolhas poderiam ser feitas se as previsões estivessem disponíveis, isto é, pensar antecipadamente nos resultados para obter o julgamento, pode ser necessário. Por exemplo, muitos capitalistas de risco financiam startups cujo sucesso é baseado em um alto grau de incerteza, mas antes de fazer esse investimento, eles passam pelo exercício de avaliar se será melhor sair por meio de uma oferta pública inicial (IPO) ou uma aquisição privada, caso a empresa obtenha sucesso.[6]

Ao realizar esse exercício, é natural supor que os resultados serão investigados para cenários considerados mais frequentes do que para os menos frequentes. No entanto, quando se trata de planejar escolhas para diferentes cenários, a questão não é necessariamente se a previsão pode distinguir os casos mais ou menos frequentes, mas se pode distinguir entre cenários quando ações muito diferentes são justificadas.

Consideremos a aplicação da IA em fraudes com cartões de crédito. Quando você usa o cartão, aciona um conjunto de algoritmos que determina se deve processar ou rejeitar a transação. Ela pode ser rejeitada porque você ficou sem crédito ou porque há suspeita de fraude. Uma rede de cartão de crédito não quer permitir transações suspeitas de fraude porque será responsável pelos custos associados a esse roubo. Por outro lado, todo o negócio de cartões de crédito se baseia em ser fácil e simples para clientes e comerciantes. Assim, rejeitar uma transação legítima é prejudicial. Os consumidores podem ficar frustrados ou, pior, passar a usar outro cartão.

Quando o algoritmo de uma rede de cartão de crédito suspeita que uma transação pode ser fraudulenta, ele atribui uma pontuação a essa possibilidade, que representa a probabilidade de fraude. Mas o julgamento é necessário para descobrir como reagir a essa informação. Esse julgamento não cabe ao comerciante ou a qualquer pessoa no local. Pelo contrário, a forma como a informação é usada é programada no sistema, e a decisão de aceitar ou rejeitar um cartão é automatizada. Como poderia ser de outra forma?

Isso significa que o julgamento que orienta como uma pontuação se traduz em uma ação de aceitar ou rejeitar deve ser pensado antes, provavelmente por um comitê que avalia as opções. Se a pontuação da previsão sempre foi 100% ou 0%, você não precisa de muito julgamento para decidir o curso de ação correto. No entanto, você está definindo um limite para a pontuação, acima do qual a transação é rejeitada e abaixo do qual é aceita. A grande maioria das transações será aceita, sugerindo que as pontuações de fraude relativamente altas são ocorrências raras. Isso talvez explique por que, antes de qualquer pontuação algorítmica, a empresa de cartão de crédito deixou para o comerciante decidir se aceitava ou não o cartão.

Esse limite deve ser escolhido para equilibrar dois erros. O primeiro é que transações fraudulentas sejam permitidas. O custo é simplesmente o associado à empresa do cartão, em vez de o comerciante ou o titular arcar com o custo da transação, que pode ser calculado a partir de dados históricos. O segundo é que as transações legítimas podem ser recusadas. O custo aqui é mais difícil de calcular, e, portanto, o julgamento é mais difícil de obter. O tipo de titular do cartão provavelmente desempenha um papel importante. Uma empresa de cartão de crédito pode se preocupar em cometer esse tipo de erro se o titular do cartão for um cliente premium, que pode levar todas as transações para outra empresa se frustrado. Assim, o julgamento aplicado diz respeito a outras características do cliente, o que pode interagir com a própria pontuação de fraude. Afinal, prever uma transação fraudulenta depende de extrapolar algo incomum da transação que está sendo investigada. Para os titulares de cartões premium que viajam com frequência, isso pode ser mais difícil de prever do que para os titulares de cartões comuns, que têm padrões de consumo mais estáveis.

É fácil perceber por que o julgamento pelo planejamento antecipado pode ser um exercício complexo, com muitas dimensões diferentes a serem consideradas. Essas dimensões precisam ser traduzidas para que, pelo menos no caso dos cartões de crédito, sejam codificadas no processo automatizado. Com a automação, o julgamento envolve indivíduos julgando o que importa antes que a decisão específica aconteça. Essa complexidade cria uma barreira para a adoção de sistemas de IA. As pessoas que exercem o julgamento mudam. Em vez de os comerciantes aplicarem uma previsão e um julgamento combinados sobre se alguém honrará seu crédito, a empresa de cartão de crédito combina previsões a cada momento com julgamento cuidadoso e planejado em escala.

A Jornada da Experiência

A experiência, ao fornecer julgamento — saber o que fazer em determinadas circunstâncias —, pode levar a melhores decisões. No entanto, a jornada pode não ser direta. Afinal, experimentamos algo dependendo (a) do que acontece e (b) de sabermos que o que acontece de fato acontece. Se você tocar acidentalmente em um fogão quente, ambos tiveram (espero) uma nova experiência e podem descobrir quais foram as consequências. Mas isso requer um acidente. Se você sabe que um fogão pode estar quente e por isso nunca o toca, realmente não descobre quais seriam as consequências. Não estamos dizendo que é uma estratégia ruim. Estamos apenas enfatizando que suas escolhas podem guiar suas experiências.[7]

Para tornar isso mais preciso, considere uma situação em que você precisa escolher entre duas ações. Uma, que chamaremos de ação de status quo, é o que você sempre fez. Você sabe exatamente o que obtém, e o que obtém é sempre igual. É uma ação com certo retorno. A outra, que chamaremos de ação arriscada, é algo que você nunca fez. Você simplesmente não sabe o que acontecerá se tomar a ação arriscada. Por exemplo, pode ser a contratação de uma pessoa que não atende aos critérios usuais. Ou você pode estar financiando uma startup que não se encaixa perfeitamente em sua tese de investimento usual. Aqui, mesmo que receba um sinal sobre a escolha arriscada que o ajude a entender melhor o contexto da decisão, talvez ainda não saiba se vale a pena prosseguir.

Nessa situação, você pode ficar preso. Uma previsão que fornece informações pode estar disponível, mas se você não souber o que fazer com as informações, talvez não opte por pagar por essa previsão. Mas, sem essa ela, você permanecerá no status quo de qualquer maneira e nunca descobrirá o que a ação arriscada reserva. Mais uma vez, os desafios na construção de julgamento são uma barreira para a construção de sistemas de IA.

Se a compensação de uma solução de sistema de IA for alta o suficiente, valerá a pena investir na construção de julgamento, portanto, essa situação do ovo e da galinha pode não ser impossível. As pessoas que estão mais bem posicionadas para fazer esse julgamento, por meio de experiência ou planejamento, podem ser diferentes daquelas que atualmente tomam decisões com base em previsões e julgamentos agrupados.

FDAs para Tudo

Em muitos casos, não sabemos exatamente como uma pessoa reagirá ao tomar um medicamento. Muitas vezes, sabemos que algumas sofrerão efeitos colaterais terríveis — pessoas diferentes são diferentes, e os efeitos farmacêuticos são probabilísticos. Como nem mesmo os remédios bons funcionam para todos, às vezes pode ser difícil diferenciar os remédios bons dos ruins.

Esse problema poderia ter impedido que o mercado de drogas evoluísse para além dos vendedores de óleo de cobra do início do século XX. No entanto, desenvolvemos um processo regulatório (liderado pela Food and Drug Administration no caso de produtos farmacêuticos nos Estados Unidos) para pesar os benefícios gerais de cada medicamento para cada indicação em relação aos custos. O processo regulatório reconhece a natureza probabilística da eficácia do medicamento e usa ensaios randomizados (descritos no Capítulo 3) para determinar se um medicamento funciona. Além disso, consideramos a relação entre custo/benefício no agregado, bem como para grupos restritos específicos ao longo da distribuição etária e outras. Um exemplo recente são as aprovações da FDA para as vacinas contra a covid-19, primeiro para adultos e depois para crianças.

À medida que contemplamos novos projetos de sistema que substituem as abordagens determinísticas por probabilísticas, podemos precisar considerar abordagens regulatórias semelhantes para domínios que anteriormente não eram regulamentados de maneira semelhante.[8] Por exemplo, embora exijamos que novos motoristas façam um exame de direção simples, mas nunca examinamos seu julgamento em relação aos custos de potencialmente prejudicar outras pessoas, podemos precisar de algo como a FDA para as IAs de direção autônoma, que testaria se as ações dos veículos são seguras em relação às diretrizes estabelecidas.

Da mesma forma, podemos precisar de algo como a FDA para as IAs que concedem empréstimos bancários. Esse regulador testaria as ações de concessão de empréstimos da IA para determinar se essas ações atendem aos requisitos legais. Além disso, podemos precisar de algo como a FDA para as IAs de sistemas de controle de robôs de armazéns, onde os robôs trabalham próximos às pessoas, para testar se as ações dos robôs são seguras em relação a algum *benchmark*.

Assim como a indústria farmacêutica probabilística se beneficiou de um processo difícil de regulação estabelecido para assegurar aos cidadãos que, apesar de alguns riscos, havia aspectos positivos em geral, podemos precisar de um pensamento semelhante ao projetar soluções em nível de sistema para colher o máximo de benefícios da IA. À medida que passamos pelo tempo entre os tempos para uma nova era de IA onipresente, em que a maioria dos sistemas transita de determinístico para probabilístico, podemos precisar de FDAs para quase tudo. Esses órgãos reguladores se tornariam parte do novo sistema.

Quem É o Juiz Certo?

Quem tem julgamento, como ele é adquirido e como é realmente implementado nas decisões — como limites ou algo mais complexo — são escolhas importantes no design de sistemas construídos em torno da previsão de IA. Lembre-se de que a previsão de IA geralmente significa que você pode escolher quem é o juiz certo em oposição à combinação certa de preditor e juiz, pois essas funções se dissociam. No entanto, dissociar significa que você precisa escolher quem obtém essas previsões e também entender como as previsões serão usadas. As previsões podem ficar em um lugar — digamos, um algoritmo que incorpora um julgamento especificado previamente para criar limites para previsões que desencadeiam ações — ou em muitos, como previsões para a melhor rota de navegação disponível para muitos motoristas.

Essas mudanças podem ser disruptivas, criando discórdia à medida que são implementadas. No entanto, cria-se a oportunidade de repensar o sistema, começando pela dissociação e depois com base na procura dos juízes certos. Esses juízes podem ser diferentes dos tomadores de decisão de hoje. Eles precisam entender como pensar em apostas e ter as habilidades de planejamento corretas, experiência ou oportunidade de experiência para desenvolver seu julgamento de forma adequada.

PONTOS PRINCIPAIS

- As IAs introduzem o *pensamento probabilístico* em um sistema. Quando investigamos um acidente de carro, perguntamos se o motorista viu o

Como a IA É Disruptiva

pedestre antes da colisão. Esperamos uma resposta sim ou não. Estamos menos acostumados a lidar com "mais ou menos" ou "um pouco". No entanto, essa é precisamente a resposta que a IA fornece. Ele viu algo que pensou ser um humano se aproximando da estrada com, digamos, 0,01% de probabilidade. Quando introduzimos uma IA em um sistema, geralmente transformamos esse sistema de determinístico em probabilístico. Às vezes, o sistema existente é bem projetado para aceitar uma entrada probabilística. Outras vezes, isso cria uma oportunidade de aumentar muito a produtividade por meio do redesenho do sistema.

- Para traduzir uma previsão em uma decisão, devemos aplicar o julgamento. Se as pessoas tradicionalmente tomam a decisão, então o julgamento pode não ser codificado como distinto da previsão. Então, precisamos gerá-lo. De onde isso vem? Pode vir por transferência (aprender com os outros) ou por experiência. Sem julgamento existente, podemos ter menos incentivo para investir na construção da IA para previsão. Da mesma forma, podemos hesitar em investir no desenvolvimento do julgamento associado a um conjunto de decisões se não temos uma IA que faça as previsões necessárias. Estamos diante de um problema do ovo e da galinha, que pode representar um desafio adicional para o redesenho do sistema.

- Para explorar totalmente o poder da IA, muitos aplicativos exigirão soluções em nível de sistema recém-projetadas que incluam não apenas previsão e julgamento, mas também uma função reguladora projetada para garantir a sociedade quando os sistemas transitarem de determinísticos para probabilísticos. Não sabemos com antecedência como o sistema se comportará em todos os cenários porque isso não é codificado. Semelhante à indústria farmacêutica probabilística e difícil de verificar, que se beneficiou muito de um processo regulatório para garantir aos cidadãos que, apesar dos riscos de efeitos colaterais, os benefícios dos medicamentos eram positivos em geral, podemos precisar de uma função reguladora do tipo FDA que examine as decisões das máquinas quanto a uma estrutura de teste estabelecida. Em muitos casos, isso pode ser crítico para o sucesso de um redesenho do sistema que depende de informações probabilísticas.

15

Os Novos Juízes

O chumbo é uma neurotoxina mortal que afeta o desenvolvimento cerebral das crianças.[1] Ele começou a ser retirado da tinta na década de 1960 e da gasolina na década de 1970. Grande parte da tinta com chumbo foi substituída no mercado, e carros que usavam gasolina com o metal foram descartados há tempos. Essas mudanças melhoraram a saúde de milhões de pessoas em todo o mundo.

Os Estados Unidos proibiram o uso de canos de chumbo para água potável em 1986, mas não para os já instalados. Como os canos podem durar cem anos, sem reposição, eles continuam causando danos. Uma mudança no tratamento de água em Flint, Michigan, resultou em um grande pico de chumbo na água potável e trouxe à tona o problema da substituição. Acontece que as autoridades municipais não sabiam quais canos continham chumbo e quais eram inofensivos, e verificar um por um era caro.

É na hora da incerteza que se apresenta uma oportunidade para implantar uma máquina de previsão. Os professores Eric Schwartz e Jacob Abernethy, da Universidade de Michigan, aceitaram o desafio. Com uma equipe de pesquisadores, decidiram prever quais canos provavelmente continham chumbo e construíram com sucesso uma IA que foi implantada em Flint. A cidade só verificou se havia canos de chumbo nas casas onde as previsões sugeriam que provavelmente havia chumbo. Quando a máquina de previsão identificava um tubo provável, estava correta em 80% das vezes.[2] Milhares de moradores de Flint tiveram os canos de chumbo substituídos em 2016 e 2017.

No entanto, alguns ficaram insatisfeitos. A previsão indicou, por exemplo, que apenas um quarteirão em um bairro provavelmente teria chumbo (talvez porque as casas fossem mais antigas), deixando os outros moradores preocupados com seus encanamentos. Alguns bairros, particularmente os pobres, eram mais propensos a ter os encanamentos inspecionados quanto a chumbo do que as áreas mais ricas, o que fez com que os residentes mais ricos ficassem com raiva porque seus canos não foram verificados antes. O prefeito de Flint contratou, então, um novo empreiteiro para administrar a substituição dos canos, exigindo que a empresa atuasse em diversos bairros da cidade e em todas as casas, sem levar em conta os dados levantados pela IA.

FIGURA 15-1

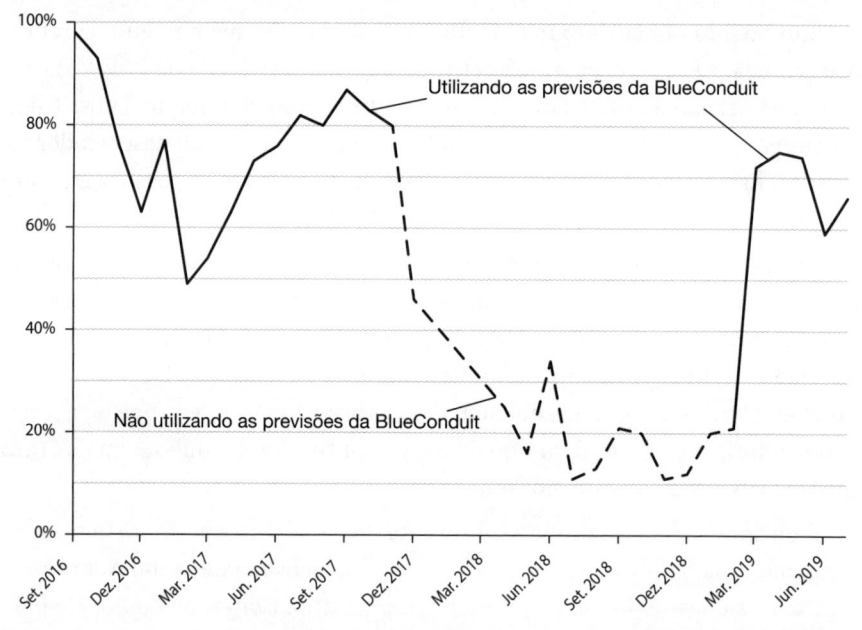

Precisão de previsão para encontrar canos de chumbo em Flint

Fonte: Adaptado dos dados de Jared Webb, Jacob Abernethy e Eric Schwartz, "Getting the Lead Out: Data Science and Water Service Lines in Flint" (documento de trabalho, Universidade de Michigan, 2020), figura 3, disponível em https://storage.googleapis.com/flint-storage-bucket/d4gx_2019%20(2).pdf, acessado em 10 de maio de 2022.

Os Novos Juízes | 165

A taxa de sucesso caiu para 15% (veja a Figura 15-1). Embora muitos residentes agora estivessem seguros de que suas casas não tinham canos de chumbo, o processo de identificação e substituição parou. A IA forneceu uma excelente previsão, mas o julgamento permanecia político. Como disse o novo gerente do projeto, a administração da cidade "não queria ter que explicar a um vereador por que não havia trabalho em seu distrito" e "a cidade não queria deixar ninguém para trás".[3] No processo, enquanto parte dos moradores ficou segura de que seus canos não tinham chumbo, outra parte teve pouquíssima busca próxima a suas casas, apesar da previsão da IA de que 80% das casas na área teriam canos de chumbo. Seguindo o julgamento dos políticos locais, Flint decidiu não usar a máquina de previsão.

Mas esse não foi o fim da história. Em 26 de março de 2019, um acordo aprovado pelo tribunal dos EUA exigiu que a cidade usasse as previsões de Schwartz e Abernethy. O tribunal removeu o critério político e especificou previamente o julgamento. Em essência, julgou a eliminação do chumbo igualmente valiosa em todas as partes da cidade e em todos os bairros. O que importava era a probabilidade de haver chumbo. A taxa de sucesso saltou rapidamente para 70%, e milhares de residentes de Flint tiveram canos de chumbo identificados e substituídos. A *Time* considerou a IA de Schwartz e Abernethy uma das melhores invenções de 2021. Agora comercializada por uma empresa com fins lucrativos chamada BlueConduit, cerca de cinquenta cidades usam essas previsões para ajudá-las a economizar dinheiro enquanto identificam e removem chumbo de milhões de residências.[4]

O interessante aqui é *como a disponibilidade de uma nova máquina de previsão causou uma luta pelo poder de decisão*. As previsões eram inconvenientes para os políticos de Flint, então eles as abandonaram. Outros reconheceram que as previsões poderiam melhorar vidas, desde que cada casa fosse considerada de igual valor. Após um processo judicial, os direitos de decisão mudaram. O acordo judicial especificou previamente o julgamento. Assim, os políticos locais perderam o critério, e prevaleceu um sistema centralizado.

Quando uma máquina faz com que o julgamento seja desacoplado da previsão, há oportunidades para mover o *locus* do julgamento para outros lugares. E, como já observamos, aqueles que julgam acabam decidindo. Quem deve e quem pode tomar decisões pode mudar. Este capítulo analisa quando é provável que novos juízes surjam e se tornem responsáveis por essas decisões.

Mais criticamente, ao fazê-lo, destacamos uma importante fonte de resistência à mudança na adoção de novos sistemas. Quando introduzimos a disrupção, notamos que, muitas vezes, há vencedores e perdedores. Os perdedores podem ser partes inteiras das organizações — como as franquias da Blockbuster que eram contra o streaming. A organização foi impedida de adotar mudanças internamente, decorrentes de uma mudança no poder econômico. Mas o poder econômico também está alinhado com quem toma as decisões. No caso de Flint, Michigan, a previsão da IA potencialmente tirou as decisões dos políticos, e a perda de poder resultante causou atrito em sua adoção. Isso exigiu que a autoridade de tomada de decisão mudasse novamente para acabar com o atrito. Assim, quando mudamos quem toma as decisões, impactamos a distribuição de poder, o que, por si só, pode criar resistência à adoção de novos sistemas.

Quem Pode Tomar Decisões?

Mover o julgamento dos políticos locais para uma lista de prioridades definida por um tribunal provavelmente melhorou vidas. Pessoas diferentes têm incentivos diferentes, e quando as máquinas de previsão podem mudar a hora e o local das decisões, novas oportunidades surgem para permitir melhores decisões.

Nos negócios, quando consideramos se, digamos, um gerente de nível superior ou um de seus subordinados deve tomar determinada decisão, o critério principal é "quem tomará a decisão no melhor interesse da organização com o menor custo?" Isso é eficiência. Existem muitas razões pelas quais uma pessoa recebe autoridade de decisão no interesse da eficiência. Uma delas é que a pessoa tem acesso a informações importantes que devem nortear a decisão. Isso pode significar, por exemplo, um gerente de campo tomando decisões sobre onde implantar recursos locais. Embora ele possa pegar as informações que coleta e comunicá-las para os outros membros da cadeia de comando, isso pode levar tempo e ser caro (para todas as partes); assim, às vezes mantemos as decisões com quem tem conhecimento em primeira mão de uma situação.

Outra razão é o *nível de habilidade* da pessoa envolvida. A tomada de decisão pode ser difícil. Em particular, para fazer uma escolha, você deve interpretar as informações e envolver-se tanto na previsão quanto no julgamento. Todas essas atividades exigem habilidade, e essas habilidades podem não ser amplamente difundidas. Consequentemente, você aloca autoridade de decisão com base na habilidade.

Relacionados a isso estão os *incentivos*. Você quer uma decisão tomada no interesse da organização. No entanto, ao tomar decisões, as pessoas têm suas próprias preferências, que afetam o julgamento e causar desalinhamento com os interesses organizacionais. Embora seja possível alinhar interesses por meio de incentivos (desde que os fatores que levam ao desalinhamento possam ser medidos de alguma forma), em outras situações, algumas pessoas terão interesses mais alinhados com a organização do que outras, e isso direcionará a alocação da autoridade de decisão.

Finalmente, as decisões não têm *impactos* contidos e, às vezes, impactam além do alcance dos tomadores de decisão. Por exemplo, vendas e marketing precisam se alinhar com produção e operações. Nesse caso, alguém que entende as relações entre as diferentes decisões pode ser o único a tomar todas elas. Assim, as decisões podem ser agrupadas para que possam ser tomadas de forma coordenada, mesmo que isso crie algumas desvantagens em termos de disponibilidade de informações, comunicação e até habilidades.

O objetivo de dar autoridade de decisão a alguém é dar o poder que vem com essa decisão. A pessoa precisa ser capaz de ditar onde os recursos são implantados, quais informações levar em consideração e no interesse de quem tomar a decisão final. Com esse poder, flui naturalmente a capacidade de capturar mais valor. Quando alguém recebe a autoridade de decisão, é porque é capaz de criar valor para a organização tomando melhores decisões. Além disso, a razão pela qual tem essa autoridade, e não outra pessoa, é que as informações, as habilidades e o alinhamento de interesses não estão, necessariamente, amplamente disponíveis. Pode ser que qualquer pessoa possa tomar decisões. No entanto, o fato de gastarmos tempo pensando em quem toma uma decisão indica que essa pessoa traz consigo poder.

Com a IA, a previsão e o julgamento se dissociam. Além disso, a previsão da IA significa que o julgamento se tornará o *locus* do motivo para alguém receber com mais eficiência o poder de tomar uma decisão. Afinal, a predição da IA deve ser a mesma, independentemente de quem a usa, algo que a exclui automaticamente como um fator de alocação de decisão.

Talento para Tomar Decisão

Humanos com habilidades têm o que genericamente chamamos de *talento*. A questão é que as habilidades que valorizamos são aquelas que geram melhores decisões, o que, até o surgimento das máquinas de previsão, significava previsão e julgamento superiores. A disponibilidade de uma previsão de máquina levanta a questão de com quais habilidades específicas os humanos contribuem. Antes, era difícil separar uma boa tomada de decisão humana de uma boa previsão e julgamento, mas uma máquina de previsão se concentra em quão habilidoso o julgamento humano realmente é.

A boa notícia, como exploramos no Capítulo 11, é que o julgamento deve vir de uma pessoa. A má notícia é que a pessoa não é necessariamente quem o fornecia antes da previsão da IA.

Quando a previsão da IA realmente mudar, quem será a pessoa certa para emitir julgamentos? Em muitos casos, a previsão de IA pode reforçar o talento que está tomando decisões, e, nesse caso, ele não estará sujeito a uma disrupção. No entanto, para outros, o julgamento pode residir eficientemente em outro lugar. Quais fatores você deve procurar para determinar a direção da mudança?

A dissociação entre previsão e julgamento pode mudar o poder se mudar o tipo de pessoa mais eficiente para fornecer o julgamento. O julgamento de uma pessoa se torna mais valioso, e o de outra, menos. Isso não acontecerá em todos os setores e em todas as situações. Em muitos casos, os avanços recentes na IA não terão impacto na tomada de decisões. Mas, em outros, uma melhor previsão permitirá que as empresas melhorem a análise preditiva existente ou melhorem gradualmente os processos.

Às vezes, no entanto, uma melhor previsão significa que o *locus* do julgamento mudará. Quando isso acontecer, o tomador de decisão mudará e o poder será realocado. A IA terá impactos diferentes sobre o valor do julgamento, dependendo de ser ou não implantada em uma situação em que, antes da IA, a previsão era baseada em decisões.

Todos os motoristas de táxi tinham que prever a rota mais rápida entre dois pontos em determinado momento. Na cidade de Londres, no Reino Unido, por exemplo, os motoristas precisavam de três anos de estudo para aprender "The Knowledge" (licença de taxista) e, no final, eram testados sobre nomes de ruas, locais de estabelecimentos e sua capacidade de identificar a rota mais rápida entre dois pontos a qualquer hora, em qualquer dia da semana. A previsão era, portanto, uma parte essencial do trabalho. Assim, quando uma máquina passou a fornecer essas previsões por meio de um aplicativo, nada mudou para os motoristas de táxi existentes, mas todos os outros motoristas agora tinham a oportunidade de aplicar seu próprio julgamento, contando com a previsão da IA, em vez de sua própria habilidade preditiva. A IA causou uma disrupção no setor de táxis não porque mudou o valor do julgamento dos taxistas, mas porque aumentou o valor do julgamento de outras pessoas, que agora podiam dirigir para a Uber e a Lyft. A previsão mudou quem poderia tomar uma decisão expandindo o conjunto de trabalhadores que poderiam conduzir outros.

No caso dos canos de chumbo de Flint, a previsão mudou o tomador de decisão dos políticos locais para o juiz, e as partes no caso legal que concordaram com a decisão alterada.

Mudar o tomador de decisão pode criar resistência e ceticismo. Os meteorologistas operacionais preveem o tempo.[5] Eles fazem uma previsão de temperaturas diárias, precipitação e clima perigoso, como furacões, tornados e tempestades de neve, e comunicam o clima, o que é particularmente importante para eventos climáticos extremos. Como observou Todd Lericos, ex-presidente da US National Weather Association: "O que estamos fazendo é uma avaliação de risco. Qual o risco para as pessoas e o que precisamos comunicar para que elas tomem medidas de mitigação?"[6]

A previsão é o primeiro passo, mas grandes previsões são irrelevantes se a comunicação não consegue mudar o comportamento. Considere o que aconteceu quando um tornado atingiu Joplin, em Missouri, no ano de 2011. Um alerta de tornado foi emitido 4 horas antes, e outro, com sirenes ligadas, ocorreu 17 minutos antes do tornado. Mas a maioria dos moradores de Joplin pesquisados não se refugiou.[7] Tragicamente, 158 pessoas morreram, e muitas outras ficaram feridas. A previsão é parte do processo para garantir que as pessoas tomem boas decisões quando o tempo fica perigoso.

À medida que as previsões melhoraram, a comunicação tornou-se mais desafiadora. Suponha que o risco de um tornado seja de 5%. Os meteorologistas precisam equilibrar os benefícios de curto prazo de alertar as pessoas sobre um risco real para suas vidas e propriedades com o custo de longo prazo de tudo o que envolve soar um alerta e nada de ruim acontecer em dezenove vezes em vinte. Isso mudou o papel diário do meteorologista operacional. Como disse Lericos:

> Tradicionalmente, o principal cliente do serviço meteorológico era o público. Agora o público está se tornando mais um cliente indireto. A maior parte do trabalho pesado de nossos serviços é com as autoridades locais, para tomar decisões críticas... Eles são influen-

ciadores. Você provavelmente já viu casos em que há uma grande tempestade de neve no inverno e o prefeito está lá antes da tempestade, dizendo "precisamos que as pessoas fiquem fora da estrada".[8]

Em outras palavras, o Serviço Nacional de Meteorologia dá suporte à decisão e agora passa "mais tempo explicando aos gerentes de emergência e funcionários de obras públicas a probabilidade de um evento climático e a gravidade de seus impactos", como observa o autor Andrew Blum. "Isso gera mais trabalho, que, no futuro, poderá muito bem ser o único."[9]

Isso acontece graças a previsões mais precisas. Quando elas estavam erradas, as escolas só fechavam quando a neve começava a cair, mas previsões melhores significam que as ações podem ocorrer com dias de antecedência:

> O que levanta um novo desafio: se a previsão do tempo é quase perfeita, o que fazer com ela? Como você aprende a tomar decisões enquanto a usa? No passado, a meteorologia era lenta para lidar com essa realidade. "Sempre foi uma reflexão tardia para nossa ciência, era o problema de outra pessoa", explicou Peter Neilley [meteorologista e vice-presidente sênior da Weather Company]. "Nossa ciência disse por muito tempo: 'Vamos nos concentrar apenas na precisão, e quando alcançarmos a utopia na precisão, a sociedade estará em boas mãos'. Mas percebemos que isso não é totalmente verdade." Seu trabalho se expandiu. Agora inclui "toda a cadeia de valor, desde a produção na previsão, começando nos modelos, até a decisão efetiva de um indivíduo", disse Neilley.[10]

Os meteorologistas dos escritórios locais têm melhorado esse cenário. Pense, por exemplo, em um aviso de nevasca. Onde moramos, em Toronto, uma previsão de 2,5 cm de neve durante a noite significa planejar alguns minutos extras para limpar o carro antes de sair, mas essa mesma previsão pode fechar Atlanta. Em Las Vegas, pode ser ainda mais complicado. A previsão pode ser relevante apenas no lado oeste da cidade, onde é mais provável que haja neve na parte mais alta. Fazer o julgamento certo é complicado e requer compreender como as pessoas vivem.

Lericos descreveu como pode funcionar uma solução de sistema de IA para o clima. Ele começou descrevendo a solução pontual: "Uma melhor previsão tornará a comunicação de impactos e riscos uma parte mais importante do trabalho do meteorologista", o que, então, leva a uma mudança em nível de sistema:

> Há outra fronteira para a IA na meteorologia. Veja uma previsão do tempo mais precisa como uma entrada, combinando essas informações com outros dados sociais e pessoais para prever melhor o perfil de risco de uma pessoa (ou empresa), e as ações necessárias para mitigar esse risco. Imagine um mundo onde Avisos Meteorológicos genéricos não são mais emitidos. Em vez disso, avisos personalizados são entregues automaticamente a indivíduos ou empresas. Adeus meteorologistas operacionais humanos? Parece que nosso julgamento humano seria mais bem aproveitado criando uma IA que tome certas decisões e as entregue a um cliente.[11]

Fazer isso exigiria compreender o comportamento individual para dizer o que a previsão significa para a pessoa. Lericos deu um exemplo: se você mora no lado leste de Las Vegas, não precisa mudar seu comportamento por causa de uma previsão de 2,5 cm de neve, a menos que a escola do seu filho esteja no lado oeste. Nesse caso, você pode antecipar que a escola fechará. Se não, precisa descobrir uma maneira de levá-lo para casa, o que depende do seu carro. Em Nevada, muitas pessoas têm carros esportivos com tração traseira. À medida que as previsões melhoram, o julgamento se torna mais diferenciado. Lericos enfatiza a necessidade de pessoas com o conhecimento certo, "sociólogos, especialistas em transporte e (sim) meteorologistas". Ele admite que "pode haver cenários em que os meteorologistas não participam... Depende de qual problema exato você está tentando resolver".[12] Se ter uma IA melhor significa que o meteorologista operacional não está mais no centro das decisões sobre o clima, podemos esperar que esses meteorologistas sejam cautelosos ao adotar a IA em escala.

Os exemplos de canos de chumbo de Flint, dos aplicativos de navegação e da previsão do tempo mostram que, se o valor do julgamento de um tomador de decisão for aprimorado pela IA, ele reterá o poder, ao passo que, se for desvalorizado, não o fará. *Em última análise, depende da eficiência da decisão.* Se ter uma máquina de previsão significa que as pessoas com informações, habilidades, incentivos e capacidade de coordenação mudarão, então o poder de julgar também mudará.[13]

(Des)centralização

A IA também afeta a concentração de poder. Ela pode permitir que o julgamento seja dimensionado, como consequência direta de a previsão de IA ser um software que pode ser comunicado e determinado em um amplo conjunto de decisões. Essa escala impulsiona eficiências potenciais de formular julgamento e codificá-lo em processos automatizados.

Para entender como isso pode ocorrer, considere alguns casos em que a previsão de IA já causa impacto: radiologia e fraude de cartão de crédito. Vimos o último no Capítulo 14. No primeiro, a previsão da IA ameaçou o trabalho dos radiologistas. Embora essa previsão possa ser superior à humana nesse contexto, para avaliar seu impacto, temos que determinar se a previsão de IA também mudará quem fornece o julgamento.

Lembre-se de que julgamento é o conhecimento do retorno de valor gerado por diferentes opções. Quando você toma decisões que dependem de previsões, é o peso que você atribui às consequências de tomar a decisão errada, porque muitas vezes as previsões são imperfeitas. Quando a previsão da IA surge, quem sabe o que fazer quando as previsões são imperfeitas?

Considere a decisão diagnóstica para um paciente com suspeita de tumor maligno. Para fazer o diagnóstico, um radiologista examina uma imagem do paciente. Nos Estados Unidos, o radiologista normalmente não tem contato com o paciente, então o único dado é a própria imagem.

Em alguns casos, o prognóstico será óbvio. Em outros, o radiologista formula uma probabilidade de que um tumor maligno esteja presente. Se ele decidir diagnosticar que o tumor não está presente quando está (ou seja, um falso negativo), o paciente não será tratado e poderá morrer. Isso leva as pessoas a diagnosticarem a condição apenas por via das dúvidas.

Mas a opção "por via das dúvidas" tem seus próprios custos. Diagnosticar um paciente com um câncer maligno que ele não tem implica um regime desconfortável de exames e tratamentos adicionais. O diagnóstico final pode ser um julgamento. Além disso, parte desse julgamento pode envolver a própria confiança do radiologista em sua capacidade. Se você se preocupa com a possibilidade de não ver alguma coisa, pode tender a falsos positivos, em vez de falsos negativos.

O julgamento do radiologista vem com treinamento e experiência. Cada radiologista aplica seu julgamento a cada decisão que surge.

Em outras situações, o julgamento não cabe a muitos indivíduos, sendo resultado de um processo mais centralizado — é o que acontece com a rede de cartões de crédito. Nesse caso, um algoritmo pode prever se uma transação é fraudulenta, mas o julgamento que orienta como tratar essa previsão precisa ser pensado antes, codificado e aplicado em escala. O julgamento é fornecido e central.

Os exemplos do radiologista e da rede de cartão de crédito ilustram duas amplas fontes de julgamento. Os indivíduos podem fazer julgamento localmente, para cada decisão, ou globalmente, para dimensionar várias decisões. O julgamento local é de maior valor quando o contexto da decisão para os fatores locais é importante ou é difícil codificar o julgamento para funcionar nas decisões. O julgamento global é de maior valor quando há ganho em ter processos de decisão consistentes em toda a organização e o contexto local é menos importante. A distinção do julgamento que pode ser adaptado aos contextos locais e do julgamento aplicado globalmente em escala é importante porque, quando a IA melhora as previsões, ela pode mudar a melhor fonte de julgamento.

Isso já é aparente no exemplo do cartão de crédito. Antes dos cartões, os instrumentos de pagamento dominantes eram dinheiro e cheques. O dinheiro era, claro, confiável e difícil de ser tratado de forma fraudulenta. Os cheques eram outra questão, e os comerciantes decidiam se aceitavam ou não os cheques de um cliente. Eles faziam sua própria previsão da probabilidade de o cheque ser honrado, mas também comparavam isso com seu próprio julgamento sobre as consequências de aceitar um cheque ou insistir em dinheiro.

Quando as redes de cartão de crédito cresceram, vieram com uma série de dados que lhes permitiram prever, mesmo antes da IA, se deveriam ou não honrar uma transação com cartão. Inicialmente, a gestão da fraude se concentrou na recuperação após o fato, mas com uma previsão melhor, foi possível escalar de forma mais confiável a decisão de aceitar ou rejeitar a transação sem, digamos, pedir aos comerciantes que achassem suspeitos. Assim, uma melhor previsão mudou a origem da fonte de julgamento: do contexto local para a escala global.

Os radiologistas ainda preveem e, portanto, aplicam julgamento nesse contexto. A fonte do julgamento continua sendo local. No entanto, à medida que a IA começa a melhorar, a questão é se os radiologistas continuarão sendo a melhor fonte de julgamento que leva ao diagnóstico.

Os radiologistas fazem mais do que previsões. Conforme observado no Capítulo 8, trinta tarefas diferentes compõem o fluxo de trabalho do radiologista, e apenas uma é fundamentalmente sobre previsões afetadas de modo direto por uma IA de reconhecimento de imagem.[14] As outras envolvem ações como a realização de exames físicos e julgamentos como o desenvolvimento de planos de tratamento.[15] Um radiologista passa anos em treinamento após a faculdade de medicina. Muitos passam esses anos aprendendo a interpretar imagens. Depois que a IA faz a previsão, a questão é quem está mais bem posicionado para realizar as outras tarefas que os radiologistas fazem agora. Provavelmente precisa ser um profissional médico que entenda o contexto local. Melhor previsão em imagens médicas pode significar que mais profissionais médicos podem usar o julgamento, mudando o poder de decisão dos radiologistas para uma gama mais ampla de profissionais.

A previsão pode aumentar ou diminuir a concentração de quem consegue julgar.

Julgamento e Controle

Vimos dois aspectos de julgamento e controle. A dissociação entre previsão e julgamento significa que, às vezes, pessoas diferentes implementam o julgamento, e outras vezes, são as mesmas pessoas. Por vezes, o controle sobre a tomada de decisões torna-se mais concentrado, e em outras menos (como resume a Figura 15-2).

Quando algumas pessoas têm o julgamento mais eficiente e a IA indica que elas devem ser diferentes das que atualmente tomam as decisões, há uma disrupção em potencial. Já vimos essa disrupção no setor de pagamentos, em que o julgamento dos gestores de redes centralizadas substituiu milhões de comerciantes. Ocorreu em Flint, quando o jeito antigo de fazer as coisas era insustentável diante dos dados.

Quando diferentes pessoas julgam, até as soluções pontuais da IA enfrentarão resistência, o que retarda sua difusão, prolongando os anos passados no tempo entre os tempos. Isso também reforça o potencial de disrupção e a necessidade de soluções de sistemas de IA. Se aqueles com poder no sistema atual não abrem mão de sua posição, então um novo sistema, talvez desenvolvido por um empreendedor de sistemas de IA, alocará julgamento para as pessoas mais bem posicionadas para fornecê-lo.

FIGURA 15-2
Julgamento e controle

		Controle sobre a tomada de decisão	
		Mais concentrado	Menos concentrado
Pessoas que implementam o julgamento	Igual	Atendimento ao cliente, contratação	Radiografias
	Diferente	Cartões de crédito, sistema de canos de Flint	Motoristas de Uber, meteorologia

Mesmo com os juízes certos, como veremos na Parte 6, é importante reconhecer que os sistemas envolvem decisões inter-relacionadas. Assim, mudar a maneira como uma decisão é implementada pode ter muitas outras consequências, inclusive para o design do sistema.

PONTOS PRINCIPAIS

- Quando a implementação de uma IA resulta na dissociação entre previsão e julgamento, pode haver uma oportunidade de aumentar a criação de valor, o que, por sua vez, pode exigir um novo design do sistema, para mover o *locus* de julgamento dos atuais tomadores de decisão para outros. Quando isso acontece, o poder é realocado. Aqueles que conferem o julgamento, em última análise, decidem e, portanto, têm poder. Um novo design do sistema que aproveita a IA pode reduzir o poder de certos indivíduos que queiram resistir à mudança.

- Quando projetamos um novo sistema, como alocar os direitos de decisão? Escolhemos a pessoa ou o grupo com maior probabilidade de tomar a decisão no melhor interesse da organização e com o menor custo. Isso é *eficiência de decisão*. Há quatro fatores principais a se considerar: (1) informação: quem tem acesso ou deve ter acesso às informações necessárias para tomar a decisão?; (2) habilidades: quem tem as habilidades e os conhecimentos necessários para tomar a decisão?; (3) incentivos: quem tem incentivos mais alinhados com os interesses da organização em relação a essa decisão específica?; e (4) coordenação:

se a decisão impacta várias partes da organização, então quem tem a autoridade, a informação e os incentivos necessários para tomar a decisão mais alinhada com os interesses gerais da organização, abrangendo toda ela? A resposta pode ser muito diferente quando o requisito é previsão mais julgamento *versus* apenas julgamento, porque a IA está entregando a previsão.

O novo design do sistema pode concentrar o poder se o julgamento for codificável e, portanto, escalável. Dois exemplos disso são as redes de cartão de crédito e os departamentos de radiologia. No caso das redes de cartão de crédito, o poder está concentrado em algumas administradoras de cartão, e não em muitos estabelecimentos comerciais, como acontecia no passado. No caso da radiologia, alguns especulam que a principal habilidade de reconhecimento de padrões e detecção de anomalias em imagens médicas serve à concentração de previsão em uma solução de IA. Nesse caso, se os radiologistas não são mais necessários por suas habilidades de previsão, eles são os mais adequados para fornecer julgamento? Caso contrário, enfermeiros, assistentes sociais ou outros profissionais de saúde treinados podem fornecê-lo.

PARTE SEIS

Prevendo Novos Sistemas

16

Projetando Sistemas Confiáveis

Décadas antes de ganhar o Prêmio Nobel de economia, Thomas Schelling postulou o seguinte experimento mental:

> Você encontrará alguém na cidade de Nova York. Você não foi instruído sobre o local do encontro; não teve um entendimento prévio com a pessoa sobre onde se encontrar; e vocês não podem se comunicar. São simplesmente informados de que terão que adivinhar onde se encontrar, que o outro está ouvindo a mesma coisa e que vocês terão que tentar fazer com que seus palpites coincidam.[1]

Quando apresentamos esse problema para os alunos hoje, eles nem conseguem entender como ele surgiria. Não é só enviar uma mensagem? Mas, antigamente, era um enigma mais familiar. O objetivo é ver o que você poderia fazer sem conseguir se comunicar.

Antes dos anos 2000, se você desafiasse alunos de Nova York com esse exercício, eles rapidamente definiriam um local: a Estação Central sob o grande relógio. Em Melbourne, eram os degraus em frente à Estação Ferroviária de Flinders. Em Toronto, pode ser na grande placa de Toronto em Nathan

Phillips Square. São pontos focais. A maioria das cidades e vilas tem um. Vocês dois sabem que estão tentando alcançar a mesma coisa e ambos sabem que a outra pessoa sabe disso, e assim por diante.

Em nossa experiência, as pessoas que tentaram eram estudantes de fora da cidade ou estrangeiros. Eles sabiam o que precisavam saber, mas simplesmente não tinham o conhecimento comum necessário. Eles podem ter achado mais fácil responder à pergunta seguinte de Schelling: "Você foi informado da data, mas não da hora da reunião... Vocês dois devem adivinhar o minuto exato do dia para o encontro. A que horas você aparecerá no ponto de encontro?" Qualquer um pode responder: ao meio-dia.[2] Esse horário é um ponto focal ainda mais forte do que o local.

A carreira de Thomas Schelling foi moldada pela guerra, especificamente a Guerra Fria. Sua pesquisa dizia respeito a como evitá-la e permitir que as pessoas se coordenassem em algo de interesse mútuo. As ferramentas que ele usou foram as da teoria dos jogos. Ao pensar em como coordenar as decisões de muitas pessoas diferentes, mesmo quando todas estão voltadas para uma causa comum, essas ferramentas podem esclarecer quando a coordenação será difícil ou simples.

O que nos interessa aqui é como a inserção de IA para ajudar com uma decisão em um sistema muda a natureza da coordenação de todas as decisões (feitas com IA ou não). E a resposta depende da *confiabilidade*.

O exercício do ponto focal de Schelling mostra como é útil confiar em outras pessoas que compartilham uma base de conhecimento semelhante. Dentro das organizações, isso pode ser importante, mas muitas vezes nossa confiança vem da expectativa de que as coisas feitas em outros lugares sejam claras. Quando outras pessoas estão seguindo regras, essa tarefa geralmente é fácil, e podemos unir as partes separadas da organização. Mas quando as regras mudam para as decisões, os desafios de construir um sistema que funcione ficam aparentes. Muitas vezes, não comunicamos o que estamos fazendo aos outros o tempo todo, porque há custos. Em vez disso, criamos expectativas sobre o que eles podem estar fazendo, então, ao fazer escolhas em nossos próprios domínios, alinhamos nossas ações com essas expectativas. Se essas expectativas não forem confiáveis, teremos problemas para alinhar todas as decisões.

Não precisa ser assim. Se você pode projetar o sistema para que as expectativas permaneçam confiáveis, poderá colher os benefícios de uma melhor previsão para permitir novas formas de servir os clientes.

O Chicote da IA

Imagine que você esteja administrando um restaurante. Os comensais entram e pedem refeições, e os cozinheiros, então, fazem as refeições. Parece bem simples, porque as expectativas estão alinhadas. A qualquer momento, os cozinheiros são limitados em quais refeições podem fazer. Essas restrições são impulsionadas por habilidade, número de pedidos e disponibilidade de ingredientes e equipamentos. Se você permitir que os clientes peçam qualquer prato, haverá problemas. O que você faz, portanto, é definir um menu. Você limita as escolhas para que possa realmente fazer o que os clientes pedem. Do ponto de vista da cozinha, o cardápio cria confiabilidade e evita surpresas inesperadas.

Toda semana, você precisa comprar ingredientes, que são baseados no menu. Se guacamole está no cardápio, você precisa de abacate. Você compra uma caixa toda semana. Às vezes, uma é demais, e você joga fora o excesso. Outras vezes, é muito pouco, e você perde vendas.

Então você adota uma IA para a previsão de demanda. Funciona. Em algumas semanas, você pede apenas meia caixa. Nas outras, precisa de uma caixa e meia. Você gasta menos e vende mais, e a lucratividade aumenta.

Seu fornecedor local estava acostumado a comprar duas caixas por semana para você. Agora ele enfrenta mais imprevisibilidade. Seus outros clientes também estão usando IAs para a previsão de demanda. A demanda começa a flutuar amplamente.

Assim, o fornecedor decide adotar uma IA para sua própria previsão de demanda. Ele costumava encomendar 25 caixas por semana, mas agora seu pedido varia de 5 a 50. O fornecedor, por sua vez, precisa adotar uma IA, e seus pedidos começam a oscilar. E assim por diante, até chegar aos produtores, que precisam tomar decisões sobre o tamanho da safra com um ano ou mais de antecedência.

Chamamos esse efeito — quando a implementação de uma IA melhora a qualidade de uma decisão, mas prejudica outras no sistema ao diminuir a confiabilidade de outras decisões — de chicote da IA. Como um chicote, uma pequena mudança em um lugar pode levar a uma grande ruptura em outro.

A IA pode ser usada para resolver a incerteza, contudo, a menos que isso possa se traduzir em decisões alinhadas até o fim da cadeia, o problema fundamental — que a demanda precisa estar alinhada com a oferta — não foi realmente resolvido. Como um chicote, sua própria solução tem reverberações ao longo da linha.

Isso cria certo paradoxo. O valor da IA vem da capacidade de tomar decisões melhores, combinando o que você faz com fatores que, de outra forma, seriam incertos. Mas, como consequência, suas decisões tornam-se menos confiáveis para os outros. Você está potencialmente passando a bola para a incerteza, o que significa que pode ser melhor não se ajustar à incerteza usando IA, mas ficar com um sistema mais confiável.

Existem duas maneiras de construir uma solução de sistema de IA para lidar com isso: aumentando a coordenação ou a modularidade.

O Valor da Coordenação

A IA do restaurante prevê a demanda. O gerente toma várias outras decisões; por exemplo, o que oferecer no menu. Se o chicote da IA significa que o produtor não pode fornecer abacates suficientes, o restaurante precisa mudar o menu, e só pode fazer isso se sabe que os abacates não estão chegando. Isso requer coordenação.

Essas sinergias significam que é importante considerar como alcançar a coordenação entre vários tomadores de decisão, gerenciando a variabilidade e o ajuste, em vez de um processo de transformação e mudança.

Considere a operação de uma equipe de oito remadores. Duas coisas determinam o desempenho de uma equipe em uma corrida. Primeiro, eles remam em uníssono. Segundo, eles ajustam a velocidade de remo à medida que a corrida avança para garantir que um ou mais remadores não gastem toda a sua energia antes da chegada. O timoneiro, que se senta na parte de trás do barco, é essencial para a segunda, mas não para a primeira função.

Isso pode parecer surpreendente, já que o timoneiro está gritando "rema, rema, rema", coordenando todos os remadores para manter o mesmo tempo. Mas isso não requer uma pessoa separada. Um dos remadores poderia ter esse papel, o que ocorre em corridas sem timoneiro. Mas, ao monitorar a estratégia na corrida e obter dicas sobre o status de remadores individuais, ou seja, coletar informações e agregá-las, o timoneiro é fundamental. Ele pode avaliar a necessidade de mudar o ritmo e ajustar a mensagem enviada aos remadores de acordo. Novamente, se uma única frequência de remada fosse usada para toda a corrida, essa função não seria necessária. O timoneiro está lá justamente porque a equipe quer responder às informações, mas precisa garantir que elas se adaptem de maneira coordenada.

Para tais problemas de sincronização, o projeto organizacional é baseado na necessidade de sinergias, então a modularidade não pode fazer o trabalho. O mesmo tipo de resposta coordenada à informação também é necessário para problemas que os economistas Paul Milgrom e John Roberts chamam de problemas de atribuição,[3] em que você precisa atribuir recursos a uma atividade, mas sabe que apenas certo número de recursos precisa ser usado; mais seria desperdiçado e menos seria insuficiente. Considere o problema do envio de ambulâncias. Se há uma emergência médica, uma ambulância é crítica, mas duas são um desperdício. Para garantir que apenas uma responda, você precisa de um controlador central, humano ou software, que receba as chamadas (ou seja, informações) sobre uma emergência e atribua uma ambulância para responder a ela. Se, digamos, todas as ambulâncias receberem uma mensagem de emergência e depois escolherem individualmente se responderão, você poderá acabar sem respostas ou com muitas delas. Nesse caso, ter uma maneira de coordenar é melhor, justamente porque as apostas são altas, e enviar uma ambulância em vez de outra para uma emergência é muito menos problemático do que não enviar uma ou enviar muitas.

Em vez de compartimentar as decisões e proteger outras partes da organização das decisões tomadas por uma parte em resposta à previsão de IA, você fornece recursos e esforço para um sistema de comunicação para garantir que os resultados ruins que surgem de uma solução pontual — a falta de sincronização ou atribuições de recursos insatisfatórias — não ocorram. Agora você é mais capaz de fazer com que decisões importantes respondam à previsão de IA, precisamente porque os possíveis custos negativos são reduzidos ao mínimo por meio de uma comunicação eficiente e um design de sistema. A combinação de previsão e coordenação é a solução do sistema. Cada decisão melhora porque responde às previsões sem comprometer a confiabilidade.

O Valor da Modularidade

A modularidade é uma forma de construir um muro em torno de uma decisão impulsionada pela previsão de IA, para evitar os custos associados à falta de alinhamento entre essa decisão e outras na organização. A modularidade reduz os custos da coordenação, mas pode ocorrer às custas de sinergias alcançadas se a previsão de IA que impulsionou uma decisão também permitir que outras decisões se movam de maneira semelhante. Quando a coordenação não é possível, a modularidade permite que algumas decisões se beneficiem da IA, protegendo outras da confiabilidade reduzida.

Herbert Simon, a única pessoa a ganhar o Prêmio Nobel de economia e o Prêmio Turing de ciência da computação, certa vez postulou uma parábola sobre organizações que lidam com situações mais complexas.[4] Na parábola, dois relojoeiros fabricam produtos de alta qualidade. Ambos estão em demanda e são constantemente bombardeados por consultas de novos clientes. Um prospera enquanto o outro fracassa. Por quê?

Os relógios são compostos por mil partes. Uma abordagem é montar cada relógio de uma só vez, o que leva a um relógio de maior qualidade. Mas, se o relojoeiro for interrompido durante o processo (digamos, por outro cliente), ele terá que começar a montar do zero. A outra abordagem é montar o relógio em elementos menores, cada um com, digamos, dez ou mais peças. Elas, então, precisam ser encaixadas, o que é um pouco mais demorado e talvez não gere um resultado final tão perfeito, mas tem a vantagem de que, se houver interrupções no processo, o que se perde é um pequeno elemento. No final, é um processo muito mais rápido e permite que o relojoeiro faça mais relógios. O segundo processo, denominado *modular*, é mais resiliente e escalável, especialmente para produtos mais complexos.[5]

Se fizer tudo de uma vez, você terá que coordenar todas as decisões, e algumas especificações incorretas podem levar a problemas. Por outro lado, se você conseguir organizar o que faz em módulos, as partes individuais podem ser independentes, sem levar em conta o que acontece nas outras. Isso não significa que o que fazem não importa para o resultado final — se um módulo não fizer seu trabalho, todo o produto poderá falhar. Mas significa que um problema maior se torna menor e mais administrável.

Outra vantagem vem da resiliência do sistema a mudanças no que acontece em um dos módulos: o módulo pode melhorar sem interromper o resto do sistema, ou seja, os módulos podem ser inovados.

A história está repleta de exemplos em que a modularidade facilitou a inovação; por exemplo, quando migramos de telefones analógicos para digitais, o dispositivo de discagem mudou, mas a rede em si não. Mas em outras ocasiões, a inovação foi limitada devido à falta de modularidade. Quando os aviões foram atualizados de hélices para motores a jato, os engenheiros pensaram que as estruturas dos aviões poderiam ser produzidas como sempre foram. No entanto, as vibrações dos novos motores eram tão diferentes que toda a estrutura do avião teve que ser redesenhada, o que retardou a transição.[6]

A modularidade é uma oportunidade para um restaurante adotar a IA sem o efeito chicote da IA, mas não algo que ele possa determinar por si mesmo. Se um restaurante deseja variar o menu, os fornecedores precisam ter um sistema modular próprio para lidar com essa variação de demanda. Em nosso exemplo, a oferta de abacates foi limitada pela demanda variável em todo o setor. Com restaurantes suficientes em muitas regiões, mesmo que a demanda de restaurantes individuais seja altamente variável, o agregado pode ser mais estável. A escala pode oferecer uma oportunidade de modularidade em toda a cadeia de suprimentos. Geralmente, com relação à adoção de IA, a modularidade pode ajudar a resolver as dificuldades que surgem porque as decisões estão inter-relacionadas.[7]

O Valor do Design

Adotar a IA para uma decisão será muito mais fácil se as decisões tomadas não precisarem se alinhar com as de outras partes do sistema. Isso é uma questão de grau. Claro, conceitualmente seria melhor se todo o sistema pudesse se mover como um só. A questão é se, caso isso não ocorra, será possível colher os benefícios da IA além de quaisquer custos sentidos em outro lugar.

Considere as operações da Amazon, que fornece milhões de produtos em todo o mundo. A Amazon adquire, armazena e envia produtos depois de capturar os pedidos dos clientes. Mas também ajuda o cliente a descobrir o que comprar em primeiro lugar, ou seja, fornece recomendações.

Conceitualmente, a Amazon enfrenta o problema de nosso restaurante. Ela quer dar aos clientes o que eles querem e quando eles querem, mas os produtos não aparecem por mágica. Uma cadeia de suprimentos se estende por milhares de quilômetros e meses. Assim, se ela recomenda um produto que não está disponível a um cliente, o que acontece?

É tentador pensar que a solução é simplesmente não recomendar a um cliente um produto indisponível. Mas há problemas nessa abordagem: como saber se havia um produto indisponível que o cliente realmente queria? Se você só recomenda o que tem, perde oportunidades de crescer e expandir.

É por isso que a Amazon recomenda produtos que estão esgotados ou podem demorar mais para chegar. As decisões são coordenadas porque a Amazon comunica o provável atraso. O cliente pode muito bem escolher o produto disponível, mas ocasionalmente não o fará. A Amazon, então, aprende quanto esforço precisa fazer para manter o estoque desses itens.

Alcançar esse equilíbrio requer um design cuidadoso. A Amazon tem uma organização modular que permite inserir uma melhor previsão de IA em recomendações que minimizam o impacto no restante da organização. Mas, levado ao extremo, isso seria ser um passo maior que a perna. Assim, as escolhas de estoque e pedidos que ela faz não podem ser totalmente independentes de como a IA de recomendação opera, justamente porque as escolhas e as reações do cliente dão origem a informações que o departamento de logística precisa comunicar e tomar como base para sua ação.

A adoção da IA geralmente envolve uma solução de sistema que encontra um equilíbrio ideal entre modularidade e coordenação. A modularidade isola as decisões da variabilidade que vem da IA, reduzindo a importância da confiabilidade. A coordenação, ao contrário, cria confiabilidade diretamente. Sistemas de IA bem-sucedidos permitem uma coordenação sempre que possível, e uma modularidade quando necessário.

Sistemas de Navegação

Fabricantes de veleiros e marinheiros aprimoram seu ofício há 5 mil anos. As inovações não pararam, mesmo que a navegação comercial não dependa mais do vento para a propulsão. O vencedor da regata da America's Cup leva o prêmio máximo da vela e o troféu mais antigo do esporte internacional. A corrida é sobre a tecnologia desenvolvida para o barco e as habilidades dos velejadores.

Milhões de dólares são investidos em projetos de barcos. Como a física do vento, da água e do navio é bem compreendida, os competidores usam simuladores para identificar os designs mais eficazes muito antes do início da construção. Os simuladores permitem que os marinheiros testem um barco sem construí-lo, e a equipe com o melhor simulador tem vantagem. A Nova Zelândia usou seu simulador para vencer o campeonato em 2017.

Enquanto a equipe planejava a corrida de 2021, ela se perguntou se poderia acelerar o processo de design. Em parceria com a consultora global McKinsey, a Nova Zelândia identificou o principal gargalo à inovação: marinheiros humanos. Quando os humanos navegam no simulador, leva tempo — não há como acelerar a rapidez com que os humanos respondem às condições e como o barco reage.

Usando tecnologia semelhante à IA que derrotou os melhores jogadores de Go do mundo, a equipe ensinou uma máquina de previsão a navegar. Assim, eles não precisavam lidar com a disponibilidade de marinheiros. O *bot* não precisava dormir nem comer, e podia executar centenas de simulações no tempo em que os marinheiros humanos executariam apenas algumas. Após oito semanas, a IA começou a vencer os marinheiros no simulador.

Foi quando as coisas começaram a ficar interessantes. Os marinheiros da IA começaram a ensinar novos truques aos marinheiros humanos. Anteriormente, a inovação no design de barcos ocorria na velocidade humana. Se houve um processo de aprendizado para descobrir a melhor maneira de usar um barco recém--projetado, esse processo ocorria ao longo de horas, dias ou semanas, conforme os marinheiros humanos tentavam coisas diferentes e aprendiam.

A IA, por outro lado, poderia experimentar diferentes variações do barco e tentar diferentes táticas de corrida. Ela acelerou o ciclo de iteração do projeto e permitiu o desenvolvimento de novas manobras específicas para o novo design. Então, uma vez que descobriu uma solução superior, os marinheiros humanos puderam copiá-la e aprender novos truques para navegar nos barcos simulados. Como disse um membro da equipe: "Acelerar o processo de aprendizado é extremamente valioso, em termos de permitir que a equipe de design explore o máximo possível do espaço de design e os marinheiros maximizem o desempenho para determinado design."[8] O time da Nova Zelândia conquistou o troféu, vencendo sete corridas.

Neste exemplo de solução de sistema de IA, a IA levou a mudanças em mais de uma decisão. Especificamente, a preparação para a corrida envolve dois tipos de decisões: sobre o design do barco e sobre as manobras de navegação. Simuladores há muito são usados para os designs de barcos, e os humanos sempre fizeram manobras de navegação. O marinheiro da IA não pilotou o barco na corrida — pessoas reais ainda pilotam barcos reais. Mas a IA acelerou o processo de inovação, permitindo uma melhor coordenação entre o design e as manobras de navegação. O sistema completo do barco simulado e do marinheiro com IA permitiu melhorias para ambos.

Sistema Gêmeos

O simulador de navegação é um exemplo de "gêmeo digital", ou uma representação virtual de um objeto ou um sistema físico.[9] Os gêmeos digitais fornecem informações como um substituto para os recursos físicos. Com os sensores certos instalados, eles permitem monitoramento em tempo real e manutenção preditiva. Essas representações virtuais podem fazer muito mais: elas fornecem estrutura para uma simulação a nível do sistema. A Accenture chama isso de "playground sem riscos para a inovação".[10] Como disse Michael Grieves, diretor executivo do Digital Twin Institute, "os sistemas não surgem totalmente formados. Eles progridem por meio de um ciclo de vida de criação, produção, operação e descarte. Nos sistemas 'somente físicos', era uma progressão linear. O Digital Twin permite um desenvolvimento mais iterativo e simultâneo".[11]

Quando combinamos isso com IA, há a oportunidade de projetar uma nova maneira de fazer as coisas. Como a equipe da Nova Zelândia descobriu na preparação para a competição de 2021, os sistemas simulados permitem que as equipes descubram a melhor maneira de coordenar as decisões, como designs de barcos e manobras de navegação. Dessa forma, eles conseguiram reduzir a tentativa e o erro.[12] Quando um gerente desenvolve uma ideia de como mudar um sistema, é possível simular o impacto dessa ideia sem o custo da construção de máquinas ou o risco de paralisação operacional.

As simulações também podem se concentrar na implementação de IA. Se uma máquina de previsão for adicionada a uma parte do sistema, a simulação pode ajudar a identificar quais outras decisões precisam ser coordenadas ou como um sistema pode ficar mais modular.

Os sistemas são complexos porque são combinações de decisões que interagem entre si. Imagine um sistema com apenas uma decisão binária: soltar a vela (S) ou esticar a vela (E). Existem apenas duas opções [S, E]. Agora imagine que uma segunda decisão afeta a primeira: ficar reto (R) ou inclinar-se para a direita (D). Existem agora quatro opções (SR, SD, ER, ED).

Agora imagine que existe uma terceira decisão sobre adicionar outra vela (A) ou não (N), que depende das duas primeiras decisões. Agora são oito opções (SRA, SRN, SDA, SDN, ERA, ERN, EDA, EDN).

No primeiro caso, temos 2^1 = 2 opções; no segundo, 2^2 = 4 opções; e no terceiro, 2^3 = 8 opções. No momento em que temos 10 decisões interativas, temos 1.024 opções, e 20 decisões interativas geram 1.048.576 opções. As corridas de vela podem envolver centenas de decisões que precisam de coordenação, e não demorará muito para ter mais opções do que átomos no universo observável.

O ponto aqui é que os sistemas com decisões interdependentes podem ficar muito complexos rapidamente. Esse insight importante estabelece a base de por que a simulação é tão poderosa para o design do sistema. Ele aproveita o mesmo insight visto no Capítulo 3 sobre por que a IA é tão bem-sucedida em jogos: é relativamente fácil simular novos dados. Embora seja muito caro — e, em alguns casos, fisicamente impossível — experimentar todas as opções para encontrar a melhor, podemos usar ativos digitais, incluindo gêmeos digitais de ambientes físicos, para simular diferentes opções e usar a IA para prever o resultado de cada uma. Assim, podemos explorar muito mais opções do que poderíamos no mundo físico e aumentar nossas chances de encontrar uma combinação melhor do que aquela que provavelmente escolheríamos na ausência da simulação.

Virtual Singapore é uma simulação de terreno, corpos d'água, vegetação, infraestrutura de transporte e edifícios e até materiais de construção na cidade-Estado. Esse gêmeo digital é uma ferramenta que permite aos gerentes simular uma solução de sistema de IA e evitar várias falhas dispendiosas, e custou dezenas de milhões de dólares para ser desenvolvido. Esse modelo permite que os planejadores avaliem o impacto de novos parques ou edifícios no tráfego e na multidão e explorem a cobertura da rede celular. Também pode ser usado para avaliar como a adição de uma máquina de previsão afetará a vida dos residentes de Cingapura. Por exemplo, a IA pode permitir uma melhor otimização do transporte público. O modelo pode avaliar se essa otimização requer mudanças adicionais no gerenciamento do tráfego — em outras palavras, se os sistemas de transporte público e privado poderiam ser tratados como modulares ou se precisam ser coordenados[13] — e, então, desenvolver um sistema de transporte habilitado por IA melhor, adotando a modularidade ou garantindo a coordenação conforme o necessário.

A Doosan Heavy Industries & Construction, da Coreia do Sul, e a Microsoft desenvolveram um gêmeo digital de um parque eólico que exemplifica os vários benefícios dos sistemas simulados.[14] A simulação combinou modelos baseados em física e aprendizado de máquina para prever a produção de cada turbina no parque. A comparação da produção prevista e real das turbinas permitiu que os operadores ajustassem os controles e otimizassem a produção. Além disso, o gêmeo permitiu a inovação no projeto e o desenvolvimento de todo o parque eólico, melhorando sua confiabilidade. Finalmente, permitiu a coordenação das decisões. As previsões precisas de produção de energia permitiram que a Doosan aumentasse seus compromissos de produção para os operadores da rede de energia, evitando multas por não cumpri-los, e reduziu o risco de construir a solução do sistema e ficar com uma solução pontual menos valiosa, porém mais simples. Por exemplo, uma melhor previsão permitiu decisões sobre quais turbinas operariam e quais precisavam de manutenção, o que, por sua vez, permitiu decisões sobre o compromisso com a rede de energia.

Sistemas para IA

A simulação não é a única maneira de construir um sistema orientado por IA, mas demonstra a oportunidade. Ao encontrar o caminho certo para os tomadores de decisão coordenarem, a equipe da Nova Zelândia encontrou o caminho para a vitória. A IA pode ser adotada quando um sistema é modular, mas seu impacto pode ser muito maior se a coordenação for possível. O desafio é descobrir que tipo de coordenação é necessário.

PONTOS PRINCIPAIS

- As decisões não operam no vácuo. Muitas vezes, várias outras decisões ou ações são influenciadas pelo resultado de uma única decisão. É por isso que às vezes usamos decisões predeterminadas (regras), em vez de decisões em tempo real, porque as regras aumentam a confiabilidade; portanto, aceitamos decisões localizadas piores em troca de maior confiabilidade em benefício do sistema geral. A confiabilidade é uma característica-chave dos sistemas com decisões interdependentes.

- Existem duas abordagens principais de design de sistema para lidar com a confiabilidade reduzida resultante da introdução da tomada de decisão baseada em IA: (1) coordenação e (2) modularidade. A coordenação envolve especificar o objetivo geral, então, projetar fluxos de informações, incentivos e direitos de decisão para que cada tomador de decisão no sistema tenha as informações e os incentivos para otimizar o objetivo geral. A modularidade envolve a construção de um muro em torno de uma decisão aprimorada por IA para evitar os custos associados à falta de alinhamento entre essa decisão e outras na organização. A modularidade reduz os custos de coordenação, mas prejudica as sinergias.

- Sistemas são combinações de decisões que interagem entre si. Considere um conjunto de decisões binárias relacionadas. Três decisões levam a oito combinações diferentes. Dez decisões interativas geram 1.024 combinações, e 20 decisões interativas geram 1.048.576 combinações. Sistemas com decisões interdependentes podem ficar muito complexos rapidamente. É por isso que a simulação é tão poderosa para o design do sistema. Podemos usar gêmeos digitais para simular diferentes combinações e usar a IA para prever o resultado de cada combinação.

17

Uma Lousa em Branco

Imagine uma ida ao médico para fazer exames. No final, ele diz: "Há uma chance significativa de você ficar muito doente em três anos. Obrigado por ter vindo." Então ele sai e começa a atender o próximo paciente. Você ficaria pasmo. Por que ele não disse o que o deixaria doente? Por que não explicou o que você poderia fazer para reduzir as chances de ficar doente?

Embora essa história pareça improvável, ela acontece no setor de seguros todos os dias. As seguradoras cobram de algumas pessoas prêmios de seguro mais altos do que de outras. Por quê? Elas preveem que certos clientes são mais propensos do que outros a sofrer uma perda. Como as seguradoras sabem quem corre mais risco? Elas investem muito na coleta e na análise de dados para prever a probabilidade de o cliente sofrer uma perda e registrar uma reclamação.

Não é de surpreender que as seguradoras estejam na fronteira do *data science*. Elas têm que estar. É o trabalho delas fazer previsões. O surpreendente, no entanto, é que elas não compartilham suas percepções sobre riscos com os clientes. Essas informações valiosas podem ajudar os clientes a reduzirem os riscos, em vez de apenas se proteger contra eles.

Por exemplo, as seguradoras residenciais estão aplicando IA para gerar previsões de maior fidelidade. Muitas agora são capazes de prever o risco a nível do perigo ou do perigo secundário (por exemplo, risco de incêndio elétrico devido a fiação ruim, risco de inundação devido a um cano com vazamento). Portanto, se uma seguradora residencial prevê que certo proprietário tem um risco especialmente alto de incêndio elétrico ou inundação, em vez de apenas cobrar um prêmio alto devido à alta probabilidade de registrar uma reclamação, a empresa poderia compartilhar essas informações para que seus clientes possam agir caso queiram reduzir o risco. Esses clientes poderiam, por exemplo, investir em dispositivos de baixo custo para a detecção precoce de risco elevado de incêndio ou inundação. A seguradora pode até decidir subsidiar essas ferramentas de mitigação de risco, porque a redução nas perdas esperadas pode superar o custo dos dispositivos.

Por incrível que pareça, poucas seguradoras seguiram esse caminho com uma escala significativa. Pelo contrário, a maioria concentra seus esforços na criação e na implantação de IAs que aprimoram suas previsões de subscrição tradicionais. Elas estão construindo soluções pontuais. Por que a maioria das seguradoras não buscou oportunidades para atender melhor seus clientes, mudando de um modelo de negócios baseado no agrupamento de riscos entre clientes e na transferência de riscos de clientes para as operadoras para também *mitigar* os riscos para seus clientes? Os agentes podem não gostar porque reduzir o risco significa prêmios mais baixos, o que pode se traduzir em menor renda. No geral, porém, isso parece criar um valor significativo para os clientes.

Em muitos casos, parece que as seguradoras não aproveitaram totalmente essa oportunidade porque ela está fora de seu modelo de negócios normal. Além dos incentivos aos agentes, existem tantas regras de negócios, regulamentos governamentais e métodos de fazer as coisas nesse setor que o que pode parecer óbvio do ponto de vista de quem está de fora é difícil de ser visto da perspectiva de quem está dentro. É por isso que sugerimos a abordagem da lousa em branco. Para facilitar, apresentamos o *Sistema Canva da IA*.

Pensando Como um Economista

Uma de nossas habilidades como economistas é pegar algo interessante e indecifrável e desconstruí-lo em algo chato e compreensível. Embora isso não nos torne ótimos convidados para festas, às vezes nos permite ver coisas que as outras pessoas não percebem. Projetamos uma estrutura para ajudá-lo a fazer isso também. O Sistema Canva da IA é útil se você deseja desenvolver uma mentalidade sistêmica para avaliar o valor da IA.

Neste capítulo, fornecemos uma ferramenta que você pode usar para construir em uma lousa em branco. A ideia é identificar as decisões mínimas importantes que precisaria tomar em seu setor para cumprir sua missão, se tivesse máquinas de previsão de alta precisão. A previsão da IA, devido à sua natureza, entrará em qualquer organização em nível de uma decisão. Mas saber como uma decisão ou um tipo de decisão afeta os outros é o primeiro passo importante no desenvolvimento de uma visão de como a IA pode ter impactos em todo o sistema.

Há duas razões pelas quais esse exercício é valioso quando você está tentando avaliar como a adoção da previsão de IA pode levar à disrupção e como considerar se você precisa de inovação em nível de sistema. A primeira é que provavelmente haverá muitas regras em uma organização e a possibilidade de que algumas funções tenham sido criadas para ocultar a incerteza associada a essas regras. A lousa em branco exige que você volte aos princípios e considere as decisões que envolvem o cumprimento da missão de sua organização. No processo, algumas dessas decisões podem já existir como regras, e outras podem ser oportunidades para adotar previsões que transformarão essas regras em decisões (mas adiaremos o uso da lousa em branco para esse propósito até o próximo capítulo).

A outra razão pela qual esse exercício tem valor é que você pode usá-lo para avaliar o impacto que soluções específicas de IA podem ter nos sistemas. Uma lousa em branco oferece uma perspectiva mais ampla sobre as possíveis interações da decisão fundamentada pelas previsões de IA com outras decisões ou regras de sua organização. Neste capítulo, demonstraremos a utilidade de começar com uma lousa em branco para avaliar as implicações do sistema de determinadas soluções de IA.

No setor de seguros, por exemplo, alguns empresários desenvolveram aplicativos nos quais o usuário tira uma foto do carro ou da casa após um dano, e a empresa automaticamente usa essas fotos para calcular um sinistro e emitir o pagamento pelos reparos. O consumidor não precisa esperar por um avaliador nem dirigir para fazer cotações, basta abrir o aplicativo, tirar algumas fotos e pronto. Outro conjunto de aplicativos vem em dispositivos que monitoram sua direção ou sua casa. Esses aplicativos podem determinar rapidamente se você está fazendo algo arriscado — não apenas para dizer "pare", mas para avisá-lo de que, se o comportamento persistir, seu prêmio poderá ser diferente no próximo mês ou ano.

É fácil ver por que os empresários podem visar as seguradoras com essas soluções de aplicativos. Mas a pergunta é: elas serão úteis? Para isso, você precisa entender um setor, como o de seguros de automóveis ou residências, em sua essência. Isso significa descobrir quais decisões o setor precisa tomar e se essa solução de IA específica está fundamentando uma das decisões. Então é possível elaborar um plano de ataque. Já existe alguém encarregado dessa decisão? Ou não há um único tomador de decisão óbvio? As regras já estão em vigor? Se você quiser mudar a regra para uma decisão, o que mais isso provavelmente afetará? Para chegar a essas questões críticas, você precisa de um ponto de partida. Isso é o que fornecemos aqui.

O Sistema Canva da IA

Com o tempo, percebemos que as pessoas que implementam mudanças reais gostam de expor suas abordagens em uma tela em branco, uma lousa. Podemos pensar em uma tela como um gráfico em que você pode começar de qualquer lugar, desde que, ao final do processo, tenha pensado em todo o gráfico. Não é um manual passo a passo para implementação, mas uma maneira de organizar seu pensamento.

A Figura 17-1 mostra um gráfico que permite mapear as decisões críticas em um setor. Uma tarefa fundamental é identificar a missão do negócio. Não precisa ser uma declaração exata, mas um lembrete amplo de seus objetivos.

A ideia é identificar as decisões necessárias para atingir essa missão. Obviamente, pode haver muitas decisões (conceitualmente, na casa dos milhões). Identificar todas não é o propósito aqui. O objetivo é declarar as amplas classes de decisões necessárias. Se você tivesse máquinas de previsão muito poderosas para aprimorar sua tomada de decisão, qual seria o menor número de decisões necessárias para cumprir sua missão? Identifique apenas as decisões mais importantes ou essenciais.

Depois de identificar as decisões, é hora de detalhar. Quais informações você precisa coletar para tomar uma decisão? Não é simplesmente a informação que você tem ou poderia obter facilmente, mas a que você imagina ser importante. A maioria das decisões é tomada sob incerteza. No entanto, com uma previsão, você potencialmente tem as informações necessárias para tomar uma decisão melhor. As previsões são o que a IA pode potencialmente fornecer, portanto, este exercício vincula as previsões às principais decisões da sua organização.

FIGURA 17-1

O Sistema Canva da IA

Quais são as menores decisões às quais você pode reduzir o seu negócio?

1. Missão			
2. Decisão			
3. Predição			
4. Julgamento			

Mas nenhuma previsão é perfeita. Se você tiver uma previsão perfeita, a tomada de decisão será fácil e potencialmente automática. Por outro lado, enquanto a lousa for um objetivo, ela é possível. Assim, para cada decisão, você precisa articular as principais compensações envolvidas. De fato, defendemos o uso de um "quadro de erro". Se minha previsão estiver errada ou for inexistente, quais erros podemos cometer? Isso lhe dá uma noção do risco da decisão. Na escolha do guarda-chuva no Capítulo 4, se a previsão do tempo está errada, você carrega um guarda-chuva desnecessariamente ou se molha. Seu julgamento é como você classifica esses erros. Para cada decisão na tela, você deseja identificar as consequências dos erros e, potencialmente, como os classificaria — digamos, com um cálculo explícito dos custos ou algo mais subjetivo.

Em seguida, você pode pegar qualquer previsão potencial orientada por IA e associá-la a uma decisão para avaliar (a) se sua organização está explicitamente tomando essas decisões; (b) quem atualmente detém a decisão; e (c) se você usou a IA para tomar essa decisão, que disrupção isso pode causar no resto da organização atual? (Consideramos essas últimas etapas no Capítulo 18 e no Epílogo.) Por enquanto, você quer o ponto de partida (a lousa em branco) e o sistema subjacente ao seu setor.

O Setor de Seguros

De muitas maneiras, não há um setor mais estável do que o de seguros. Começando séculos atrás, ele evoluiu como parte da cultura da vida moderna. Produtos de seguro do consumidor são simples: as pessoas pagam cotas anuais e, em troca, recebem pagamentos se tiverem acidentes de carro, danos à casa ou roubo, ou se morrerem. A revolução da tecnologia da informação trouxe alguns avanços nesse sentido. Tornou-se mais fácil calcular as tabelas atuariais, que poderiam ser modificadas para fornecer um conjunto mais amplo de produtos de seguros. Mas, no final, a principal variação nesses produtos veio de coisas aparentemente fora do controle do cliente, como a idade ou o local onde moravam.

O que é necessário para fornecer produtos de seguros? Consideremos o seguro residencial. A missão de uma empresa nesse setor pode ser declarada da seguinte forma: "Proporcionar tranquilidade aos proprietários de residências contra perdas catastróficas do que é, para muitos, o bem mais valioso que possuem." Você colocaria isso na caixa superior da lousa (veja a Figura 17-2).

Na figura, identificamos três classes de decisões: marketing, subscrição e sinistros. Geralmente, essas são as divisões das seguradoras, o que torna esse setor relativamente simples de analisar.

O marketing é responsável pela aquisição de clientes: encontrar as pessoas que poderiam usar seguros e vender produtos para elas. As decisões dos profissionais de marketing giram em torno de onde colocar recursos para atingir clientes. A subscrição cria produtos de seguro e avalia os perfis de risco do cliente para determinar os prêmios e também se um cliente adquirido se torna um cliente segurado. Em outras palavras, os seguradores são responsáveis por precificar os produtos de seguro, o que significa que eles entendem os custos de segurar determinados clientes ou grupos de clientes com certas características. Por fim, o departamento de reclamações determina se deve ou não pagar uma reclamação. Na verdade, ele lida com o que, em outros negócios, seria chamado de experiência do cliente — o quanto é agradável entregar benefícios aos clientes —, mas talvez isso também seja feito com o objetivo de não fornecer os benefícios, se possível.

A Figura 17-2 também descreve as previsões críticas para que essas decisões sejam habilitadas, bem como o julgamento em termos das consequências da previsão — ou amplamente — e dos erros de decisão. O negócio de assegurar algo como uma casa tem um caminho muito simples para a lucratividade. Você deseja vender apólices em que as perdas esperadas dos pagamentos sejam menores do que os prêmios que você recebe. Os clientes se preocupam com os prêmios, mas também com o serviço em termos de como é fácil assinar apólices e fazer sinistros. Nesse negócio competitivo, uma seguradora estabelecida não pode fazer muito para melhorar os níveis dos prêmios, mas se puder reduzir as perdas esperadas, terá mais lucros.

FIGURA 17-2

O Sistema Canva da IA: Seguro residencial

Quais são as menores decisões às quais você pode reduzir o seu negócio?

1. Missão	Proporcionar aos proprietários tranquilidade contra a perda catastrófica do que é, para muitos, o bem mais valioso que possuem		
2. Decisão	Marketing: Decida quem será o alvo do marketing	Subscrição: Decida o preço (prêmio do seguro)	Reivindicações: Decida se é para pagar uma reinvidicação
3. Predição	Preveja a disposição a pagar para cada potencial cliente	Preveja a probabilidade de o proprietário entrar com reclamação em uma faixa de valores	Preveja a probabilidade de a reclamação apresentada ser válida e se deveria ser paga
4. Julgamento	Defina o custo de visar alguém que não compra versus não visar quem teria comprado	Defina estratégia (crescimento versus lucratividade): determine o custo de preços muito baixos (perdas) versus muito altos (perda de clientes)	Defina o custo de não pagar uma reivindicação legítima (cliente frustrado, reputação) versus pagar uma ilegítima (despesa)

Como uma seguradora faz isso? Ela quer encontrar clientes que tenham uma perda esperada mais baixa e vender apólices para eles, certificando-se de que só vende apólices para clientes com alta perda esperada com prêmios mais altos. Mas, na ausência de boas informações sobre quem tem uma perda esperada menor ou maior, muitos clientes recebem um prêmio semelhante. Os clientes com menor perda esperada pagam muito, e os com maior perda esperada, muito pouco. Além disso, sem as informações corretas, a concorrência não consegue resolver esse problema. Assim, a empresa deseja prever quais clientes têm menor probabilidade de registrar uma reclamação e direcioná-

-los ao marketing. Essas previsões estão associadas às decisões de marketing e à subscrição. A empresa também quer garantir o pagamento dos sinistros quando apropriado, e não de outra forma, ou seja, quer evitar fraudes. Cometer erros de sinistros acaba impactando a capacidade de competitividade da empresa porque eleva seus custos. Assim, ela pode julgar como os erros impactam o negócio de seguros (os exemplos estão listados na Figura 17-2.)

Ao esquematizar essas decisões, também podemos ver como elas estão ligadas. Como já observamos, a previsão de IA representa uma oportunidade para os seguros, principalmente para às seguradoras, que têm a função de prever o perfil de risco de um cliente, uma aplicação quase perfeita para a IA. Ao mesmo tempo, ao agilizar isso, o trabalho dos profissionais de marketing fica mais fácil, pois os vendedores podem responder rapidamente aos clientes em potencial. Questões regulatórias em diferentes jurisdições restringem a forma como as empresas usam a IA para criar perfis de risco, mas a subscrição e o marketing estão alinhados em seu valor. A IA também pode avaliar mais facilmente a validade das reivindicações, que retorna ao marketing e à subscrição. Mas, na verdade, o departamento de reclamações apenas faz um trabalho melhor em sua própria área de atuação.

Podemos ver como os aplicativos de IA mencionados anteriormente podem se encaixar nesse sistema. O aplicativo que permitiu a avaliação de sinistros com o clique de uma câmera foi desenvolvido para automatizar as decisões de sinistros. É apenas outra maneira de tomar a decisão, encaixando-se perfeitamente nesse departamento. Ter melhores experiências do cliente com reclamações torna o trabalho de marketing mais fácil, e os profissionais de marketing podem optar por alocar seus recursos para clientes que mais valorizam essa melhor experiência. Claro, isso pode causar problemas mais complexos para a subscrição. Os clientes que acharem mais fácil fazer reclamações apresentarão mais reclamações? O marketing terá como alvo clientes com maior probabilidade de fazer reivindicações? Os custos do departamento de sinistros aumentarão (com mais sinistros) ou cairão (com menores custos de avaliações)? Assim, enquanto o aplicativo se enquadra perfeitamente nas decisões de sinistros, sua adoção pode impactar outras decisões. O interessante é que isso não muda fundamentalmente o que essas decisões estão fazendo, o julgamento envolvido ou as previsões necessárias. É provável que tais aplicações possam ser adotadas (ou não) sem mudanças em todo o sistema.

E o aplicativo que permitiu o monitoramento e o feedback para os clientes sobre seus perfis de risco e comportamento? No cerne do sistema atual do setor de segurados está a avaliação desse risco, geralmente na fase de aquisição do cliente, embora em alguns casos ele seja reavaliado na renovação do contrato. Se os clientes fazem seguro para uma casa, podem reduzir seus prêmios verificando se têm um sistema de alarme que chama ajuda externa imediatamente ou um sistema de monitoramento de água que desliga automaticamente a água se detecta um cano estourado. Mas é mais provável que os riscos de eventos adversos sejam determinados pelo comportamento do que pelas características da casa. Por exemplo, a Associação Nacional de Prevenção de Incêndios relata que cozinhar causou 49% dos incêndios domésticos nos Estados Unidos.[1] Aprofunde-se nos relatórios e você descobrirá que não se trata de qualquer cozimento, mas de cozinhar com óleos e, em particular, fritar. Isso faz sentido, e não é nenhuma novidade. A questão é por que alguém que raramente cozinha em casa paga o mesmo prêmio que uma grande família que faz fritura todos os dias.

A resposta é bem simples: além de tal evento destruir totalmente uma cozinha, uma seguradora não pode monitorar se alguém está cozinhando, muito menos se está cozinhando com óleo. O melhor que a empresa pode fazer é alterar o pagamento do seguro com base nesses fatos, mas assim não estaria protegendo as pessoas contra o azar de cozinhar, e sim definindo seu perfil de risco geral.

Mas as tecnologias de IA podem cobrir essas lacunas e monitorar o risco contínuo de maneira econômica. Alguns são mecanismos de intervenção automática, como uma IA monitorando água (por exemplo, Phyn) ou risco elétrico (por exemplo, Ting), que funcionam como detectores de fumaça. As seguradoras já incentivam seu uso. Para o seguro de automóveis, existem dispositivos de monitoramento do motorista que não apenas consideram o quanto alguém dirige, mas também a qualidade da direção. Instale-os e seus prêmios podem ser reduzidos de acordo.

Mas cozinhar, aquecer, fumar ou usar velas têm qualidades comportamentais mais desafiadoras. No entanto, todos esses comportamentos puderam ser monitorados, e as métricas relevantes para avaliação de risco enviadas às seguradoras de forma contínua, com os valores ajustados em tempo real. Obviamente, esse tipo de monitoramento introduz questões de privacidade, além de outras. Mas, assim como as seguradoras de automóveis conseguiram que os clientes concordassem voluntariamente em ter a direção monitorada, elas poderiam fazer o mesmo com o seguro residencial. Se pessoas com uma redução de 25% nos preços acreditam que vale a pena ajustar seu comportamento e reduzir o risco de incêndio em 25%, então o monitoramento é um bom negócio para todos os envolvidos.[2]

No entanto, todos esses produtos de seguro responsivos ao comportamento não foram fornecidos antes porque esse monitoramento não estava disponível. Muitos não envolveriam necessariamente consumidores, mas seguros para empresas cujos riscos são bem difíceis de avaliar.

A criação desses novos produtos requer coordenação entre as divisões atuais. As linhas entre marketing e subscrição, em particular, ficam tênues. Se o marketing visse um novo produto para aproveitar de alguma maneira a nova tecnologia de previsão de IA, seria necessário subscrever para ajustar seus próprios procedimentos para adotá-lo. Além disso, qual divisão seria responsável pelo monitoramento e pelo ajuste dos prêmios? Seria a subscrição, com expertise em fixação de valores, ou os sinistros, com experiência em apuração? À medida que as linhas de divisão se tornam indistintas, há pressões para realocar a autoridade de decisão e mudar quem é responsável pelo processamento de informações nas seguradoras.

Talvez a razão pela qual as seguradoras não tenham enfrentado o problema de reduzir o risco de frente, usando a tecnologia para criar novos produtos, seja precisamente porque isso seria difícil ou impossível de fazer com os sistemas existentes que consideram o nível de risco como um fato da vida. Além disso, reduzir o risco significa reduzir os prêmios, que podem enfrentar resistência dos agentes e de todos os outros no sistema cuja remuneração está vinculada aos prêmios. Mas se uma seguradora colocasse a mitigação de risco, não a transferência de risco, em seu núcleo, ela criaria um sistema de incentivo que alinharia o interesse de todos para se concentrar na mitigação de risco. Embora os prêmios médios sejam mais baixos devido ao risco reduzido, a empresa também pode ter lucros mais altos e mais apólices. Com previsões aprimoradas, as seguradoras saberiam muito mais sobre as fontes específicas de risco associadas a uma casa do que os próprios proprietários. Como consequência, seria muito benéfico para a sociedade (e um bom negócio!) mudar a ênfase da proposta de valor da transferência de riscos para a gestão de riscos. Para tanto, as seguradoras precisam de um novo sistema que exija não apenas novas tecnologias, mas também mudanças organizacionais.

O Impacto da Personalização

Uma das promessas da previsão de IA é a capacidade de oferecer produtos mais personalizados que reflitam o contexto do cliente com mais precisão. Já vimos isso com publicidade personalizada e educação empreendedora. Ao combinar informações sobre produtos com previsões de necessidades e gostos do cliente, uma empresa pode fornecer um bem ou um serviço mais personalizado. Como resultado, ela cria valor, porque os clientes recebem algo que corresponde às suas preferências.

A customização muitas vezes requer aumento na automação dos processos. Se você passar de algumas centenas ou milhares de produtos distintos para milhões e combiná-los com menos consumidores, os humanos terão dificuldade para gerenciar o processo. Assim, pretende-se criar um sistema que consiga automatizar tanto a previsão como a entrega dos produtos aos clientes. Projetar esse processo de automação é um desafio e necessariamente impacta as pessoas que já trabalham nas organizações estabelecidas, além de criar conflitos sobre a alocação de poder, o que pode sufocar o design de um novo sistema.

Podemos analisar o impacto potencial da personalização no seguro usando o Sistema Canva da IA. As seguradoras há muito tentam adquirir informações para ajudar a subscrever as apólices e definir os valores apropriados. A localização de uma casa (o que indica risco de inundação e incêndio), se ela tem sistemas de detecção de fumaça e com que materiais é construída pode desempenhar um papel na subscrição. Mas a previsão de IA oferece potencial para mais.[3] Ao coletar mais dados de reivindicações, a empresa pode melhorar drasticamente sua estimativa de perda esperada de determinada casa. É exatamente o que as empresas " *insurtech*" (seguro e tecnologia), como a Lemonade, tentam fazer.[4] Mas ainda não sabemos se a IA pode impactar a subscrição de maneira significativa.

Suponha que uma empresa *insurtech* possa examinar uma casa e fornecer uma perda esperada mais precisa, adaptando um valor de forma adequada. Suponha também que isso permita que a seguradora precifique as apólices com mais clareza com base nas características da casa, sinalizando aos proprietários se vale a pena fazer alterações para otimizar seus valores de seguro. Isso tem dois efeitos amplos: um competitivo e outro organizacional.

O efeito competitivo é que, se a *insurtech* identificar clientes de menor risco, ela poderá dar descontos para atraí-los, enquanto outras empresas que não conseguem identificá-los da mesma forma não podem. Isso é complicado porque, se a *insurtech* causar impacto suficiente, as seguradoras estabelecidas poderão imitar os preços oferecidos, aprendendo com segurança quais clientes visar. Ainda assim, esse processo provavelmente dará à *insurtech* uma vantagem competitiva.

As seguradoras existentes podem ser estimuladas a responder. Ao contrário da *insurtech*, elas não são startups, então teriam que mudar para adotar uma subscrição mais precisa. O processo tradicional de venda de uma apólice envolve a coleta de algumas informações básicas do cliente, a avaliação dessas informações por um segurador humano e a devolução do valor pago. O processo faz parte do marketing para o cliente. A *insurtech* automatiza esse processo, sem que um humano aprove o valor antes de oferecer a um cliente. Há uma vantagem de velocidade, mas não o elemento humano. Muitas empresas de seguros de saúde divulgam isso como uma vantagem importante e anunciam sua capacidade de fornecer seguros com menos pessoas.[5] Em 2018, por exemplo, a Lemonade afirmou que poderia assinar 2,5 mil apólices por funcionário, em comparação com 1,2 mil da Allstate e 650 da GEICO. A consequência da adoção da IA em seguros será menos seguradores, vendedores e supervisores imediatos.

Muitas pessoas resistirão à mudança. Podemos imaginar as objeções que elas levantariam se fossem retiradas do circuito. As seguradoras existentes expressaram ceticismo. Uma publicação comercial do setor de seguros chamou a oferta pública inicial (IPO) da Lemonade de "um unicórnio vomitando um arco-íris".[6] Podemos argumentar que definir prêmios e apólices de venda não é algo puramente objetivo, e um segurador qualificado pode identificar elementos subjetivos. As seguradoras alegariam que a Lemonade não seria capaz de reduzir as perdas esperadas ignorando isso. E quanto aos clientes existentes cujas perdas esperadas aumentam, incorrendo, assim, em prêmios mais altos? Uma seguradora existente será capaz de fazer isso sem prejudicar sua própria marca? Todas essas objeções parecem verdadeiras precisamente por causa da incerteza de que uma nova organização orientada por IA funcionará. O paradoxo é que, se uma seguradora estabelecida não quiser apostar sua organização existente na incerteza resolvida a favor da IA, a mudança poderá vir tarde demais. As organizações existentes enfrentam esse dilema ao adotar inovações que podem exigir novos sistemas. À medida que novos sistemas dão poder a seus inovadores, eles tiram poder daqueles que executam sistemas mais antigos.

PONTOS PRINCIPAIS

- A maioria das empresas criou sistemas que compreendem tantas regras interdependentes, com tantos andaimes associados para gerenciar incerteza, que é difícil pensar em como desfazer partes delas e contemplar as novas possibilidades de design de sistema que as previsões de IA oferecem. Portanto, em vez de pensar nas implicações de alterar algumas regras ou andaimes, e como essas alterações afetarão outras partes do sistema, sugerimos começar do zero: a lousa em branco. O Sistema Canva da IA envolve três etapas: (1) *articular* a missão, (2) *reduzir* o negócio ao menor número possível de decisões necessárias para cumprir a missão se você tivesse IAs superpoderosas e de alta precisão, e (3) *especificar* a previsão e o julgamento associados a cada uma das decisões primárias.

- Com o seguro residencial, o negócio pode ser reduzido a três decisões principais: (1) marketing: decidir como alocar recursos de marketing para a aquisição de clientes e otimizar a lucratividade ou o crescimento; (2) subscrição: decidir os prêmios para qualquer apólice de proprietário para maximizar a lucratividade ou o crescimento (não pode ser oferecido se a previsão for de que o risco é alto demais para que a apólice seja lucrativa, dadas as restrições regulatórias sobre o preço); e (3) reivindicações: decidir se determinada reivindicação é legítima e, em caso afirmativo, pagá-la. Se três IAs superpoderosas e de alta precisão pudessem prever (1) o valor vitalício de um cliente em potencial multiplicado pela probabilidade de conversão, (2) a probabilidade de registrar uma reclamação multiplicada pela magnitude da reclamação e (3) a legitimidade de sinistros, você poderia redesenhar um negócio de seguro residencial rápido, eficiente, de baixo custo e altamente lucrativo, que superaria os concorrentes em preço e conveniência. Esse é precisamente o objetivo de algumas das novas insurtechs.

- O Sistema Canva da IA também pode fornecer informações sobre novas oportunidades de negócios. Por exemplo, se uma IA que prevê a probabilidade de registrar uma reclamação multiplicada pela magnitude da reclamação se tornar boa o suficiente para gerar previsões em nível de perigo ou de perigo secundário (por exemplo, um sensor para fornecer detecção precoce de um risco elevado de incêndio elétrico ou um risco aumentado de inundação de um cano com vazamento), então a empresa pode prever quais soluções de mitigação de risco terão um retorno sobre o investimento alto o suficiente para garantir o custo da implementação. Então, a seguradora poderia subsidiar o dispositivo de mitigação de risco e reduzir o valor do seguro, oferecendo uma proposta de valor totalmente nova ao cliente: mitigação de risco. A companhia de seguros não apenas transfere o risco do proprietário para a operadora, mas também o reduz — um serviço valioso que o setor de seguros historicamente não oferece, exceto em uma minoria de casos. Para explorar totalmente essa oportunidade, é necessário projetar um novo sistema otimizado para a mitigação de riscos.

Antecipando a Mudança do Sistema

Um paciente chega ao pronto-socorro com dor no peito. É um ataque cardíaco? Um médico pode descobrir fazendo um teste. Um teste positivo permitirá ao médico tratar o paciente rapidamente, com claros benefícios. Mas os testes são caros, além de invasivos. Os exames de imagem usam radiação, o que pode aumentar o risco de câncer no longo prazo. Uma sessão de esteira apresenta um risco pequeno, mas claro, de parada cardíaca. O cateterismo cardíaco envolve radiação, bem como risco de dano arterial.[1] Não é uma decisão fácil.

O médico precisa pesar custos e benefícios. Qual a probabilidade de o paciente estar realmente tendo um ataque cardíaco? Essa é uma previsão. Se a previsão é a de que a probabilidade de ataque é alta, o médico decide por testes e tratamento. Se é baixa, maior a chance de o teste ser desperdiçado, arriscando o paciente sem motivo.

Ao decidir pela realização ou não de um teste, os benefícios são a revelação de informações sobre outras intervenções (como a colocação de um stent). Se o paciente estiver tendo um ataque cardíaco, ele se beneficiará de tratamentos para ataques cardíacos; caso contrário, não terá nenhum benefício. Portanto, o valor do teste vem puramente do valor de decisão que ele cria ao direcionar as intervenções para os pacientes que mais se beneficiarão.

O teste não é gratuito. Testes de estresse podem custar milhares de dólares, mas o cateterismo, dezenas de milhares de dólares. Você ficaria feliz em pagar por um teste de estresse para evitar um custo dez vezes maior.

E este é apenas o custo monetário. Alguns testes requerem monitoramento e observação durante a noite, e vários têm seus próprios riscos: de todos os exames de imagem, os testes de estresse têm a dose mais alta de radiação ionizante, que se acredita aumentar substancialmente os riscos de câncer no longo prazo. O exercício em uma esteira no cenário de um ataque cardíaco representa um risco pequeno, mas claro, de parada cardíaca. Enviar o paciente diretamente para o cateterismo tem a vantagem de que o tratamento (normalmente a inserção de um stent) pode ser concluído como parte do mesmo procedimento do diagnóstico.

Então, de novo, você não quer necessariamente evitar um teste de esforço e seus riscos associados porque o procedimento de cateterismo também é arriscado. Um procedimento invasivo envolve uma grande dose de radiação ionizante, bem como a injeção de material de contraste intravenoso, que pode causar insuficiência renal e acarretar risco de danos arteriais e AVC. Portanto, antes da decisão de tratar um paciente para um ataque cardíaco, vêm as decisões de testar alguém para um ataque cardíaco e se deve primeiro realizar um teste de esforço ou enviar o paciente diretamente para o cateterismo.

As decisões sobre o teste cabem ao médico. Os testes tendem a ser precursores do procedimento. Mas os médicos aplicam bastante julgamento ao decidir o que fazer. Qual a idade do paciente? Ele precisa de mais cuidados (digamos, em uma casa de repouso)? Que outras condições (por exemplo, câncer) o paciente tem? Tudo isso pesa nas decisões.

Agora suponha que o médico tivesse ajuda — sobre-humana — na parte de previsão da equação, ou seja, suponha que uma IA pudesse avaliar se um paciente precisa ou não daquele teste e o fizesse rapidamente. Não é difícil ver os benefícios potenciais. Não é hipotético. Os economistas Sendhil Mullainathan e Ziad Obermeyer criaram uma IA com base nas mesmas informações que os médicos tinham no departamento de emergência ao diagnosticar um paciente.[2] Eles mostraram que sua IA era mais precisa do que os médicos na previsão de ataques cardíacos. As decisões dos médicos mostraram muitos testes em excesso, e os pacientes estavam fazendo exames desnecessários. Dados alguns incentivos do sistema de saúde dos Estados Unidos, talvez esse resultado fosse fácil de prever. Ninguém quer ter a responsabilidade associada a não testar, especialmente quando recebe mais para testar mais.

O incrível é que foi descoberta uma quantidade significativa de testes insuficientes. Milhares de pacientes que a IA prevê como sendo de alto risco nunca fizeram testes. Os pacientes que o algoritmo de IA previu como de alto risco acabaram tendo piores resultados em termos de retorno ao hospital ou morte.

O algoritmo de IA parecia ótimo em todas as frentes. Era barato, rápido e aparentemente menos propenso a erros em ambas as direções. Você pode pegar o mesmo volume de testes e realocá-los de pacientes de baixo para de alto risco e obter melhores resultados em todos os aspectos, ajudando os pacientes e provavelmente reduzindo a exposição a responsabilidades. Como alternativa, é possível reduzir os testes e manter a mesma qualidade dos cuidados de saúde.

Soluções Pontuais e Aplicativos de Solução

A adoção de IA parece a escolha óbvia. O diagnóstico de IA em departamentos de emergência fornece uma solução pontual excelente e eficaz. A IA dá suporte ao médico, que pode tomar melhores decisões e melhorar gradualmente a saúde do paciente a um custo um pouco menor. O fluxo de trabalho não muda, e o trabalho de ninguém é ameaçado. O médico não gasta muito tempo na etapa de diagnóstico, como dissociado do julgamento.

A questão é se esses benefícios compensam o custo de implementação de uma nova ferramenta. Os administradores de saúde se deparam com muitas tecnologias novas e promissoras. Cada uma requer treinamento e ajustes nos processos, e também tem riscos. Na prática, as tecnologias raramente são tão boas quanto parecem nos testes. Os administradores podem decidir que o benefício incremental da solução pontual de IA para diagnóstico de ataque cardíaco não compensa os custos.

Os administradores podem, no entanto, achar uma solução de aplicativo de IA atraente. Em vez de uma IA que fornece uma previsão ao médico, eles implementam uma que determina se o teste deve ser feito. O médico é afastado da decisão. Em vez disso, quando o paciente chega ao pronto-socorro, a máquina prevê a probabilidade de que ele esteja tendo um ataque cardíaco. Se a previsão estiver abaixo de algum limite, o paciente será enviado para casa. Se a previsão estiver em algum intervalo intermediário, ele será encaminhado para um teste de esforço. Se a IA prever que o paciente provavelmente está tendo um ataque cardíaco, ele será enviado diretamente para o cateterismo. Os limites entre as decisões de enviar para casa, para um teste de estresse ou para o cateterismo são o julgamento. Nesse caso, esse julgamento pode vir dos chefes do hospital ou de um comitê de médicos e outros especialistas.

O Sistema Pode Lidar Com Isso?

Os hospitais são normalmente organizados em duas divisões abrangentes, cada uma com suas próprias responsabilidades.[3] A *administração* é responsável pelo lado financeiro, pela obtenção de pagamentos (reembolsos do governo ou de outros seguros), pela contratação de pessoal e pela obtenção de recursos. A *medicina* é responsável pelo diagnóstico e pelo tratamento dos pacientes. Dentro dos hospitais, existem subdivisões, mas na alocação da autoridade de decisão, uma divisão tem o dinheiro e os recursos, enquanto a outra tem os médicos. Os conflitos entre os dois continuam, mas a maioria dos hospitais em funcionamento se estabeleceu em termos de engajamento entre as divisões que permitem que cada uma tome suas próprias decisões, sujeitas a restrições impostas pela outra.

Para uma IA de diagnóstico na emergência, pode-se imaginar potenciais fontes de resistência. Os médicos recebem algum benefício privado ao fazer mais testes, na forma de proteção contra o risco de negligência ou talvez receita extra. Se as IAs fazem previsões melhores do que os médicos, o treinamento e a experiência dos médicos se tornam menos importantes. Seu valor é reduzido em relação àqueles que criam essas IAs. Os administradores podem se preocupar com os custos da implementação. Na solução do aplicativo, os médicos são afastados da decisão, e sua formação e experiência podem se tornar irrelevantes. Os médicos que tomaram muitas decisões anteriores podem não acreditar que a IA possa fazer melhor do que eles.

O potencial de uma IA pode ser ainda maior, mas isso requer mudança no sistema. Na maioria dos departamentos de emergência do hospital, quando um paciente chega, os médicos decidem se o mandam para casa, fazem um teste de esforço ou cateterizam. Muito antes de essa decisão ser tomada, a administração decide quais testes disponibilizar. Atualmente, os incentivos parecem estar alinhados. Mullainathan e Obermeyer estimam que 15% dos pacientes que os médicos enviam para um teste estão realmente tendo um ataque cardíaco.

Com essa precisão, médicos e administradores parecem concordar que enviar o paciente para um teste de esforço primeiro é melhor.[4]

Uma IA que melhorasse gradualmente essa previsão melhoraria os resultados dos pacientes com pouca mudança nos incentivos. Com 20% de precisão, sendo a IA implementada como uma solução pontual ou uma solução de aplicativo, tanto os médicos quanto a administração provavelmente gostariam de enviar os pacientes para um teste de estresse primeiro. Tais melhorias podem ser incrementais o suficiente para que nem os médicos nem a administração pensem que vale a pena adotar.

Se fosse possível criar uma IA quase perfeita, haveria uma oportunidade de melhorar o atendimento ao paciente e redesenhar o sistema. Se a IA previsse que um paciente está tendo um ataque cardíaco com 99% de precisão, os médicos e a administração reconheceriam que é melhor ir direto para o cateterismo e pular o teste de esforço. Assim que a IA for boa o suficiente para todos os pacientes, todos concordarão que os testes de estresse são desnecessários. A administração deixará de oferecer o teste de esforço como uma opção e os médicos nunca mais desejarão usá-lo.

Entre a precisão de hoje e uma IA quase perfeita, existe uma faixa intermediária em que os incentivos de médicos e administradores podem mudar e entrar em conflito. Os administradores podem perceber um custo maior para os testes de estresse desnecessários do que os médicos, porque não querem gastar os recursos ou estão menos preocupados com o risco de responsabilidade. Nesse caso, com 50% de precisão, os médicos ainda podem querer fazer um teste de estresse, mas os administradores querem enviar o paciente para o cateterismo.

A solução, dadas as divisões descritas, parece fácil: sugere uma mudança de sistema relativamente direta, na qual a administração toma uma decisão longe dos médicos. A administração se recusaria a fornecer testes de estresse. Os médicos, então, podem escolher apenas entre enviar o paciente diretamente para o cateterismo ou mandá-lo para casa. Nesse caso, os pacientes vão direto para o cateterismo, os administradores conseguem o que querem e os médicos resmungam, mas aceitam.

Para nós, isso parece improvável. Os médicos recuarão. Um órgão regulador pode ser chamado. Os direitos dos pacientes serão discutidos. Quando os tomadores de decisão não estão mais alinhados, as formas como as decisões são alocadas no sistema existente podem não ser mais aceitáveis. Essa mudança no alinhamento da decisão pode, por sua vez, significar que a ferramenta de IA nunca é adotada. Como as IAs melhoram com os dados de feedback, o desalinhamento de médio prazo pode impedir que a IA altamente benéfica de longo prazo seja possível.

Para superar isso, médicos e administradores precisariam estabelecer em conjunto uma nova estrutura de decisão. Isso significa uma mudança de sistema maior do que pular uma decisão de teste. Para ferramentas de IA, como a que descrevemos para os ataques cardíacos, essa mudança maior no sistema pode não valer a pena.

Por outro lado, uma vez que você reconhece a possibilidade de mudança do sistema, surge uma oportunidade de usar o Sistema Canva da IA para repensar a medicina de emergência.

Tela na Medicina de Emergência

Construir uma tela é necessariamente um exercício especulativo. Envolve pegar um setor complicado e descrevê-lo em sua forma mais básica. Como vimos no capítulo anterior, tudo começa com a missão. A missão de um departamento de emergência pode ser "melhorar os resultados de pacientes gravemente doentes e feridos com um atendimento de alta qualidade e custo/benefício", por exemplo.[5]

Para fornecer esse cuidado, administradores e médicos tomam milhares de decisões. O exercício com a tela é resumir essas decisões em suas categorias essenciais. Para a medicina de emergência, uma maneira de dividi-la é em apenas duas decisões básicas (veja a Figura 18-1). Há uma decisão de tratamento quando um médico decide quais serviços oferecer ao paciente e há uma decisão de recursos quando a administração decide quais equipamentos e pessoal disponibilizar no departamento. Os tratamentos dependem dos diagnósticos e da compreensão das evidências médicas que apoiam os diferentes tratamentos, dado um diagnóstico. O diagnóstico, como discutimos, é um problema de previsão. A obtenção de recursos também depende de diagnósticos, mas não de paciente a paciente — os recursos dependem de uma previsão da distribuição de diagnósticos ao longo do tempo.

Levaremos esse exercício especulativo ao limite, em que as IAs para diagnóstico se tornam úteis em várias configurações. Eric Topol, o cardiologista que apresentamos no Capítulo 8, acredita que melhores previsões de IA anunciarão uma era de ouro na medicina, na qual os médicos poderão se concentrar nos aspectos humanos da assistência à saúde e deixar os processos mecânicos para as máquinas.[6] A previsão de ataque cardíaco é apenas um exemplo de como a IA está começando a superar os médicos no diagnóstico.[7]

Sistema Canva da IA: Emergência

Quais são as menores decisões às quais você pode reduzir o seu negócio?

1. Missão	Melhorar os resultados de pacientes com doença aguda e feridos com cuidados de alta qualidade e econômicos	
2. Decisão	**Tratamento:** Decidir qual tratamento prescrever	**Recursos:** Decidir quanto de cada tipo de equipamento e pessoal deve ser implantado
3. Predição	**Diagnóstico:** Prever o motivo dos sintomas do paciente	**Número e tipo de pacientes:** Prever a quantidade de pacientes e a distribuição de diagnósticos
4. Julgamento	Quais são as consequências do tratamento excessivo e de tratar incorretamente os pacientes?	Quais são as consequências de ter muito pouco equipamento e pessoal disponível em relação a ter muito?

À medida que as previsões subjacentes à decisão principal ficam melhores e mais rápidas, os pacientes recebem cada vez mais tratamentos adequados. Com dados suficientes, pode ser possível mover essas previsões do espaço de triagem no departamento de emergência de um hospital para a casa do paciente. Assim, antes da chamada da ambulância, é possível imaginar previsões de alta qualidade que forneçam um diagnóstico.

Tal diagnóstico pode permitir inúmeras mudanças em nível de sistema. Os pacientes podem evitar por completo o departamento de emergência e ser encaminhados diretamente para o departamento médico relevante (cardiologia ou ortopedia). Muitos pacientes nunca precisarão ir ao hospital após serem diagnosticados com algo que um farmacêutico ou um clínico geral pode ajudar a tratar. Os paramédicos podem levar os pacientes para hospitais diferentes, com base em onde a expertise relevante — e a inatividade no sistema — pode estar.

O papel dos paramédicos também pode mudar. Eles poderiam treinar para se especializar em determinadas condições médicas. Então, quando um paciente tem uma emergência que requer especialização em cardiologia, o paramédico devidamente treinado pode ser enviado, junto com uma ambulância com equipamentos voltados para a cardiologia. O paciente não precisaria esperar chegar ao hospital para receber tratamento. Em muitas emergências, esses minutos são importantes.

Sabemos o que você está pensando. Isso é impossível. Mesmo que as previsões sejam boas o suficiente, os paramédicos não podem ser tão especializados. Eles precisam ser generalistas porque precisam lidar com o que quer que apareça pelo caminho. Se precisássemos de especialistas, cada ambulância precisaria de muito mais paramédicos do que poderíamos treinar e pagar.

É aí que entra a segunda decisão: recursos. Se a previsão sobre a distribuição das necessidades for boa o suficiente (e a densidade populacional for alta o suficiente), é possível colocar o equipamento necessário e um pessoal bem treinado no lugar certo na hora certa. A predição de IA para diagnóstico de pacientes torna-se um complemento à predição de IA sobre a distribuição de necessidades ao longo do tempo.

No limite, essa versão da medicina de emergência tem a maioria dos pacientes tratados em casa com equipamento especializado levado por um paramédico treinado em habilidades especificamente relevantes. Os pacientes encaminhados para o hospital são aqueles que requerem internações prolongadas ou grandes equipes médicas para tratá-los. Os resultados dos pacientes são melhores. Os hospitais ficam menores. A formação médica e o pessoal mudam. A missão de melhorar os resultados com cuidados de alta qualidade e custo/benefício pode ser alcançada de maneira espetacular.

Isso não é algo iminente. Provavelmente nem é possível. As IAs ainda não são boas o suficiente, e talvez nunca sejam. Os custos para reformar o sistema seriam significativos, embora a economia de longo prazo também pudesse ser. A resistência dos médicos e administradores a uma mudança tão radical seria enorme. Ainda assim, pode acontecer em uma escala menor. Muitas jurisdições já enviam médicos junto com paramédicos.[8] Máquinas de previsão podem ajudar a identificar quando um médico é necessário.[9] É necessário que uma organização empresarial dê o primeiro passo para um novo sistema, integrando a IA no envio para identificar o médico (e o equipamento) certo.

Escolhas do Sistema

Certamente não somos sinceros ao afirmar que a mudança sistêmica é complicada, então oferecemos uma visão altamente simplista de quais escolhas definem um sistema e como sua mudança ocorre com a adoção de novas tecnologias. No entanto, às vezes, para ilustrar a complexidade, vale a pena simplificar bastante. A ideia é desfazer a bagunça para encontrar as partes-chave de sua essência. Isso é o que o Sistema Canva da IA faz e o que nosso experimento mental sobre IA na medicina de emergência realizou.

Existem duas classes amplas de escolhas que definem o que chamamos de "sistema". A primeira é quem vê o quê. A segunda é quem decide o quê. Isso fornece outra estrutura para entender as alterações do sistema que descrevemos. Para quem vê o que, o trabalho de uma organização é filtrar as informações. Uma grande quantidade de informações pode ser trazida para a organização, mas a tarefa principal é trazer as informações relevantes para a tomada de decisão atual. Assim, uma organização começa a alocar funções de observação e processamento de informações para áreas específicas — divisões como administração e medicina. Em alguns casos, as divisões coletam informações e as mantêm dentro da divisão. Em outros, as divisões filtram e comunicam as informações a outras divisões. A medicina vê um diagnóstico previsto para cada paciente quando ele chega ao pronto-socorro. A administração só vê a distribuição depois do fato. O ponto é que algumas informações não serão trazidas para a organização, e haverá ainda menos informações comumente usadas em toda a organização.

Para quem decide o que, a atribuição da autoridade de decisão é uma combinação de quem tem as habilidades para melhor usar a informação, quem tem a informação e quem tem os incentivos certos para tomar uma decisão alinhada com os interesses da organização. Em princípio, se houvesse um superindivíduo, uma pessoa poderia tomar todas as decisões. Mas tal indivíduo não existe. Assim, ao alocar a autoridade de decisão, a organização faz concessões em todos os lugares.

As divisões aproveitam a especialização e minimizam a necessidade de coordenação entre elas, para que todos possam exercer suas funções. Mas isso também significa que não há quem possa ver tudo. Um bom design organizacional garante que as divisões possam reconhecer quando uma situação está fora de sua área de atuação e a encaminhe para outra pessoa. Mas não existe uma maneira perfeita de fazer isso. Assim, as organizações alocam decisões e informações para algo que funciona bem. Quanto maior a organização, mais necessário ou provável que esse estabelecimento tenha ocorrido. Organizações menores têm menos divisões, mas isso limita seu tamanho.[10]

Prevendo Novos Sistemas

Os sistemas existentes, conforme definidos pelas responsabilidades divisionais, serão muito bons na adoção de novas tecnologias cujos benefícios estão confinados a uma divisão. Nesses casos, há adoção de soluções pontuais de IA e soluções de aplicação de IA. As administrações hospitalares adotaram a IA para agendar pessoal de manutenção e triagem de currículos, ambos claramente relacionados à alocação de recursos. As tecnologias atendem à missão da divisão e não exigem uma mudança em quem decide o que, o que pode levar à resistência interna, pois as mudanças na responsabilidade geralmente acompanham as mudanças no poder.

Por outro lado, para novas tecnologias cujos benefícios são distribuídos pelas divisões ou, talvez pior, envolvem custos para uma divisão e benefícios para outra, a adoção é muito mais difícil. Mesmo que essas oportunidades possam ser reconhecidas, conseguir coordenação requer realocar quem decide o quê. Isso fundamenta os desafios na adoção da IA para o diagnóstico em departamentos de emergência. Assim, compensações cuidadosamente negociadas e robustas precisam ser confrontadas e recalibradas. Essa mudança é, para dizer o mínimo, disruptiva, e pode ser mais fácil de alcançar começando do zero.[11]

Quando se trata de previsão de IA, as inovações podem ter várias formas. Muitas são soluções pontuais ou de aplicação que as divisões podem adotar sem um consequente conflito ou dificuldades de coordenação. Para outras, não é possível. Sua adoção envolve disrupção e mudança. A questão aqui é como os líderes empresariais podem dizer se estão perdendo essas últimas oportunidades precisamente porque sua organização foi projetada para não vê-las, muito menos avaliar seu potencial favoravelmente quando elas surgirem.

Diante disso, para realizar experimentos mentais sobre se você pode adotar uma inovação de IA atual ou potencial em sua organização, temos um procedimento com dois passos.

> PASSO 1: Identifique as informações que a previsão fornece ou a incerteza que ela resolve e qual decisão ou decisões ela irá melhorar.
>
> PASSO 2: Essas informações ou decisões estão contidas em uma única divisão ou em mais de uma?

Agora voltemos à adoção de IA nos departamentos de emergência, especificamente a IA que prevê se um paciente está tendo um ataque cardíaco. No passo 1, a IA prevê um diagnóstico. Ela foi configurada para usar informações disponíveis apenas em sistemas hospitalares para médicos no momento em que um paciente chega ao pronto-socorro. A principal decisão que esse diagnóstico informa é quais testes e tratamentos fornecer. Para o passo 2, a informação e a decisão estão firmemente sob a alçada dos médicos da divisão médica. A escolha de adotar tais algoritmos para auxiliar nesse tipo de triagem parece fácil, tornando mais provável que seja adotado como uma solução pontual.

Em seguida, exploramos a questão de saber se o departamento de emergência deveria oferecer um teste de esforço. Isso adiciona uma nova decisão ao passo 1: os recursos que devem estar disponíveis. Olhando o passo 2, isso não está mais restrito a uma divisão, e, conforme observado anteriormente, os desafios em nível de sistema podem impedir a adoção. Também pode haver maneiras de melhorar a IA que exijam informações de coordenação entre as divisões. O diagnóstico de IA antes que o paciente chegue ao hospital pode exigir acesso aos dados dele por semanas, e talvez anos, antes do evento. Isso exige que a administração aprove a coleta de dados fora dos limites do hospital. Os regulamentos precisariam ser ajustados, e os pacientes, convencidos. E é aí que reside o potencial conflito. As atuais estruturas organizacionais dos hospitais não podem adotar facilmente as tecnologias de previsão de IA e suas mudanças resultantes nas operações. Isso requer um novo sistema.

É Difícil Fazer Previsões sobre Sistemas

Em 1880, ficou claro que a eletricidade tinha um grande potencial para melhorar o funcionamento das fábricas. Mas foram necessários mais quarenta anos para entender como projetar um sistema fabril que utilizasse a energia elétrica. Até onde sabemos, ninguém imaginou os sistemas definitivos construídos com eletricidade. O processo de descoberta levou tempo, pois as pessoas evoluíram em sua compreensão do que a eletricidade poderia fazer.

Com a IA, estamos mais próximos de 1880 do que de 1920. Parece provável que a IA levará a sistemas inteiramente novos em muitos setores. Acreditamos nisso precisamente devido ao papel da previsão da IA na tomada de decisões e ao fato de que, quando ela gera novas decisões, os resultados das ações tomadas refletem, em vez de isolar ou ocultar, a incerteza subjacente. Como as decisões geralmente interagem com outras decisões, é provável que haja efeitos em todo o sistema. O próprio fato de que, sem previsão, a forma de fazer as coisas pode ser confiável — mesmo que seja tecnicamente um desperdício — nos diz que, sem inovação do sistema, a adoção da IA será silenciada.

Prevendo Novos Sistemas

Nestes últimos capítulos, fornecemos guias e métodos que ajudam a abrir os sistemas nos quais a IA pode entrar. Seguros e assistência médica são os tipos de setor que podem estar prontos para mudanças. Mas estamos nos primeiros dias dos tempos entre os tempos. Mesmo que você use esses métodos para entender como um sistema pode mudar, há muito mais antes de descobrir se essa mudança vale a pena e quais avanços de previsão de IA são necessários para fazer a reestruturação valer a pena. Mesmo assim, a inovação do sistema requer disrupção, o que acarreta mudanças na distribuição de poder entre vencedores e perdedores. O equilíbrio entre aqueles que buscam a mudança e que a pressionam determinará se ela ocorrerá e com que rapidez.

Assim, enfatizamos a ressalva de que a história da tecnologia nos diz muito sobre se uma tecnologia de uso geral, como a IA parece ser, será disruptiva e levará tempo. Uma análise clara e objetiva precisamente do que a IA está fazendo, ou seja, previsão, e onde ela entra nos sistemas — ao aumentar as decisões — fornece uma bússola para guiar nossa direção, não um mapa que mostra nosso destino. Em última análise, mesmo ao estudar máquinas de previsão, o velho ditado se aplica: "É difícil fazer previsões, especialmente sobre o futuro."

PONTOS PRINCIPAIS

- Dois economistas criaram uma IA que era sobre-humana em sua capacidade de prever quando alguém estava tendo um ataque cardíaco. Ela era mais barata, mais rápida e aparentemente menos propensa a erros do que um médico mediano em termos de falsos positivos e negativos. Essa máquina de previsão pode ser implantada como uma solução pontual, impactando apenas uma única decisão: administrar ou não um teste. A aplicação da solução pontual dessa IA aumentaria a produtividade do hospital, alocando melhor os testes de detecção de ataque cardíaco.

- Embora a solução pontual possa ter um impacto significativo na melhoria dos cuidados de saúde por meio de uma melhor alocação de testes, uma IA de previsão de ataque cardíaco altamente precisa poderia justificar uma solução em nível de sistema que teria um impacto muito maior. Usando o Sistema Canva da IA, vemos que uma das principais decisões é testar e se baseia na previsão de uma pessoa ter um ataque cardíaco. Se essa previsão for boa o suficiente e puder ser gerada com dados facilmente coletados — por um smartwatch, por exemplo —, então será possível mover essas previsões do espaço de triagem no departamento de emergência de um hospital para a casa do paciente. Muitos pacientes nunca precisarão ir ao hospital após serem diagnosticados com algo que um farmacêutico ou um clínico geral pode ajudar a tratar em casa.

- Um atributo-chave do Sistema Canva da IA é que ele abstrai a organização de suas decisões principais. Ao fazê-lo, liberta a missão da organização, que permanece fixa, da multiplicidade de regras e decisões associadas ao *status quo*, que são dispensáveis. Os designers têm liberdade para imaginar uma infinidade de soluções diferentes em nível de sistema, que podem ser habilitadas por poderosas máquinas de previsão que justificam as decisões primárias. A IA de previsão de ataque cardíaco permitiria não uma, mas várias soluções alternativas em nível de sistema. O processo mental começa com a identificação das decisões-chave, especulando sobre o que é possível se as previsões se tornarem altamente precisas e, em seguida, reimaginando os tipos de sistemas que podem explorar essas previsões de maneira otimizada para o sucesso da missão.

EPÍLOGO

Viés e Sistemas de IA

Em retrospecto, era improvável que acabasse bem. Mas em 2016, os pesquisadores da Microsoft lançaram um algoritmo de IA chamado Tay para aprender a interagir no Twitter. Em poucas horas, ele aprendeu e começou a cuspir tweets ofensivos. Tay não foi o único a se tornar o pior de nós. Histórias como essa são abundantes e fazem com que muitos, incluindo empresas, relutem em adotar a IA, não porque a previsão de IA tenha um desempenho pior do que as pessoas. Pelo contrário, a IA pode ser muito boa em se comportar como elas.

Isso não deveria ser uma surpresa. A previsão de IA requer dados, especialmente aqueles que envolvem prever algo sobre as pessoas; os dados de treinamento vêm das pessoas. Isso pode ter mérito, como ao treinar um sistema para jogar contra pessoas, mas as pessoas são imperfeitas, e a IA herda essas imperfeições.

O que muitos não reconhecem é que esse é um problema atual devido à forma como pensamos em soluções de IA. Quando você está interessado em, digamos, permitir que seu departamento de RH selecione centenas de candidatos, um primeiro uso potencial para a IA é empregar um algoritmo, em vez de pessoas, para esse trabalho. Afinal, é uma tarefa preditiva — qual é a probabilidade de que essa pessoa com essas credenciais seja bem-sucedida nesse negócio? Mas essa maneira de usar IA é uma solução pontual, que pode funcionar, mas, como enfatizamos ao longo deste livro, muitas vezes, exigirá um redesenho completo em nível de sistema. Ao remover as consequências adversas do viés, é necessária uma mentalidade de sistema.

Nosso ponto de partida é nossa perspectiva sobre o viés na IA, que é diferente e, ousamos dizer, uma visão contrária sobre se a IA perpetuará a discriminação. Quando vistas usando uma mentalidade sistêmica, as oportunidades para IA em relação ao viés são promissoras. Elas oferecem uma solução para muitos aspectos da discriminação. E justamente por isso enfrentam resistência. A verdade incômoda sobre a discriminação é que eliminá-la gera vencedores e perdedores à medida que o poder muda. Assim, é provável que a resistência à adoção de IAs seja maior precisamente quando as IAs têm o potencial de engendrar novos sistemas que eliminam muitos aspectos da discriminação.

A Oportunidade de Antidiscriminação

Como as IAs oferecem uma oportunidade de entender as fontes de viés e, com esse conhecimento, podem ser usadas adequadamente na tomada de decisões, elas oferecem a oportunidade de reduzir a discriminação.[1]

Considere um exemplo simples: pessoas não brancas relatam dores no joelho muito maiores do que pessoas brancas. Há duas explicações distintas para isso. Primeiro, as pessoas não brancas podem ter osteoartrite mais grave no joelho. Alternativamente, outros fatores externos ao joelho, como estresse da vida ou isolamento social, podem levar pessoas não brancas a relatar níveis mais altos de dor no joelho.

Essas explicações implicam tratamentos diferentes. Se o problema for uma osteoartrite mais grave, fisioterapia, medicamentos e cirurgia poderão ajudar. Se o problema for externo ao joelho, os tratamentos mais eficazes poderão se concentrar em melhorar a saúde mental.

Muitos médicos suspeitavam de que fatores externos ao joelho eram mais importantes para explicar as disparidades raciais. Estudos compararam a dor relatada por pacientes com avaliação de osteoartrite no joelho feita por radiologistas com base em imagens médicas. Os radiologistas baseiam suas avaliações em métodos como a classificação de Kellgren-Lawrence (KL), por meio da qual os médicos examinam imagens do joelho de um paciente e atribuem uma pontuação segundo a presença de esporões ósseos, deformidades ósseas e outros fatores.[2] Mesmo após o ajuste dessas avaliações, pessoas não brancas relatam níveis mais altos de dor.[3]

A cientista da computação Emma Pierson e seus coautores suspeitaram de que o problema poderia estar no sistema de classificação. Os métodos para medir a osteoartrite, incluindo a classificação KL, foram desenvolvidos décadas atrás em populações brancas,[4] então podem não ver as causas físicas da dor em populações não brancas. Os radiologistas também podem ser tendenciosos em sua avaliação de pacientes não brancos, minimizando sua dor ao desenvolver um diagnóstico.

A IA pode ajudar. Pierson e seus coautores tiraram milhares de imagens de joelhos, e cada imagem era acompanhada do nível de dor relatado pelo paciente. Quando os radiologistas avaliaram as imagens, apenas 9% das disparidades raciais na dor pareciam ser explicadas por fatores internos ao joelho.

Os autores, então, avaliaram se uma IA poderia usar as imagens para prever a dor relatada. A IA deles previu 43% das disparidades raciais na dor. A IA identificou fatores dentro do joelho que os humanos não perceberam, e esses fatores explicaram quase cinco vezes mais a diferença na dor relatada entre pessoas não brancas e pessoas brancas.

Essa disparidade racial no tratamento sugere que muitos pacientes não brancos receberiam tratamento externo ao joelho quando havia claramente algo no joelho causando dor. Aqui, a IA ajudou a identificar a discriminação sistêmica na assistência médica e fornece um caminho para corrigi-la.

Para lidar com a discriminação, ambos são necessários. Você precisa detectar a discriminação e corrigi-la. Isso é verdade tanto para as previsões humanas quanto para as máquinas. Em outras palavras, eliminar a discriminação requer um sistema.

Detectando a Discriminação

Detectar discriminação é difícil. Apesar de muitas ações judiciais condenando a discriminação na tecnologia e em outros setores, poucas são decididas em favor dos queixosos. Muitos dos casos mais proeminentes em que os funcionários processaram por discriminação acabaram decididos em favor do empregador, ou os funcionários desistiram.[5]

Muitos desses casos se concentram em saber se as empresas discriminaram salários ou promoções. Suponha que uma empresa de tecnologia seja acusada de discriminação de gênero em promoções. Não há dúvida de que a empresa promoveu vários homens, em vez da queixosa que está na empresa há mais tempo, mas a questão central do litígio seria o *motivo*.

A requerente alegará que a empresa a discriminou intencionalmente. A empresa responderá que a mulher em particular "é menos uma vítima de discriminação e mais uma funcionária difícil e conivente que rejeitou conselhos para melhorar", como o *New York Times* descreveu a abordagem de um réu.[6] Os gerentes serão questionados se houve discriminação em suas recomendações para promoções. Claro, eles dirão que não. O advogado da autora pode perguntar, sem rodeios: "Minha cliente teria sido promovida se fosse homem?" "Não." O advogado da autora tentaria comparar o desempenho daqueles que foram promovidos com o desempenho dela, mas desempenho é difícil de medir, e há muita ambiguidade na comparação.[7]

Mesmo quando há discriminação, é difícil provar. Não há duas pessoas exatamente iguais. Os gerentes consideram vários fatores ao tomar decisões de promoção e contratação. Sem uma declaração explícita de intenção de discriminação, é difícil para um juiz ou júri ter certeza de que a decisão de um ser humano foi discriminatória. É impossível saber o que realmente se passa na mente de alguém.

Não Há Duas Pessoas Exatamente Iguais — A Menos que Elas Sejam

Sendhil Mullainathan é especialista em detecção de discriminação. Em 2001, apenas três anos depois de obter seu doutorado, Mullainathan e a coautora Marianne Bertrand começaram a medir a discriminação no mercado de trabalho dos Estados Unidos.[8] Eles enviaram currículos fictícios para ajudar em anúncios de empregos em jornais de Boston e Chicago. Para cada anúncio, eles enviaram quatro currículos. Dois eram de alta qualidade e dois eram de baixa. Eles atribuíram aleatoriamente a um dos currículos de alta qualidade um nome que soava afro-americano (Lakisha Washington ou Jamal Jones) e ao outro um nome que soava branco (Emily Walsh ou Greg Baker). Da mesma forma, atribuíram aleatoriamente a um dos currículos de baixa qualidade um nome afro-americano e ao outro um nome que soava branco.

Então, esperaram para ver se seus candidatos fictícios eram chamados para entrevistas. Os nomes brancos receberam 50% mais retorno. A diferença entre currículos de alta qualidade com nomes que soam brancos e currículos de alta qualidade com nomes afro-americanos foi ainda maior. Havia claramente discriminação no mercado de trabalho.

Quinze anos depois, Mullainathan fez isso de novo, agora como professor da Universidade de Chicago e vencedor do Prêmio MacArthur. Ele e seus coautores descobriram que um algoritmo amplamente usado para identificar pacientes com necessidades complexas de saúde era racialmente tendencioso. Em determinada pontuação de risco, os pacientes afro-americanos eram, na verdade, consideravelmente mais doentes do que os pacientes brancos. Remediar a disparidade quase triplicaria a fração de pacientes afro-americanos que recebem recursos adicionais para administrar seus cuidados.[9]

O viés surgiu porque a máquina foi projetada para prever os custos de saúde como um substituto para a doença, em vez da doença em si. O acesso desigual aos cuidados significa que o sistema de saúde dos EUA gasta menos dinheiro cuidando de pacientes afro-americanos do que de pacientes brancos. Portanto, uma máquina de previsão que usa os gastos com saúde como substituto para a doença subestimará a gravidade da doença em afro-americanos e outros grupos de pacientes com menos acesso aos cuidados.

Após esse estudo, Mullainathan refletiu sobre os dois projetos.

> Ambos os estudos documentaram a injustiça racial: no primeiro, o candidato com um nome que soa negro conseguiu menos entrevistas de emprego. No segundo, o paciente negro recebeu pior atendimento.
>
> Mas eles diferiam em um aspecto crucial. No primeiro, os gerentes de contratação tomaram decisões tendenciosas. No segundo, o culpado foi um programa de computador.
>
> Como coautor de ambos os estudos, vejo-os como uma lição de contrastes. Lado a lado, eles mostram as grandes diferenças entre dois tipos de viés: humano e algorítmico.[10]

O estudo anterior exigiu uma quantidade extraordinária de criatividade e esforço para detectar a discriminação. Ele o descreve como uma "operação secreta complexa" que durou meses.

Em contraste, o estudo posterior foi mais direto. Mullainathan o descreveu como "um exercício estatístico — o equivalente a perguntar ao algoritmo 'o que você faria com este paciente?' centenas de milhares de vezes e mapear as diferenças raciais. O trabalho era técnico e mecânico, não exigindo discrição nem desenvoltura."

Medir a discriminação nas pessoas é difícil, exigindo um controle cuidadoso sobre as circunstâncias. Medir a discriminação por máquinas é mais simples. Alimente as máquinas com os dados corretos e veja o que sai. O pesquisador pode ir até a IA e dizer: "E se a pessoa for assim?" "E se for de outro jeito?" É possível tentar milhares de hipóteses, o que não é possível com humanos. "Os humanos são inescrutáveis de uma forma que os algoritmos não são", observou Mullainathan.

Consertando a Discriminação

Detectar a discriminação é apenas o primeiro passo. Uma vez detectada, você deseja corrigi-la, mas humanos são difíceis de consertar. Assim, você precisa de um sistema que não dependa disso.

No estudo de currículo, mesmo que você supere o desafio de descobrir quais empresas estão erradas, "mudar o coração e a mente das pessoas não é uma questão simples".[11] Não conhecemos uma solução disponível que possa reduzir a discriminação em milhares ou até milhões de humanos todos os dias. Duas décadas depois desse estudo inicial, Emily e Greg continuam mais empregáveis do que Lakisha e Jamal.

Compare isso com uma IA. Mesmo antes de publicarem o estudo sobre discriminação algorítmica, Mullainathan e seus coautores já estavam trabalhando com a empresa para resolver o problema. Eles começaram entrando em contato com a empresa, que conseguiu replicar o resultado do estudo com suas próprias simulações. Como um primeiro passo, mostrou que incluir a previsão de saúde com a previsão de custo existente reduziria o viés em 84%.[12] Os autores ofereceram seus serviços, gratuitamente, a vários sistemas de saúde usando esses algoritmos. Muitos aceitaram a oferta.

O trabalho acadêmico de Obermeyer e seus colegas conclui que "os vieses de rótulos podem ser corrigidos [...] Como os rótulos são o principal determinante da qualidade e do viés preditivos, uma escolha cuidadosa pode nos permitir aproveitar os benefícios das previsões algorítmicas, minimizando seus riscos".[13] Como Mullainathan diz, "Mudar um algoritmo é mais fácil do que mudar as pessoas: um software nos computadores pode ser atualizado; o 'software' em nosso cérebro até agora provou ser muito menos flexível".[14]

Dentro da Caixa da IA

As IAs são suscetíveis ao viés. Isso pode significar que grupos desfavorecidos recebem tratamento pior do que outros. Em outras palavras, as IAs podem ser uma fonte de discriminação.

Mas elas também podem reduzir a discriminação. Podem detectar práticas discriminatórias em humanos, como na detecção de dores no joelho, e podemos rastreá-las. É muito mais fácil detectar a discriminação por um algoritmo do que a por seres humanos.

A discriminação da IA também pode ser corrigida. O software pode ser ajustado, e as fontes de viés identificadas podem ser eliminadas.

Consertar tal discriminação não é fácil. Primeiro, requer humanos que queiram corrigir o viés. Se os humanos que gerenciam a IA quiserem implantar uma IA que discrimine, eles terão pouca dificuldade em fazê-lo. E como a IA é um software, sua discriminação pode acontecer em escala. No entanto, é mais fácil encontrar uma IA deliberadamente discriminatória do que um ser humano deliberadamente discriminatório. A IA deixa rastro. Um regulador bem financiado com auditores bem treinados que podem acessar a IA consegue fazer simulações para procurar discriminação, assim como Mullainathan e seus coautores fizeram. Infelizmente, nossos sistemas legais e regulatórios atuais lutam contra esses desafios, pois foram projetados para um mundo de tomadores de decisão humanos, sem a ajuda de algoritmos.[15]

Em segundo lugar, mesmo quando implantada por humanos bem-intencionados que desejam reduzir preconceitos, os detalhes são importantes. E focar os detalhes é demorado e caro. Existem muitas maneiras pelas quais o viés pode se infiltrar nas previsões da IA. Corrigir o viés requer entender sua origem,[16] o que requer investimentos no armazenamento de dados sobre decisões passadas e na simulação de fontes potenciais de viés, para ver como a IA se comporta. E a primeira tentativa pode não funcionar. Novos dados podem precisar ser coletados, e novos processos podem ser necessários.[17]

Em terceiro lugar, uma IA que reduz o viés pode mudar quem detém o poder de decisão em uma organização. Sem IA, podem ser os gerentes individuais que tomam decisões sobre quem contratar. Esses gerentes, mesmo com as melhores intenções, podem contratar por meio de suas conexões sociais de uma forma que leva a um viés não intencional. Com uma IA projetada para reduzir o viés, a contratação por conexões sociais será mais difícil. Um executivo mais sênior definiria o limite para o qual os currículos deveriam ser considerados.

Epílogo: Viés e Sistemas de IA

Esse executivo pode reconhecer que, se todos os gerentes da empresa fossem contratados por suas conexões sociais, uma força de trabalho diversificada seria impossível. A IA reduz a discriminação, mas também reduz o arbítrio que os gerentes individuais têm na contratação em relação aos objetivos definidos pelo grupo de executivos. Portanto, esses gerentes podem resistir a uma mudança em nível de sistema que reduzirá seu poder.

Nem todo mundo comemorará uma redução no viés. Em 2003, a Liga de Beisebol usou uma nova ferramenta para identificar a localização dos arremessos sobre a placa chamada QuesTec Umpire Information System. A QuesTec avaliou as bolas e as rebatidas marcadas pelos árbitros. Sem surpresa, os árbitros resistiram à ferramenta, assim como alguns dos craques. Sandy Alderson, então vice-presidente de operações, descreveu uma motivação para a ferramenta, alegando que alguns jogadores veteranos teriam o benefício da dúvida, tendo bolas e rebatidas a seu favor. Muitas das maiores estrelas do jogo reclamaram, incluindo o premiado arremessador Tom Glavine e Barry Bonds, vencedor de vários prêmios. O então arremessador ás do Arizona Diamondbacks, Curt Schilling, tornou-se um ludita moderno, quebrando uma câmera após uma derrota.[18] Uma ferramenta automatizada na qual um computador previu bolas e rebatidas pode ter diminuído o viés, mas aqueles que se beneficiam do viés podem não gostar disso.

É Preciso um Sistema

A Amazon contrata muita gente. Um em cada 153 trabalhadores nos Estados Unidos é funcionário da Amazon.[19] Portanto, não deveria surpreender que ela estivesse muito interessada em desenvolver uma IA para auxiliar no recrutamento. Em 2014, foi exatamente o que ela fez. Apenas um ano depois, a Amazon descartou o sistema e nunca mais o colocou em campo. Por quê? Ele não estava avaliando os candidatos a cargos de software e outros cargos técnicos de maneira neutra em termos de gênero.[20] O motivo era familiar. A IA da Amazon foi treinada com base em dados anteriores, predominantemente de candidatos do sexo masculino. A IA estava explicitamente menosprezando as referências às mulheres, incluindo faculdades para mulheres. Ajustes simples não conseguiram restaurar a neutralidade.

Você lê histórias como essa e pensa que a IA é irremediavelmente tendenciosa. Mas a outra leitura é a de que a IA foi tendenciosa, foi julgada como sendo e, portanto, não foi implantada. O mesmo pode ser dito para recrutadores humanos? Na verdade, sabemos a resposta: a IA foi treinada nesses recrutadores em primeiro lugar.

Ao mesmo tempo, essa experiência ensinou aos desenvolvedores de IA que o treinamento em dados anteriores pode não ser bom o suficiente. Eles precisam de novas fontes de dados, que levarão tempo para ser desenvolvidas. Mas, no final, a IA resultante pode ser avaliada. Além do mais, pode ser continuamente monitorada quanto ao desempenho.

Essa é uma melhoria potencialmente profunda em relação a como lidamos com a discriminação agora. As intervenções de hoje para minorar a discriminação são principalmente baseadas em resultados: existe diferença nos resultados de diferentes grupos? E as intervenções geralmente são regras diretas para tentar restabelecer o equilíbrio e alcançar a paridade de resultados. O problema é que essas intervenções podem ser divisivas.

Por outro lado, o que as pessoas geralmente desejam é remover a fonte do viés — em particular, as motivações das pessoas tomando decisões. Eles não querem fixar resultados iguais (embora conseguir isso não seja um problema), mas querem tratamento igual. No entanto, quando pessoas estão tomando as decisões e não podemos ver suas motivações, como podemos ter certeza de que há igualdade de tratamento?

Se a previsão de IA puder estar no centro de tais decisões, poderemos alcançar uma referência objetiva, ver como a IA trata as pessoas e, como sabemos que ela não tem motivações explícitas para tratar pessoas semelhantes de maneira diferente, trabalhar para garantir que a IA realmente faça isso.

As previsões automatizadas facilitam a criação de padrões. Assim como todos os jogadores de beisebol podem enfrentar a mesma zona de rebatida, todos os motoristas podem enfrentar os mesmos padrões de fiscalização do trânsito. Existem preconceitos bem documentados na fiscalização do trânsito; por exemplo, motoristas negros são mais parados do que brancos. Uma solução pontual fácil é automatizar multas por excesso de velocidade. Temos a tecnologia para isso. Detecte a velocidade, tire fotos e puna os motoristas. Um sistema automatizado é mais justo e seguro, reduzindo a chance de um encontro violento entre a polícia e o público.

Mas os benefícios disso vão muito além da solução pontual. Ter confiança de que as pessoas estão sendo tratadas com igualdade muda a forma como elas interagem com o sistema e o quão seguras se sentem ao agir dentro dele. Também elimina a necessidade de intervenções que tentam parecer boas na

Epílogo: Viés e Sistemas de IA

teoria, como fazer com que os resultados façam parte de limites fixos ou mesmo cotas.

Mas o movimento para eliminar o tratamento desigual não será perfeito, precisamente porque mudará os resultados no sistema. Nem todo mundo gostará de um sistema automatizado. Assim como os craques do beisebol, os motoristas que recebem o benefício da discrição do oficial podem se ressentir das câmeras. Algumas pessoas terão dificuldade para pagar multas. Além disso, um sistema automatizado não é tolerante se alguém está em alta velocidade por bons motivos, como uma emergência médica. A polícia não pode usar paradas para detectar crimes que não sejam por excesso de velocidade.

Ainda assim, a velocidade mata. Manter os motoristas abaixo do limite salvará vidas. Mas a aplicação é desigual e, muitas vezes, discriminatória. A fiscalização automatizada pegará mais motoristas e reduzirá a discriminação.[21]

Quando as IAs são implementadas como soluções pontuais, elas podem ampliar os vieses existentes e aumentar a discriminação. É isso que leva às manchetes negativas sobre IA e discriminação que vemos na imprensa. Quando a IA é vista como uma solução pontual, seu viés é um problema e pode criar uma resistência apropriada à adoção de máquinas de previsão.

Já quando o viés é visto a partir de uma mentalidade sistêmica, as IAs podem levar a mudanças que reduzem a discriminação. Embora as pessoas que se beneficiam dos preconceitos existentes resistam, há uma razão para ter otimismo. Como Mullainathan, vemos o potencial das IAs para reduzir o viés em todos os tipos de decisões. Esse otimismo sobre a IA disfarça um pessimismo mais amplo sobre a tomada de decisão humana. Tanto humanos quanto IAs serão tendenciosos. Como disse a cientista da computação do MIT Marzyeh Ghassemi após uma palestra sobre preconceitos no aprendizado de máquina na área da saúde, quando se trata de preconceito, "os humanos são terríveis".[22] O viés da IA pode ser detectado e endereçado. Novas soluções de sistemas de IA em todos os domínios, da educação à saúde e do setor bancário ao policiamento, podem ser projetadas e implementadas para reduzir a discriminação. Os sistemas de IA podem ser monitorados contínua e retroativamente para garantir o sucesso constante na remoção da discriminação. Se ao menos fosse tão fácil consertar humanos!

Epílogo: Viés e Sistemas de IA 229

PONTOS PRINCIPAIS

- A narrativa popular em torno das IAs é a de que elas aprendem o viés humano e o amplificam. Concordamos com e defendemos uma vigilância constante. Outra narrativa é a de que os sistemas de IA não devem ser introduzidos em decisões importantes, como contratações, empréstimos bancários, reclamações de seguros, decisões legais e admissões em universidades, porque não têm transparência — não podemos ver dentro da caixa preta — e perpetuam a discriminação. Discordamos. Achamos que eles devem ser introduzidos em decisões importantes precisamente porque são escrutáveis de uma forma que os humanos não são. Não podemos interrogar efetivamente um gerente de contratação humano suspeito de discriminação com milhares de perguntas como "Você teria contratado esta pessoa se ela fosse exatamente a mesma, exceto branca?" e esperar uma resposta honesta. No entanto, podemos fazer exatamente essa pergunta, e milhares de outras, a um sistema de IA e receber respostas rápidas e precisas.

- O professor Sendhil Mullainathan, da Universidade de Chicago, comparou dois de seus estudos sobre viés. Em um deles, ele mediu a discriminação humana na contratação. No outro, mediu a discriminação da IA nos cuidados de saúde. Comparando os dois, ele observou como era mais fácil detectar e corrigir a discriminação nos sistemas de IA, em comparação com os sistemas humanos: "Mudar algoritmos é mais fácil do que mudar pessoas: um software em computadores pode ser atualizado; o 'software' em nosso cérebro até agora provou ser muito menos flexível."

- Hoje, os indivíduos que mais resistem à adoção dos sistemas de IA são os que mais se preocupam com a discriminação. Prevemos que acontecerá exatamente o inverso. Quando as pessoas perceberem que a discriminação é mais fácil de detectar e corrigir nos sistemas de IA do que em humanos, a maior resistência à adoção dos sistemas de IA não virá daqueles que desejam reduzir a discriminação, mas dos que mais se beneficiam dela.

NOTAS

Prefácio

1. Aqui está o bate-papo do primeiro-ministro em nossa conferência com Shivon Zilis, diretora de operações e projetos especiais da Neuralink, empresa de Elon Musk que está construindo uma interface cérebro/máquina: CREATIVE DESTRUCTION LAB. "Justin Trudeau (Prime Minister of Canada) in conversation with Shivon Zilis (Bloomberg Beta)". Disponível em: <https://www.youtube.com/watch?v=zm7A1KXUaS8>. Acesso em: 23 ago. 2023.
2. MINISTER OF INNOVATION SCIENCE; ECONOMIC DEVELOPMENT. "About Canada's global innovation clusters". Disponível em: <https://www.ic.gc.ca/eic/site/093.nsf/eng/00016.html>. Acesso em: 23 ago. 2023.
3. "04: Human vs. Machine", *Spotify: A Product Story*, mar. 2021. Disponível em: <https://open.spotify.com/episode/0T3nb0PcpvqA4o1BbbQWpp>.
4. A lavagem de dinheiro é um grande problema. As Nações Unidas estimam que até US$ 2 trilhões são lavados no sistema financeiro todos os anos. O mercado de soluções de automação e fornecedores para esse problema é de US$ 13 bilhões, de acordo com a Oliver Wyman, uma empresa internacional de consultoria de gestão. NASDAQ. "Nasdaq to Acquire Verafin, Creating a Global Leader in the Fight Against Financial Crime", 19 nov. 2020. Disponível em: <https://www.nasdaq.com/press-release/nasdaq-to-acquire-verafin-creating-a-global-leader-in-the-fight-against-financial>. Acesso em: 26 ago. 2023.
5. VELLA, E. "Tech in T.O.: Why Geoffrey Hinton, the 'Godfather of A.I.,' decided to live in Toronto". Disponível em: <https://globalnews.ca/news/5929564/geoffrey-hinton-artificial-intelligence-toronto/>. Acesso em: 23 ago. 2023.
6. CREATIVE DESTRUCTION LAB. "Geoff Hinton: On Radiology". Disponível em: <https://www.youtube.com/watch?v=2HMPRXstSvQ>. Acesso em: 23 ago. 2023.

Capítulo 1

1. BOFF, R. B. D. "The introduction of electric power in American manufacturing". *The economic history review*, v. 20, n. 3, p. 509, 1967. Disponível em: <https://doi.org/10.2307/2593069>. Acesso em: 26 ago. 2023.

2. Ibidem.
3. DEVINE, W. D., Jr., "From Shafts to Wires: Historical Perspective on Electrification", *Journal of Economic History*, v. 43, n. 2, p. 347-372, 1983.
4. ROSENBERG, N. *Inside the Black Box: Technology and Economics*. Nova York: Cambridge University Press, 1982.
5. ROSENBERG, N. "Technological Change in the Machine Tool Industry, 1840-1910", *Journal of Economic History*, v. 23, n. 4, p. 414-443, 1963.
6. DAVID, P. A. "The Dynamo and the Computer: An Historical Perspective on the Modern Productivity Paradox", *American Economic Review*, v. 80, n. 2, p. 355-361, 1990.
7. A estrutura referente às diferentes escolhas enfrentadas pelos empreendedores na exploração de novas oportunidades tecnológicas vem de Joshua Gans, Erin L. Scott e Scott Stern, em "Strategy for Start-Ups", *Harvard Business Review*, maio/jun. 2018, p. 44-51. As soluções pontuais são empreendedores que buscam o que chamam de estratégia de cadeia de valor orientada para a execução e para o encaixe nas cadeias de valor existentes. As soluções de aplicativos são principalmente o que eles chamam de estratégia de disrupção que também é orientada para a execução e o fornecimento de novas cadeias de valor. Também podem ser exemplos de estratégias de propriedade intelectual que envolvem o uso de propriedade intelectual formal para proteger designs de dispositivos. Finalmente, as soluções de sistema são estratégias arquitetônicas que envolvem novas cadeias de valor, bem como um investimento em controle para tornar esses sistemas justificáveis.

Capítulo 2

1. Para os procedimentos desta conferência, consulte AGRAWAL, GANS e GOLDFARB (eds.). *The Economics of Artificial Intelligence: An Agenda*. Chicago: University of Chicago Press, 2019.
2. MILGROM, P. E-mail pessoal, 17 jan. 2017.
3. Veja CAMERER, C. F. "Artificial Intelligence and Behavioral Economics", comentário de Daniel Kahneman. In: AGRAWAL *et alii*. *The Economics of Artificial Intelligence*, p. 610.
4. Veja STEVENSON, B. "Artificial Intelligence, Income, Employment, and Meaning". In: AGRAWAL *et alii*. *The Economics of Artificial Intelligence*, p. 190.
5. BRYNJOLFSSON, E., ROCK, D.; SYVERSON, C. "Artificial Intelligence and the Modern Productivity Paradox: A Clash of Expectations and Statistics". In: AGRAWAL *et alii*. *The Economics of Artificial Intelligence*, cap. 1.
6. BRESNAHAN, T. F.; TRAJTENBERG, M. "General Purpose Technologies 'Engines of Growth'?" *Journal of Econometrics*, v. 65, n. 1, p. 83-108, 1995; BRESNAHAN, T.; GREENSTEIN, S. "Technical Progress and Co-invention in Computing and in the Uses of Computers", *Brookings Papers on Economic Activity, Microeconomics*, 1996, p. 1-83.
7. PETROFF, A. "Google CEO: AI is 'More Profound Than Electricity or Fire'", *CNN Business*, 24 jan. 2018. Disponível em: <https://money.cnn.com/2018/01/24/technology/sundar-pichai-google-ai-artificial-intelligence/index.html>. Acesso em: 23 ago. 2023.
8. RANSBOTHAM, S. *et alii*., "Expanding AI's Impact with Organizational Learning", *MIT Sloan Management Review*, out. 2020.
9. JEWELL, C. "Artificial Intelligence: The New Electricity", *WIPO Magazine*, jun. 2019. Disponível em: <https://www.wipo.int/wipo_magazine/en/2019/03/article_0001.html>. Acesso em: 23 ago. 2023.
10. RANSBOTHAM *et alii*. "Expanding AI's Impact with Organizational Learning".

11. Veja a Figura 1 comparando os painéis A e B, em ACEMOGLU, D. *et alii*. "Automation and the Workforce: A Firm-Level View from the 2019 Annual Business Survey", National Bureau of Economic Research, Cambridge, MA, fev. 2022. Disponível em: <https://conference.nber.org/conf_papers/f159272.pdf>.
12. ROSENBERG, N. *Inside the Black Box: Technology and Economics*. Nova York: Cambridge University Press, p. 59, 1982.
13. SPECTER M. "Climate by Numbers", *New Yorker*, 4 nov. 2013, Disponível em: <https://www.newyorker.com/magazine/2013/11/11/climate-by-numbers>. Acesso em: 23 ago. 2023.
14. LEWIS, M. *The Fifth Risk*. Nova York: W. W. Norton & Company, 2018. p. 185, Kindle.
15. Ibidem.
16. Ibidem.
17. Ibidem.

Capítulo 3

1. Os desafios de determinar se a publicidade gera vendas são ainda mais difíceis, porque os anunciantes direcionam seus anúncios para as pessoas que esperam comprar. Para uma discussão sobre causalidade na publicidade, consulte BLAKE, T.; NOSKO, C.; TADELIS, S. "Consumer Heterogeneity and Paid Search Effectiveness: A Large-Scale Field Experiment", *Econometrica*, v. 83, p. 155–174, 2015. Disponível em: <https://doi.org/10.3982/ECTA12423>; e GORFON B. R. *et alii*. "A Comparison of Approaches to Advertising Measurement: Evidence from Big Field Experiments at Facebook", *Marketing Science*, v. 38, n. 2, 2019). Disponível em: <https://pubsonline.informs.org/doi/10.1287/mksc.2018.1135>. De forma mais geral, dois livros recentes se concentram na explicação da inferência causal para um público não acadêmico. PEARL, J.; MACKENZIE, D. *The Book of Why*. Nova York: Basic Books, 2018 fornece uma perspectiva da ciência da computação. LIST, J. *The Voltage Effect*. Nova York: Random House, 2022 fornece uma perspectiva econômica que enfatiza que, mesmo quando experimentos são feitos, os resultados podem não se aplicar quando uma solução é implantada em escala.
2. HARDESTY, L. "Two Amazon-Affiliated Economists Awarded Nobel Prize", *Amazon Science*, 13 out. 2021. Disponível em: <https://www.amazon.science/latest-news/two-amazon-affiliated-economists-awarded-nobel-prize>. Acesso em: 23 ago. 2023.
3. SINGH, S.; OKU, A.; JACKSON, A. "Learning to Play Go from Scratch", *Nature*, 19 out. 2017. Disponível em: <https://www.nature.com/articles/550336a>. Acesso em: 23 ago. 2023.
4. GOLDFARB, A.; LINDSAY, J. R. "Prediction and Judgment: Why Artificial Intelligence Increases the Importance of Humans in War", *International Security*, v. 46, n. 3, p. 7–50, 2022. Disponível em: <https://doi.org/10.1162/isec_a_00425>. Acesso em: 23 ago. 2023.
5. BUCHANAN, B. G.; WRIGHT, D. "The Impact of Machine Learning on UK Financial Services", *Oxford Review of Economic Policy*, v. 37, n. 3, p. 537–563, 2021. Disponível em: <https://doi.org/10.1093/oxrep/grab016>. Acesso em: 23 ago. 2023.
6. OPAM, K. "Amazon Plans to Ship Your Packages Before You Even Buy Them", *Verge*, 18 jan. 2014. Disponível em: <https://www.theverge.com/2014/1/18/5320636/amazon-plans-to-ship-your-packages-before-you-even-buy-them>. Acesso em: 23 ago. 2023.
7. SINGH, A., GRUNDIG, T.; COMMON D., "Hidden Cameras and Secret Trackers Reveal Where Amazon Returns End Up", *CBC News*, 10 out. 2020. Disponível em: <https://www.cbc.ca/news/canada/marketplace-amazon-returns-1.5753714>. Acesso em: 23 ago. 2023.

234 | Notas

8. Você pode imaginar: se a Amazon apenas descarta as devoluções, por que se preocupar em pegar os produtos com o envio e a compra? O problema é: como a Amazon saberia que um consumidor está descartando um produto, em vez de o usando?

Capítulo 4

1. LEWIS, M. "Obama's Way", *Vanity Fair*, out. 2012. Disponível em: <https://www.vanityfair.com/news/2012/10/michael-lewis-profile-barack-obama>. Acesso em: 23 ago. 2023.
2. SIMON, H. "Administration of Public Recreational Facilities in Milwaukee", texto inédito, documento de Herbert A. Simon, Carnegie Mellon University Library.
3. LAMPORT, L. "Buridan's Principle", *Foundations of Physics*, v. 42, n. 8, p. 1056–1066, 2022. Disponível em: <http://lamport.azurewebsites.net/pubs/buridan.pdf>. Acesso em: 23 ago. 2023.
4. Para a exceção que literalmente prova essa regra, considere o que aconteceu no dia em que Obama usou um terno bege: WIKIPEDIA. "Obama Tan Suit Controversy". Disponível em: <https://en.wikipedia.org/wiki/Obama_tan_suit_controversy>. Acesso em: 23 ago. 2023.
5. É apenas para facilitar o cálculo. Para aqueles que gostam de matemática, suponha que a probabilidade de chover seja p, o custo de se molhar seja w e o custo de carregar um guarda-chuva se não chover seja c. Então você se sentirá indiferente entre carregar ou não se $pw = (1 - p)c$. Nosso exemplo no texto assume $p = 0,5$ e $w = c = \$10$.
6. EMANUEL, N.; HARRINGTON, E. "'Working' Remotely? Selection, Treatment and the Market Selection of Remote Work", mimeo, Harvard, 2021. Disponível em: <https://scholar.harvard.edu/files/eharrington/files/trim_paper.pdf>. Acesso em: 23 ago. 2023.
7. LARCOM S.; RAUCH, F.; WILLEMS, T. "The Benefits of Forced Experimentation: Striking Evidence from the London Underground Network", *Quarterly Journal of Economics*, v. 132, n. 4, p. 2019–2055, 2017.
8. BYRNE, D. P.; De ROOS N. "Startup Search Costs", *American Economic Journal: Microeconomics*, v. 14, n. 2, p. 81–112, maio 2022.
9. GAWANDE, A. *The Checklist Manifesto: How to Get Things Right,* Nova York: Henry Holt and Co., 2009. p. 61–62, Kindle.

Capítulo 5

1. Os economistas têm uma afinidade especial com essa afirmação. Referenciamos a mesma citação em *Máquinas Preditivas* ao falar sobre o saguão de aeroportos.
2. SF STAFF. "Airports Are Becoming More Like Tourist Destinations", *Simple Flying*, 5 jan. 2020. Disponível em: <https://simpleflying.com/airports-tourist-destinations/>. Acesso em: 23 ago. 2023.
3. OSBAUGH, Ty. "Reinventing the airport as an all-in-one facility", *Gensler*, 5 jul. 2023. Disponível em: <https://www.gensler.com/blog/destination-airports>. Acesso em: 23 ago. 2023.
4. BRADY, P. "The Top 10 International Airports", *Travel and Leisure*, 8 set. 2021. Disponível em: <https://www.travelandleisure.com/airlines-airports/coolest-new-airport-terminals>. Acesso em: 23 ago. 2023.
5. HEATH, E. "The Golf Course Inside an Airport", *Golf Monthly*, 6 jun. 2018. Disponível em: <https://www.golfmonthly.com/features/the-game/golf-course-inside-an-airport-157780>. Acesso em: 23 ago. 2023.

6. INCHEON International Airport Corporation. Relatório Anual 2016. Disponível em: <https://www.airport.kr/co_file/en/file01/2016_annualReport(eng).pdf>. Acesso em: 23 ago. 2023.
7. AIRPORTS Council International. "ACI Report Shows the Importance of the Airport Industry to the Global Economy", 22 abr. 2020. Disponível em: <https://aci.aero/2020/04/22/aci-report-shows-the-importance-of-the-airport>. Acesso em: 23 ago. 2023.
8. THE ALAN TURING INSTITUTE. "Putting the AI in Air Traffic Control", 17 jan. 2020. Disponível em: <https://www.turing.ac.uk/research/impact-stories/putting-ai-air-traffic-control>. Acesso em: 23 ago. 2023.
9. CORNELISSEN, A. "AI System for Baggage Handling at Eindhoven Airport Proves Successful", *Innovation Origins*, 28 jan. 2021. Disponível em: <https://innovationorigins.com/en/ai-system-for-baggage-handling-at-eindhoven-airport-proves-successful/>. Acesso em: 23 ago. 2023.
10. TOWER FASTENERS. "The Future of AI in Aviation". Disponível em: <https://www.towerfast.com/press-room/the-future-of-ai-in-aviation>. Acesso em: 25 ago. 2023.
11. HU, X. *et alii*, "DeepETA: How Uber Predicts Arrival Times Using Deep Learning", *Uber Engineering*, 10 fev. 2022. Disponível em: <https://eng.uber.com/deepeta-how-uber-predicts-arrival-times/>. Acesso em: 25 ago. 2023.
12. BOOTH, W. "Maintaining a Competitive Hedge", *Washington Post*, 11 jan. 2019. Disponível em: <https://www.washingtonpost.com/graphics/2019/world/british-hedgerows/>. Acesso em: 25 ago. 2023; PRINCE, Son and Heir: Charles at 70. Direção: John Bridcut. Produção: BBC, 2018.
13. DUBNER, S. J.; LEVITT, S. D. *Freakonomics: A Rogue Economist Explores the Hidden Side of Everything,* Nova York: William Morrow, 2006, xiv. Edição revista e editada.
14. MASSACHUSETTS DEPARTMENT OF AGRICULTURAL RESOURCES. "Greenhouse BMPs", s.d. Disponível em: <https://ag.umass.edu/sites/ag.umass.edu/files/book/pdf/greenhousebmpfb.pdf>. Acesso em: 25 ago. 2023.
15. BESSIN, R.; TOWNSEND, L. H.; ANDERSON, R. G. "Greenhouse Insect Management", Universidade de Kentucky, s.d. Disponível em: <https://entomology.ca.uky.edu/ent60>.
16. MASSACHUSETTS DEPARTMENT OF AGRICULTURAL RESOURCES, *op. cit.*
17. ECOATION. "Human + Machine", s.d. Disponível em: <https://www.ecoation.com/>. Acesso em: 25 ago. 2023; ECOATION. "Integrated Pest Management", s.d. Disponível em: <https://7c94d4b4-da17-40b9-86cd-fc64ec50f83b.filesusr.com/ugd/0a894f_a83293fa199c4f60a71254187a0b7f4c.pdf>. Acesso em: 25 ago. 2023.
18. ECOATION, "Integrated Pest Management", caso 4.

Capítulo 6

1. GAWANDE, Atul. "The Checklist", *New Yorker*, 2 dez. 2007. Disponível em: <https://www.newyorker.com/magazine/2007/12/10/the-checklist>. Acesso em: 26 ago. 2023.
2. KWOK, A.; MCLAWS, M.-L. "How to Get Doctors to Hand Hygiene: Nudge Nudge. Antimicrobial Resistance and Infection Control", v. 4, n. S1, p. O51, 2015. Disponível em: <https://www.ncbi.nlm.nih.gov/pmc/articles/PMC4474702/>. Acesso em: 25 ago. 2023.
3. GOLI, A.; REILEY, D. H.; ZHANG, H. "Personalized Versioning: Product Strategies Constructed from Experiments on Pandora", apresentado na Quantitative Marketing and Economics Conference, UCLA, 8 out. 2021. Conforme discutimos no Capítulo 3, às vezes a

IA requer um experimento para coletar os dados necessários para fazer as previsões. Aqui a IA complementa o experimento.
4. Para a primeira análise desse problema, veja: ATHEY, S.; CALVANO, E.; GANS J. S. "The Impact of Consumer Multi-homing on Advertising Markets and Media Competition", *Management Science*, v. 64, n. 4, p. 1574–1590, 2018.
5. WITHOUT Rules, There Is Chaos. YouTube. Disponível em: <https://www.youtube.com/watch?v=qoHU57KtUws>.
6. MILL, J. S. *On Liberty*, Nova York: W. W. Norton and Company, 1975, p. 98.
7. NEW YORK STATE EDUCATION DEPARTMENT. "The New York State Kindergarten Learning Standards", s.d. Disponível em: <http://www.p12.nysed.gov/earlylearning/standards/documents/KindergartenLearningStandards2019-20.pdf>. Acesso em: 25 ago. 2023.
8. BANCO MUNDIAL. "The State of the Global Education Crisis: A Path to Recovery", s.d. Disponível em: <https://www.worldbank.org/en/topic/education>; "Overview", s.d. Disponível em: <https://www.worldbank.org/en/topic/education/overview#1>; "Digital Technologies in Education", s.d. Disponível em: <https://www.worldbank.org/en/topic/edutech#1>. Acesso em: 25 ago. 2023.
9. MCKENZIE, D. *et alii*. "Training Entrepreneurs", *VoxDevLit*, v. 1, n. 2, 9 ago. 2021. Disponível em: <https://voxdev.org/sites/default/files/Training_Entrepreneurs_Issue_2.pdf>. Acesso em: 25 ago. 2023.
10. Discutimos por que tais testes são úteis no Capítulo 3.
11. ROBINSON, K. *The Element: How Finding Your Passion Changes Everything*, Nova York: Penguin, p. 230, 2009.

Capítulo 7

1. WORLDOMETER. "Coronavirus Cases". Disponível em: <https://www.worldometers.info/coronavirus/country/us/>. Acesso em: 25 nov. 2021.
2. Para um visão completa, veja: GANS, J. *The Pandemic Information Gap: The Brutal Economics of COVID-19*. Cambridge: MIT Press, 2020.
3. KIM, J. H. *et alii*, "Emerging COVID-19 Success Story: South Korea Learned the Lessons of MERS", *Our World in Data*, 5 mar. 2021. Disponível em: <https://ourworldindata.org/covid-exemplar-south-korea>. Acesso em: 25 ago. 2023.
4. CHU, J. "Artificial Intelligence Model Detects Asymptomatic Covid-19 Infections through Cellphone-Recorded Coughs", *MIT News*, 29 out. 2020. Disponível em: <https://news.mit.edu/2020/covid-19-cough-cellphone-detection-1029>. Acesso em: 25 ago. 2023.
5. Algumas soluções de IA começaram a surgir. Por exemplo, um estudo na fronteira grega mostrou que um algoritmo de aprendizagem por reforço adequadamente desenvolvido (levando em conta, por exemplo, modo de viagem, pontos de partida e informações demográficas), atualizado semanalmente, poderia detectar 1,85 vez mais pessoas assintomáticas do que uma vigilância aleatória. BASTANI, H. *et alii*. "Efficient and Targeted COVID-19 Border Testing Via Reinforcement Learning". *Nature*, v. 599, n. 7883, p. 108–113, 2021.
6. BEECH, H. "On the Covid Front Lines, When Not Getting Belly Rubs", *New York Times*, 31 maio 2021. Disponível em: <https://www.nytimes.com/2021/05/31/world/asia/dogs-coronavirus.html>. Acesso em: 25 ago. 2023.
7. MINA; M. J.; ANDERSEN, K. G. "COVID-19 Testing: One Size Does Not Fit All", *Science*, v. 371, n. 6.525. p. 126–127, 2020; LARREMORE, D. B. *et alii*, "Test Sensitivity Is Secondary

to Frequency and Turnaround Time for COVID-19 Screening", *Science Advances*, v. 7, n. 1, 2021. Disponível em: <https://www.science.org/doi/10.1126/sciadv.abd5393>. Acesso em: 25 ago. 2023.
8. AGRAWAL, A. K.; GANS, J. S.; GOLDFARB, A.; SENNIK, S.; ROSELLA, L.; STEIN, J. "False-Positive Results in Rapid Antigen Tests for SARS-CoV-2", *JAMA*, v. 327, n. 5, p. 485–486, 2022. Disponível em: <https://jamanetwork.com/journals/jama/fullarticle/2788067>. Acesso em: 25 ago. 2023.
9. AGRAWAL, A. K.; GANS, J. S.; GOLDFARB, A.; ROSELLA, Laura C.; SENNIK, S.; STEIN, J. "Large-Scale Implementation of Rapid Antigen Testing for COVID-19 in Workplaces", *Science Advances*, v. 8, n. 8, 2022. Disponível em: <https://www.science.org/doi/10.1126/sciadv.abm3608>; CDL RAPID SCREENING CONSORTIUM. "CDL Rapid Screening: Supporting the Launch of Workplace Rapid Screening across Canada". Disponível em: <https://www.cdlrapidscreeningconsortium.com/>. Acesso em: 25 ago. 2023.
10. O lançamento do programa foi relatado em "Like Wartime: Canadian Companies Unite to Start Mass Virus Testing", *New York Times*, 18 fev. 2021. Disponível em: <https://www.nytimes.com/2021/01/30/world/americas/canada-coronavirus-rapid-test.html>. Acesso em: 25 ago. 2023.
11. ROSELLA, Laura C. *et alii op. cit.*
12. Joshua publicou o primeiro livro sobre economia em tempos de covid-19, focado neste exato ponto: GANS, J. *The Pandemic Information Gap: The Brutal Economics of COVID-19*, Cambridge: MIT Press, 2020.

Capítulo 8

1. CHRISTIAN, B. *The Most Human Human: What Artificial Intelligence Teaches Us About Being Alive*, Nova York: Anchor, 2011.
2. AGRAWAL, A.; GANS, J.; GOLDFARB, A. "Artificial Intelligence: The Ambiguous Labor Market Impact of Automating Prediction", *Journal of Economic Perspectives*, v. 33, n. 2, p. 31–50, 2019. Disponível em: <https://pubs.aeaweb.org/doi/pdfplus/10.1257/jep.33.2.31>. Acesso em: 25 ago. 2023.
3. FREY, C. B.; OSBORNE, M. A. "The Future of Employment: How Susceptible Are Jobs to Computerisation?" *Technological Forecasting and Social Change*, v. 114, p. 254–280, 2017. Disponível em: <https://www.sciencedirect.com/science/article/abs/pii/S0040162516302244>; THE ECONOMIST. "A Study Finds Nearly Half of Jobs Are Vulnerable to Automation", 24 abr. 2018. Disponível em: <https://www.economist.com/graphic-detail/2018/04/24/a-study-finds-nearly-half-of-jobs-are-vulnerable-to-automation>; RUTKIN, A. H., "Report Suggests Nearly Half of US Jobs Are Vulnerable to Computerization", *MIT Technology Review*, 12 set. 2013. Disponível em: <https://www.technologyreview.com/2013/09/12/176475/report-suggests-nearly-half-of-us-jobs-are-vulnerable-to-computerization/>. Acesso em: 25 ago. 2023.
4. ACEMOGLU, D. "Harms of AI", *National Bureau of Economic Research*, set. 2021. Disponível em: <https://www.nber.org/papers/w29247>; ACEMOGLU, D.; RESTREPO, P. "Automation and New Tasks: How Technology Displaces and Reinstates Labor", *Journal of Economic Perspectives*, v. 33, n. 2, p. 3–30, 2019; SACHS, J. D. "R&D, Structural Transformation, and the Distribution of Income". In: *The Economics of Artificial Intelligence: An Agenda*, eds. AGRAWAL, A. *et alii*. Chicago: University of Chicago Press, 2019, cap. 13. Para uma avaliação geral, consulte: GANS, J.; LEIGH, A. *Innovation + Equality: Creating a Future That Is More Star Trek than Terminator*. Cambridge: MIT Press, 2019.

Notas

5. BRESNAHAN, T. "Artificial Intelligence Technologies and Aggregate Growth Prospects", Universidade de Stanford, maio 2019. Disponível em: <https://web.stanford.edu/~tbres/AI_Technologies_in_use.pdf>. Acesso: 25 ago. 2023.
6. Nossa conclusão aqui é semelhante à de Erik Brynjolfsson em sua discussão sobre a Armadilha de Turing. Nosso argumento, porém, é diferente. Enfatizamos que é de interesse do desenvolvedor de IA ao focar valor e aumento. BRYNJOLFSSON, E., "The Turing Trap: The Promise and Peril of Human-Like Artificial Intelligence", Stanford Digital Economy Lab, 12 jan. 2022. Disponível em: <https://digitaleconomy.stanford.edu/news/the-turing-trap-the-promise-peril-of-human-like-artificial-intelligence/>. Acesso em: 25 ago. 2023.
7. Veja, por exemplo: DEAN, J.; KOHANE, I.; RAJKOMAR, A. "Machine Learning in Medicine", *New England Journal of Medicine*, v. 380, p. 1347–1358, 2019. Disponível em: <https://www.nejm.org/doi/full/10.1056/NEJMra1814259>; REDD, S.; FOX, J.; PURCHIT, M. P. "Artificial Intelligence-Enabled Healthcare Delivery", *Journal of the Royal Society of Medicine*, v. 112, n. 1, 2019. Disponível em: <https://journals.sagepub.com/doi/full/10.1177/0141076818815510>; BEAM, A. L.; KOHANE, I. S; YU, K. H. "Artificial Intelligence in Healthcare", *Nature Biomedical Engineering*, v. 2, p. 719–731, 2018. Disponível em: https://www.nature.com/articles/s41551-018-0305-z. Acesso em: 25 ago. 2023.
8. SHAW, J. *et alii*, "Artificial Intelligence and the Implementation Challenge", *Journal of Medical Internet Research*, v. 21, n. 7, 2019: e13659, doi: 10.2196/13659; YU *et alii*, "Artificial Intelligence in Healthcare".
9. MUKHERJEE, S. "A.I. versus M.D." *New Yorker*, 27 mar. 2017; MATZ, C.; SMITH, C. "Warnings of a Dark Side to AI in Health Care", *New York Times*, 21 mar. 2019.
10. Embora nunca tenhamos conhecido Topol, somos fãs de seu trabalho. Nós nos beneficiamos muito de seu feed de Twitter claro, oportuno e perspicaz, além de outros escritos durante nosso trabalho, criando um programa nacional para teste rápido de antígeno durante a covid-19. CDL, "CDL Rapid Screening Consortium". Disponível em: <https://www.cdlrapidscreeningconsortium.com/>.
11. GOLDFARB, A.; TASKA, B.; TEODORIDIS, F. "Artificial Intelligence in Health Care? Evidence from Online Job Postings", *AEA Papers and Proceedings*, v. 110, p. 400–404, 2020.
12. ADELMAN, S.; BERMAN, H. A. "Why Are Doctors Burned Out? Our Health Care System Is a Complicated Mess", *STAT*, 15 dez. 2016. Disponível em: <https://www.statnews.com/2016/12/15/burnout-doctors-medicine/>. Acesso em: 25 ago. 2023.
13. TOPOL, E. *Deep Medicine*. Nova York: Basic Books, 2019.
14. BANCO MUNDIAL. "Leveling the Playing Field", *World Development Report 2021*. Disponível em: <https://wdr2021.worldbank.org/stories/leveling-the-playing-field/>. Acesso em: 25 ago. 2023.
15. LE CAM, M. "The Day Bluetooth Brought a Cardiologist to Every Village in Cameroon", *Geneva Solutions*, s.d. Disponível em: <https://genevasolutions.news/explorations/11-african-solutions-for-the-future-world/the-day-bluetooth-brought-a-cardiologist-to-every-village-in-cameroon>. Acesso em: 25 ago. 2023.
16. LOHR, Steve. "What Ever Happened to IBM's Watson?", *New York Times*, 16 jul. 2021. Disponível em: <https://www.nytimes.com/2021/07/16/technology/what-happened-ibm-watson.html?smid=tw-share>. Acesso em: 25 ago. 2023.
17. Um processo que recomendamos em *Máquinas Preditivas* chamado Canva da IA.

Capítulo 9

1. TOEWS, R. "AlphaFold Is the Most Important Achievement in AI—Ever", *Forbes*, 3 out. 2021. Disponível em: <https://www.forbes.com/sites/robtoews/2021/10/03/alphafold-is-the-most-important-achievement-in-ai-ever/>; CALLAWAY, E. "'It Will Change Everything': DeepMind's AI Make Gigantic Leap in Solving Protein Structures", *Nature*, 30 nov. 2020. Disponível em: <https://www.nature.com/articles/d41586-020-03348-4>. Acesso em: 25 ago. 2023.
2. HEAVEN, W. D. "DeepMind's Protein-Folding AI Has Solved a 50-Year-Old Grand Challenge of Biology", *MIT Technology Review*, 30 nov. 2020. Disponível em: <https://www.technologyreview.com/2020/11/30/1012712/deepmind-protein-folding-ai-solved-biology-science-drugs-disease/>. Acesso em: 25 ago. 2023.
3. TOEWS, R. *op. cit.*
4. CALLAWAY, E. *op. cit.*
5. COCKBURN, I. M.; HENDERSON, R.; STERN, S. "The Impact of Artificial Intelligence on Innovation: An Exploratory Analysis". In: *The Economics of Artificial Intelligence: An Agenda*, eds. AGRAWAL *et alii*. Chicago: University of Chicago Press, 2019, p. 120. Stern fez uma apresentação excelente e altamente acessível das ideias deste artigo em nossa conferência Machine Learning and the Market for Intelligence em 2018: STERN, S. "AI, Innovation, and Economic Growth", YouTube, 1 nov. 2018. Disponível em: <https://www.youtube.com/watch?v=zPeme4murCk&t=8s>. Acesso em: 25 ago. 2023.
6. Vemos muitas ferramentas de pesquisa baseadas em IA no Creative Destruction Lab. Três exemplos de graduados que estão construindo ferramentas de pesquisa e levantaram financiamento significativo até o momento: (1) Atomwise levantou US$ 175 milhões para projetar uma ferramenta de IA para prever a afinidade de ligação de moléculas a proteínas e descobrir novos medicamentos de moléculas pequenas: ATOMWISE. "Behind the AI: Boosting Binding Affinity Predictions with Point-Based Networks", 4 ago. 2021. Disponível em: <https://blog.atomwise.com/behind-the-ai-boosting-binding-affinity-predictions-with-pointbased-networks>; (2) Deep Genomics levantou US$ 240 milhões para projetar uma ferramenta de IA para prever as consequências de mutações genéticas e descobrir novos medicamentos genéticos. DEEP GENOMICS. "Deep Genomics Raises US$ 180M in Series C Financing", 28 jul. 2021. Disponível em: <https://www.deepgenomics.com/news/deep-genomics-raises-180m-series-c-financing/>; (3) BenchSci levantou US$ 100 milhões para projetar uma IA para prever o reagente ideal para experimentos e aprimorar a descoberta terapêutica. BENCHSCI. "BenchSci AI-Assisted Reagent Selection", s.d. Disponível em: <https://www.benchsci.com/platform/ai-assisted-reagent-selection>. Acesso em: 25 ago. 2023.
7. Como exaltado por Oliver Wendell Holmes; veja: LANE, H. J.; BLUM, N.; FEE, E. "Oliver Wendell Holmes (1809–1894) and Ignaz Philipp Semmelweis (1818–1865): Preventing the Transmission of Puerperal Fever", *American Journal of Public Health*, v. 100, n. 6, p. 1008–1009, 2010. Disponível em: <https://doi.org/10.2105/AJPH.2009.185363>. Acesso em: 25 ago. 2023.
8. LEE, D.; HOSANAGAR, K. "How Do Recommender Systems Affect Sales Diversity? A Cross-Category Investigation via Randomized Field Experiment", *Information Systems Research*, v. 30, n. 1: iii–viii, 2019. Troca de e-mail com Dokyun Lee, 16 de novembro de 2021. Disponível em: <https://pubsonline.informs.org/doi/abs/10.1287/isre.2018.0800>. Acesso em: 25 ago. 2023.
9. AGRAWAL, A.; McHALE, J.; OETTL, A. "Superhuman Science: How Artificial Intelligence May Impact Innovation", Brookings, 2022.

10. CALLAWAY, E. "'It Will Change Everything': DeepMind's AI Makes Gigantic Leap in Solving Protein Structures", *Nature*, v. 588, p. 203-204, 2020. Disponível em: <https://www.nature.com/articles/d41586-020-03348-4>. Acesso em: 25 ago. 2023.
11. MATTER LAB. "AI for Discovery and Self-Driving Labs", s.d. Disponível em: <https://www.matter.toronto.edu/basic-content-page/ai-for-discovery-and-self-driving-labs>. Acesso em: 25 ago. 2023.

Capítulo 10

1. BORENSTEIN, S.; BUSHNELL, J. "Electricity Restructuring: Deregulation or Reregulation?", *Regulation*, v. 23, n. 2, 2000. Disponível em: <http://faculty.haas.berkeley.edu/borenste/download/Regulation00ElecRestruc.pdf>. Acesso em: 26 ago. 2023.; CHRISTENSEN, C. M. *The Innovator's Dilemma: When New Technologies Cause Great Firms to Fail*, Boston: Harvard Business Review Press, 1997. O trabalho anterior, como FOSTER, R. *Innovation: The Attacker's Advantage*, Nova York: Summit Books, 1986, explorou ideias semelhantes, embora não tenha enfatizado o termo "disrupção".
2. No entanto, a história nos ensinou que as empresas que enfrentam o tipo de disrupção que vem de baixo para cima muitas vezes são capazes de responder e cooptar a tecnologia independentemente. Elas podem adquirir entrantes ou dobrar seus investimentos e recuperar o atraso. Isso permite que aproveitem seus outros ativos, e embora as coisas possam ficar turbulentas por um tempo, elas conseguem sobreviver ao processo. Para uma discussão mais ampla dessas respostas, veja: GANS, J. S. *The Disruption Dilemma*, Cambridge: MIT Press, 2016.
3. LEPORE, J. "The Disruption Machine", *New Yorker*, 16 jun. 2014.
4. HARFORD, T. "Why Big Companies Squander Good Ideas", *Financial Times*, 6 set. 2018. Disponível em: <https://www.ft.com/content/3c1ab748-b09b-11e8-8d14-6f049d06439c>. Acesso em: 26 ago. 2023.
5. HENDERSON, R. M.; CLARK, K. B. "Architectural Innovation: The Reconfiguration of Existing Product Technologies and the Failure of Established Firms", *Administrative Science Quarterly*, p. 9-30, 1990.
6. Para mais discussões sobre essas diferenças, veja: GANS. *The Disruption Dilemma*. Cambridge: MIT Press, 2016.
7. Um modelo econômico formal disso é fornecido em: GANS, J. "Internal Conflict and Disruptive Technologies", mimeo, Toronto, 2022.
8. Para um relato detalhado de todas as maquinações nos altos e baixos do fim da Blockbuster, veja: KEATING, G. *Netflixed: The Epic Battle for America's Eyeballs*, Nova York: Penguin, 2012.
9. Para um relato reminiscente da ascensão e queda da Blockbuster, assista ao documentário *The Last Blockbuster*, que explica como o negócio funcionava e fornece um relato emocionante da última loja restante da Blockbuster, em Bend, Oregon.

Capítulo 11

1. BAUM, J. *The Calculating Passion of Ada Byron*, Hamden, CT: Archon Books, 1986.
2. Ada formou-se em nosso programa CDL e, até o momento, levantou aproximadamente US$ 200 milhões para financiar seu crescimento.
3. ADA. "Zoom, the World's Fastest Growing Company, Delivers on Customer Experience with Ada", s.d. Disponível em: <https://www.ada.cx/case-study/zoom>. Acesso em: 26 ago. 2023.

4. ZAX, D. "'I'm Feeling Lucky': Google Employee No. 59 Tells All", *Fast Company*, 12 jul. 2011. Disponível em: <https://www.fastcompany.com/1766361/im- feeling-lucky-google-employee-no-59-tells-all>; CARLSON, N. "Google Just Kills the 'I'm Feeling Lucky Button'", *Business Insider*, 8 set. 2010. Disponível em: <https://www.businessinsider.com/google-just-effectively-killed-the-im- feeling-lucky-button-2010-9>. Marissa Meyer afirmou: "Acho que o que é delicioso em 'Estou com sorte' é que isso lembra que existem pessoas reais aqui." Acesso em: 26 ago. 2023.

    Um filósofo pensou que era tudo sobre o complexo de Deus do Google — não estamos brincando. PETERS, J. D. "Google Wants to Be God's Mind: The Secret Theology of 'I'm Feeling Lucky,'" *Salon*, 19 jul. 2015. Disponível em: <https://www.salon.com/2015/07/19/google_wants_to_be_gods_mind_the_secret_theology_of_im_feeling_lucky/>. Acesso em: 26 ago. 2023. Temos que citar isso:

    > As duas opções de home page para explorar a web — "Pesquisa do Google" e "Estou com sorte" — são um toque essencial. "Estou com sorte" é um modo subjetivo de tratamento. Não é o Google abordando seu usuário com "Você está com sorte"; sou eu, a primeira pessoa, entrando na web, e também o grito do jogador, murmurando encantamentos sobre algo que não pode controlar. A página de busca do Google é o portal do desejo, o trono ao qual as pessoas fazem seus pedidos (seus servidores abrigam o *Acervo dos Desejos*). "Estou com sorte" também invoca práticas religiosas de lançar a sorte. A eficácia frequente do botão "Estou com sorte" dá ao Google um motivo para se gabar (ultimamente, em geral, leva você a uma página da Wikipédia, mas antes seus resultados podiam ser mais surpreendentes). E continua: embora o Google não ganhe dinheiro com cerca de 1% das pesquisas feitas no botão "sorte" (que oferece apenas um único resultado e, portanto, nenhum dos periféricos de publicidade), os líderes da empresa têm sido notavelmente firmes em mantê-lo diante das críticas dos guardiões dos resultados financeiros. Eles sabem o que estão fazendo. O botão da sorte reembolsa amplamente a renda perdida, mantendo a aura oracular e o charme nerd. Sua perda seria incalculável. Na página de pesquisa do Google, você fica na soleira e bate. Duas alternativas esperam por você lado a lado: a antiga, da adivinhação, e a moderna, do Google. A ressonância cultural da empresa vem de combinar sua pretensão computadorizada de vascular a totalidade com o mistério do I Ching. Antigo, moderno; Deus, Google — as continuidades são claras. Sua página de pesquisa talvez seja mais religiosa na estrutura simples da pesquisa ou busca. O que as pessoas procuram? Um sinal em meio à estática. Amor verdadeiro. Um fugitivo da justiça. Um chaveiro perdido. O Google pode ajudar a encontrar uma dessas coisas.

5. SHANE, J. *You Look Like a Thing and I Love You,* Nova York: Little Brown, 2019, p. 144.
6. MUMFORD, L. *Technics and Civilization*, Nova York: Harcourt, Brace, 1934, p. 27.

Capítulo 12

1. Esse capítulo é baseado em: AGRAWAL, A.; GANS, J.; GOLDFARB, A. "How to Win with Machine Learning", *Harvard Business Review*, set./out. 2020.
2. IANSITI, M.; LAKHANI, K. *Competing in the Age of AI*, Cambridge: Harvard Business Review Press, 2020.
3. WHITE, J. "GM Buys Cruise Automation to Speed Self-Driving Car Strategy", *Reuters*, 11 mar. 2016. Disponível em: <https://www.reuters.com/article/us-gm- cruiseautomation-idUSKCN0WD1ND>. Acesso em: 26 ago. 2023.
4. CURIEL-LEWANDROWSKI, C. *et alii*, "Artificial Intelligence Approach in Melanoma", *Melanoma*, ed. FISEHR, D.; BASTIAN, B. Nova York, 2019. Disponível em: <https://doi.

org/10.1007/978-1-4614-7147-9_43>; ADAMSON, A. S.; SMITH, A. "Machine Learning and Health Care Disparities in Dermatology", *JAMA Dermatology*, v. 154, n. 11, p. 1247–1248, 2018. Disponível em: <https://jamanetwork.com/journals/jamadermatology/article-abstract/2688587>. Acesso em: 26 ago. 2023.

Capítulo 13

1. DEMING, D. J. "The Growing Importance of Decision-Making on the Job", *SSRN Electronic Journal*, 2021.
2. BENGEL, C. "Michael Jordan Shares Hilarious Response to Risking Injuries in Sneak Peek of 'The Last Dance' Documentary", CBS, 19 abr. 2020. Disponível em: <https://www.cbssports.com/nba/news/michael-jordan-shares-hilarious-response-to-risking-injuries-in-sneak-peek-of-the-last-dance-documentary/>. Acesso em: 26 ago. 2023.
3. JORDAN, M. "Depends How F—ing Bad the Headache Is!", YouTube, 20 abr. 2020. Disponível em: <https://www.youtube.com/watch?v=2WWspa-mFZY>; BENGEL, "Michael Jordan Shares Hilarious Response".
4. Ibidem.
5. BALASUBRAMANIAN, R.; LIBARIKIAN, A.; McELHANEY, D. "Insurance 2030 – The Impact of AI on the Future of Insurance", McKinsey, 12 mar. 2021. Disponível em: <https://www.mckinsey.com/industries/financial-services/our-insights/insurance-2030-the-impact-of-ai-on-the-future-of-insurance#>. Acesso em: 26 ago. 2023.
6. LAMBERT, F. "Tesla Officially Launches Its Insurance Using 'Real-Time Driving Behavior,' Starting in Texas", Elektrek, 14 out. 2021. Disponível em: <https://electrek.co/2021/10/14/tesla-officially-launches-insurance-using-real-time-driving-behavior-texas/>. Acesso em: 26 ago. 2023.
7. SOLEYMANIAN, M.; WEINBERG, C. B.; ZHU, T. "Sensor Data and Behavioral Tracking: Does Usage-Based Auto Insurance Benefit Drivers?", *Marketing Science*, v. 38, n. 1, 2019.
8. GREEN, P.; RAO, V. "Conjoint Measurement for Qualifying Judgmental Data", *Journal of Marketing Research*, v. 8, n. 355–363, p. 355. Disponível em: <https://journals.sagepub.com/doi/pdf/10.1177/002224377100800312>. Acesso em: 26 ago. 2023.
9. KELLOGG, R. P.; ZEITHAMMER, R. "The Hesitant *Hai Gui*: ReturnMigration Preferences of U.S.-Educated Chinese Scientists and Engineers", *Journal of Marketing Research*, v. 50, n. 5. 2013. Disponível em: <https://journals.sagepub.com/doi/abs/10.1509/jmr.11.0394>. Acesso em: 26 ago. 2023.
10. Claro, Bajari diria que não foi ele quem fez isso e foi um pouco mais complicado. Ele enfatiza que faz parte de uma equipe que criou os grupos de economia e *data science* na Amazon.
11. LAKE, K. "Stitch Fix's CEO on Selling Personal Style to the Mass Market", *Harvard Business Review*, maio/jun. 2018.

Capítulo 14

1. KRISHER, T. "Feds: Uber Self-Driving SUV Saw Pedestrian, Did Not Brake", *AP News*, 14 maio 2018. Disponível em: <https://apnews.com/article/north-america-ap-top-news-mi-state-wire-az-state-wire-ca-state-wire-63ff0b97fe1c44f98e4ee02c70a6397e>; T.S, "Why Uber's Self-Driving Car Killed a Pedestrian", *The Economist*, 29 maio 2018. Disponível em: <https://www.economist.com/the-economist-explains/2018/05/29/why-ubers-self-driving-car-killed-a-pedestrian>. Acesso em: 26 ago. 2023.

2. BLAND, K.; GARCIA, U. J. "Tempe Police Chief: Fatal Uber Crash Likely 'Unavoidable' for Any Kind of Driver", *AZCentral*, mar. 2018. Disponível em: <https://www.azcentral.com/story/news/local/tempe/2018/03/20/tempe-police-chief-fatal-uber-crash-pedestrian-likely-unavoidable/442829002/>. Acesso em: 26 ago. 2023.
3. NATIONAL TRANSPORTATION SAFETY BOARD. "Collison between Vehicle Controlled by Developmental Automated Driving System and Pedestrian, Accident Report", NTSB, 18 mar. 2018. Disponível em: <https://www.ntsb.gov/investigations/AccidentReports/Reports/HAR1903.pdf>. Acesso em: 26 ago. 2023.
4. CAMERON, H. E.; GOLDFARB, A.; MORRIS, L. "Artificial Intelligence for a Reduction of False Denials in Refugee Claims", *Journal of Refugee Studies*, v. 35, n. 1, 2022. Disponível em: <https://doi.org/10.1093/jrs/feab054>. Acesso em: 26 ago. 2023.
5. CAMERON, H. E. *Refugee Law's Fact-Finding Crisis: Truth, Risk, and the Wrong Mistake*, Cambridge: Cambridge University Press, 2018.
6. Para uma análise de tal pensamento à frente, veja: BOLTON, P.; FAUREGRIMAUD, A. "Thinking Ahead: The Decision Problem", *Review of Economic Studies*, v. 76, n. 4, p. 1205–1238, 2009. Para sua aplicação em máquinas de previsão, veja AGRAWAL, A.; GANS, J.; GOLDFARB, A. "Prediction, Judgment, and Complexity: A Theory of Decision-Making and Artificial Intelligence". In: *The Economics of Artificial Intelligence: An Agenda*, Chicago: University of Chicago Press, p. 89–110, 2018.
7. Um modelo de julgamento adquirido pela experiência existe em: AGRAWAL, A.; GANS, J. S.; GOLDFARB, A. "Human Judgment and AI Pricing", *AEA Papers and Proceedings*, v. 108, p. 58–63, 2018.
8. Isso se baseia em ideias sobre mudanças na regulamentação médica discutidas em: STERN, A. D.; PRICE II, W. N. "Regulatory Oversight, Causal Inference, and Safe and Effective Health Care Machine Learning", *Biostatistics*, v. 21, n. 2, p. 363–367, 2020. Disponível em: <https://academic.oup.com/biostatistics/article/21/2/363/5631849>. Acesso em: 26 ago. 2023.

Capítulo 15

1. BAGHURST, P. *et alii*. "Environmental Exposure to Lead and Children's Intelligence at the Age of Seven Years: The Port Pirie Cohort Study", *New England Journal of Medicine*, v. 327, n. 18, p. 1279–1284, 1992.
2. Os 80% se baseiam em uma lista fornecida por eles. Formalmente, a área sob a característica operacional do receptor (AUROC) é de 0,95. Em outras palavras, dada a escolha entre um cano de chumbo e um sem chumbo, o modelo escolherá corretamente o de chumbo 95% das vezes, em que a chance pura seria de 50%.
3. MADRIGAL, A. C. "How a Feel-Good Story Went Wrong in Flint", *Atlantic*, 3 jan. 2019. Disponível em: <https://www.theatlantic.com/technology/archive/2019/01/how-machine-learning-found-flints-lead-pipes/578692/>. Acesso em: 26 ago. 2023.
4. TIME. "The Lead-Pipe Finder", 10 nov. 2021. Disponível em: <https://time.com/collection/best-inventions-2021/6113124/blueconduit/>; AHMAD, Z. "Flint Replaces More Lead Pipes Using Predictive Model, Researches Say", MLive, 27 jun. 2019. Disponível em: <https://www.mlive.com/news/flint/2019/06/flint-replaces-more-lead-pipes-using-predictive-model- researchers-say.html>; PETERS, A. "We Don't Know Where All the Lead Pipes Are. This Tool Helps Find Them", *Fast Company*, 4 out. 2021. Disponível em: <https://www.fastcompany.com/90682174/this-tool-figures-out-which-houses-are-most-likely-to-have-lead-pipes>; FUSSELL, S. "An Algorithm Is Helping a

Community Detect Lead Pipes", *Wired*, 14 jan. 2021. Disponível em: <https://www.wired.com/story/algorithm-helping-community-detect-lead-pipes/>; MADRIGAL, "How a Feel-Good Story Went Wrong in Flint". Acesso em: 26 ago. 2023.

5. NATIONAL WEATHER ASSOCIATION. "About NWA", s.d. Disponível em: <https://nwas.org/about-nwa/>; ALONZO, B. "Types of Meteorology", *Sciencing*, 24 abr. 201. Disponível em: <https://sciencing.com/types-meteorology-8031.html>. Grande parte desta seção baseia-se em uma entrevista com o ex-presidente da National Weather Association, Todd Lericos, em 17 de novembro de 2021. Acesso em: 26 ago. 2023.
6. Entrevista do autor com Todd Lericos, 17 nov. 2021.
7. LEWIS, M. *The Fifth Risk*, Nova York: W. W. Norton & Company, p. 131, 2018, Kindle.
8. Entrevista do autor com Todd Lericos.
9. BLUM, A. *The Weather Machine*, Nova York: Ecco, p. 159, 2019, Kindle.
10. Ibidem, p. 160.
11. Entrevista do autor com Todd Lericos.
12. Ibidem.
13. Também é possível que um gerente mais sênior confie em uma IA para fazer recomendações diretas que provavelmente serão seguidas, em vez de recomendações de pessoas que trabalham para eles. Uma IA tem a vantagem de ter seus objetivos alinhados com o gerente sênior, em comparação com as pessoas, que têm interesses próprios. No entanto, quando as máquinas de previsão são imperfeitas, o gerente pode querer que as pessoas se esforcem para fazer recomendações que conduzam às decisões. Isso impactará se o gerente seguirá a IA ou dará aos subordinados algum grau de autoridade de decisão. Para saber mais, consulte: ATHEY, S. C.; BRYAN, K. A.; GANS, J. S. "The Allocation of Decision Authority to Human and Artificial Intelligence", *AEA Papers and Proceedings*, v. 110, p. 80–84, 2020.
14. AGRAWAL, A. GANS, J. S.; GOLDFARB, A. "Artificial Intelligence: The Ambiguous Labor Market Impact of Automating Prediction", *Journal of Economic Perspectives*, v. 33, n. 2, p. 31–50, 2019. Disponível em: <https://pubs.aeaweb.org/doi/pdfplus/10.1257/jep.33.2.31>. Acesso em: 26 ago. 2023.
15. Ibidem.

Capítulo 16

1. SCHELLING, T. C. *The Strategy of Conflict*. Cambridge: Harvard University Press, p. 80, 1960.
2. Se você respondeu 16h20, tem outro motivo para não ir a muitas reuniões.
3. MILGROM, P.; ROBERTS, J. *Economics, Organization and Management*. Englewood Cliffs: Prentice-Hall, p. 126–311, 1992.
4. SIMON, H. A. *The Sciences of the Artificial*, 3. ed. Cambridge: MIT Press, 2019.
5. Para um olhar matemático, veja: SOBEL, J. "How to Count to One Thousand", *Economic Journal*, v. 102, n. 410, p. 1–8, 1992.
6. HENDERSON, R. M.; CLARK, K. B. "Architectural Innovation: The Reconfiguration of Existing Product Technologies and the Failure of Established Firms", *Administrative Science Quarterly*, v. 35, n. 1, p. 9–30, 1990.
7. AGRAWAL, A. K.; GANS, J.; GOLDFARB, A. "AI Adoption and System-Wide Change". *SSRN Electronic Journal*, 2021.

8. MCKINSEY. "Flying Across the Sea, Propelled by AI", 17 mar. 2021. Disponível em: <https://www.mckinsey.com/business-functions/mckinsey-digital/how-we- help-clients/flying-across-the-sea-propelled-by-ai>. Acesso em: 26 ago. 2023.
9. ARMSTRONG, M. M. "Cheat Sheet: What Is Digital Twin?", *IBM Business Operations*, 4 dez. 2020. Disponível em: <https://www.ibm.com/blogs/internet-of-things/iot-cheat-sheet-digital-twin/>. Acesso em: 26 ago. 2023.
10. ACCENTURE. "The Power of Massive, Intelligent, Digital Twins", 7 jun. 2021. Disponível em: <https://www.accenture.com/us-en/insights/health/mirrored-world>. Acesso em: 26 ago. 2023.
11. GRIEVES, M.; VICKERS, J. "Digital Twin: Mitigating Unpredictable, Undesirable Emergent Behavior in Complex Systems", *Transdisciplinary Perspectives on Complex Systems,* Nova York, p. 85–113, 2016. Disponível em: <https://link.springer.com/chapter/10.1007/978-3-319-38756-7_4>. Acesso em: 26 ago. 2023.
12. Ibidem.
13. VIRTUAL Singapore. Gabinete do primeiro-ministro, Fundação Nacional de Investigação, Cingapura. Disponível em: <https://www.nrf.gov.sg/programmes/virtual-singapore>; DXC TECHNOLOGY. "Why Cities Are Creating Digital Twins", GovInsider, 18 mar. 2020. Disponível em: <https://govinsider.asia/innovation/dxc-why-cities-are-creating-digital-twins/>. Acesso em: 26 ago. 2023.
14. PUSHING the Boundaries of Renewable Energy Production with Azure Digital Twins. Histórias de clientes da Microsoft, 30 nov. 2020. Disponível em: <https://customers.microsoft.com/en-in/story/848311-doosan-manufacturing-azure-digital-twins>. Acesso em: 26 ago. 2023.

Capítulo 17

1. NATIONAL FIRE PROTECTION ASSOCIATION. "Cooking", s.d. Disponível em: <https://www.nfpa.org/Public-Education/Fire-causes-and-risks/Top-fire-causes/Cooking>. Acesso em: 26 ago. 2023.
2. BECKER, G. S.; EHRLICH, I. "Market Insurance, Self-Insurance, and Self-Protection", *Journal of Political Economy*, v. 80, n. 4, p. 623–648, 1972; MARSHALL, J. M. "Moral Hazard", *American Economic Review*, v. 66, n. 5, p. 880–890, 1976.
3. SCHREIBER, D. "Precision Underwriting", *Lemonade*, s.d. Disponível em: <https://www.lemonade.com/blog/precision-underwriting/>. Acesso em: 26 ago. 2023.
4. SCHREIBER, D. "AI Eats Insurance", *Lemonade*, s.d. Disponível em: < https://www.lemonade.com/blog/ai-eats-insurance/>. Acesso em: 26 ago. 2023.
5. SCHREIBER, D. "Two Years of Lemonade: A Super Transparency Chronicle", *Lemonade*, s.d. Disponível em: <https://www.lemonade.com/blog/two-years-transparency/>. Acesso em: 26 ago. 2023.
6. IPC RESEARCH. "Lemonade IPO: A Unicorn Vomiting a Rainbow", *Insurance Insider*, 9 jun. 2020. Disponível em: <https://www.insidepandc.com/article/2876fsvzg2scz9uy1iww0/lemonade-ipo-a-unicorn-vomiting-a-rainbow>. Acesso em: 26 ago. 2023.

Capítulo 18

1. MULLAINATHAN, S.; OBERMEYER, Z. "Diagnosing Physician Error: A Machine Learning Approach to Low-Value Health Care", *Quarterly Journal of Economics*, v. 137, n.

2, p. 679-727, apêndice online 3, 2022. Disponível em: <https://academic.oup.com/qje/advance-article-abstract/doi/10.1093/qje/qjab046/6449024>. Acesso em: 26 ago. 2023.
2. Ibidem.
3. Veja o clássico de HARRIS, J. E. "The Internal Organization of Hospitals: Some Economic Implications", *Bell Journal of Economics*, p. 467-482, 1977. Ou a discussão do livro didático em BHATTACHARYA, J.; HYDE, T.; TU, P. *Health Economics*, Londres: Red Globe Press, 2014.
4. Essa discussão está baseada em AGRAWAL, A.; GANS, J.; GOLDFARB, A. "Similarities and Differences in the Adoption of General Purpose Technologies", Universidade de Toronto, 2022. Disponível em: <https://conference.nber.org/conf_papers/f158748.pdf>, que, por sua vez, se baseia no apêndice 3 de Mullainathan e Obermeyer. Claro, essa discussão abstrai várias outras considerações cobertas por Mullainathan e Obermeyer, como informações privadas do médico e pacientes de alto risco que os médicos não enviam para um teste.
5. Veja, por exemplo: UNIVERSITY OF PITTSBURGH. "Mission". Disponível em: <https://www.emergencymedicine.pitt.edu/about/mission>. Acesso em: 26 ago. 2023.
6. TOPOL, E. *Deep Medicine*, Nova York: Basic Books, 2019.
7. KOHANE, I.; RAJKOMAR, J. D. "Machine Learning in Medicine", *New England Journal of Medicine*, v. 380, p. 1347-1358, 2019. Disponível em: <https://www.nejm.org/doi/pdf/10.1056/NEJMra1814259>. Acesso em: 26 ago. 2023.
8. KNAPP, J. *et alii*. "Influence of Prehospital Physician Presence on Survival after Severe Trauma: Systematic Review and Meta-analysis", *Journal of Trauma and Acute Care Surgery*, v. 87, n. 4, p. 978-989, 2019. Disponível em: <https://journals.lww.com/jtrauma/Abstract/2019/10000/Influence_of_prehospital_physician_presence_on.43.aspx>. Acesso em: 26 ago. 2023.
9. CHAPPUIS, V. N. *et alii*. "Emergency Physician's Dispatch by a Paramedic-Staffed Emergency Medical Communication Centre: Sensitivity, Specificity and Search for a Reference Standard", *Scandinavian Journal of Trauma, Resuscitation and Emergency Medicine*, v. 29, n. 31, 2012. Disponível em: <https://sjtrem.biomedcentral.com/articles/10.1186/s13049-021-00844-y>. Acesso em: 26 ago. 2023.
10. As análises clássicas dessa questão são: PENROSE, E. *The Theory of the Growth of the Firm*, Oxford: Oxford University Press, 2009; e ARROW, K. J. *The Limits of Organization*, Nova York: Norton, 1974. Uma análise formal é HART, O.; HOLMSTROM, B. "A Theory of Firm Scope", *Quarterly Journal of Economics*, v. 125, n. 2, p. 483-513, 2010.
11. Rebecca Henderson e Kim B. Clark se referiram a essas inovações como modulares e arquitetônicas, respectivamente. HENDERSON, R. M.; CLARK, K. B. "Architectural Innovation: The Reconfiguration of Existing Product Technologies and the Failure of Established Firms", *Administrative Science Quarterly*, p. 9-30, 1990. Veja também: GANS, J. *The Disruption Dilemma*, Cambridge: MIT Press, 2016.

Epílogo

1. PIERSON, E. *et alii*, "An Algorithmic Approach to Reducing Unexplained Pain Disparities in Underserved Populations", *Nature Medicine*, v. 27, n. 1, p. 136-140, 2012. Disponível em: <https://doi.org/10.1038/s41591-020-01192-7>. Acesso em: 26 ago. 2023.
2. KELLGREN, J. H.; LAWRENCE, J. S. "Radiological Assessment of OsteoArthrosis", *Annals of the Rheumatic Diseases*, v. 16, n. 4, p. 494, 1957. Disponível em: <https://ard.bmj.com/content/16/4/494>; KOHN, M. D.; SASSOON, A. A.; FERNANDO, N. D.

"Classification in Brief: Kellgren-Lawrence Classification of Osteoarthritis", *Clinical Orthopaedics and Related Research*, v. 474, n. 8, p. 1886–1893, 2016. Disponível em: <https://www.ncbi.nlm.nih.gov/pmc/articles/PMC4925407/>. Acesso em: 26 ago. 2023.

3. Para exemplos, veja: COLLINS, J. E. *et alii*, "Trajectories and Risk Profiles of Pain in Persons with Radiographic, Symptomatic Knee Osteoarthritis: Data from the Osteoarthritis Initiative", *Osteoarthritis and Cartilage*, v. 22, p. 622–630, 2014.
4. PIERSON, E. *et alii, op. cit.*
5. GLASER, A.; MOLLA, R. "A (Not-So) Brief History of Gender Discrimination Lawsuits in Silicon Valley", *Vox*, 10 abr. 2017. Disponível em: <https://www.vox.com/2017/4/10/15246444/history-gender-timeline-discrimination-lawsuits-legal-silicon-valley-google-oracle--note>; KOLHATKAR, S. "The Tech Industry GenderDiscrimination Problem", *New Yorker*, 13 nov. 2017. Disponível em: <https://www.newyorker.com/magazine/2017/11/20/the-tech-industrys- gender-discrimination-problem>; STREITFELD, D., "Ellen Pao Loses Silicon Valley Bias Case Against Kleiner Perkins", *New York Times*, 27 mar. 2015. Disponível em: <https://www.nytimes.com/2015/03/28/technology/ellen-pao-kleiner- perkins-case-decision.html>. Acesso em: 26 ago. 2023.
6. STREITFELD, D. "Kleiner Perkins Portrays Ellen Pao as Combative and Resentful in Sex Bias Trial", *New York Times*, 11 mar. 2015. Disponível em: <https://www.nytimes.com/2015/03/12/technology/kleiner-perkins-portrays-ellen-pao-as-combative-and-resentful-in-sex-bias-trial.html>. Acesso em: 26 ago. 2023.
7. Essa estrutura se baseia em KLEINBERG, J. *et alii*, "Algorithms as Discrimination Detectors", *Proceedings of the National Academy of Sciences*, v. 117, n. 48, p. 30096-30100, 2020. Disponível em: <https://www.pnas.org/content/pnas/117/48/30096.full.pdf>. Acesso em: 26 ago. 2023.
8. BERTRAND, M.; MULLAINATHAN, S. "Are Emily and Greg More Employable Than Lakisha and Jamal? A Field Experiment on Labor Market Discrimination", *American Economic Review*, v. 94, n. 4, p. 991–1013, 2004. Disponível em: <http://www.jstor.org/stable/3592802>. Acesso em: 26 ago. 2023.
9. OBERMEYER, Z. *et alii*, "Dissecting Racial Bias in an Algorithm Used to Manage the Health of Populations", *Science*, v. 366, n. 6464, p. 447–453, 2019. Disponível em: <https://www.science.org/doi/10.1126/science.aax2342>. Acesso em: 26 ago. 2023.
10. MULLAINATHAN, S. "Biased Algorithms Are Easier to Fix Than Biased People", *New York Times*, 6 dez. 2019. Disponível em: <https://www.nytimes.com/2019/12/06/business/algorithm-bias-fix.html>. Acesso em: 26 ago. 2023.
11. Ibidem.
12. OBERMEYER, Z. *et alii, op. cit.*
13. Ibidem.
14. MULLAINATHAN, S. *op. cit.*
15. KAPLAN, S.; RAVANERA, C. "An Equity Lens on Artificial Intelligence", Instituto de Gênero e Economia, Rotman School of Management, Universidade de Toronto, 15 ago. 2021. Disponível em: <https://www.gendereconomy.org/artificial-intelligence/>. Acesso em: 26 ago. 2023.
16. KLEINBERG *et alii. op. cit.*
17. O viés algorítmico pode ser completamente decomposto em três componentes: (1) viés na escolha das variáveis de entrada, (2) viés na escolha da medida de resultado e (3) viés na construção do procedimento de treinamento. Após contabilizar essas três formas de viés,

qualquer disparidade remanescente corresponde à desvantagem estrutural de um grupo em relação a outro. Fonte: ibidem.

18. WILSON, B. "Schilling Fined for Smashing Ump Camera", AP News, 2 jun. 2003. Disponível em: <https://apnews.com/article/774eb21353c94032b8b175d3f55d3e7d>; DEAN, K. "Umpires to Tech: You're Out!", *Wired*, 18 jun. 2003. Disponível em: <https://www.wired.com/2003/06/umpires-to-tech-youre-out/>. Acesso em: 26 ago. 2023.

19. REUTER, D. "1 Out of Every 153 American Workers Is an Amazon Employee", *Business Insider*, 30 jun. 2021. Disponível em: <https://www.businessinsider.com/amazon-employees-number-1-of-153-us-workers-head-count-2021-7>. Acesso em: 26 ago. 2023.

20. DASTIN, J. "Amazon Scraps Secret AI Recruiting Tool That Showed Bias Against Women", *Reuters*, 10 out. 2018. Disponível em: <https://www.reuters.com/article/us-amazon-com-jobs-automation-insight-idUSKCN1MK08G>. Acesso em: 26 ago. 2023.

21. YGLESIAS, M. "Automate as Much Traffic Enforcement as Possible", *Slow Boring*, 4 nov. 2021. Disponível em: <www.slowboring.com/p/traffic-enforcement>. Acesso em: 26 ago. 2023.

22. GHASSEMI, M. Palestra, NBER AI 2021, Cambridge, MA, 23 set. 2021. Disponível em: <https://www.youtube.com/watch?v=lfDu5337quU>. Acesso em: 26 ago. 2023.

ÍNDICE

A

ação
  arriscada, 159
  de status quo, 159
aeroportos, 52
agricultura, 19-20
algoritmo preditivo, 127
AlphaFold, 95-96, 100
Amazon, 28, 33, 86, 98, 146
análise preditiva, 15, 168
aplicativo de solução, 6, 16, 18
Apple, 111
aprendizado de máquina, 31, 90, 126
árvore de decisão, 44-45, 74, 140
aumento de valor para a IA, 88
automação, 117

B

Barack Obama, 40, 42
benchmark, 161
BenchSci, 125
Bing, 131
blitzkrieg, 110
Blockbuster, 112

C

cálculo de custo puro, 88
camada de automação, 118
capitalismo, 123
Cardiopad, ferramenta, 92
carros autônomos, 83
cartões de crédito, 157
ceticismo, 169
chatbot, 84, 132-133
checklists, 61-62
chumbo
  problema, 163
classificação de Kellgren-Lawrence (KL), 220
colado, sistema, 105
complexidade
  reduzir a, 42
concorrência, 128
confiabilidade, 40, 48-49, 180
conformidade, 79
coordenação, 182, 186
correlação x causalidade, 28
covid-19, 46, 73-74
  tratamento da, 95
  vacinas contra a, 160
customização, 201
custos irrecuperáveis endógenos, 130

D

dados, 26
  de feedback, 127-128

de treinamento, 127
qualidade de, 27
data science, 96, 191
decisão
baseada em limite, 152
eficiência da, 171, 175
deep learning, 26
demanda
previsão de, 181
desacoplamento, 143
design
de fábrica, 8
de sistemas, 161
organizacional, 9, 213
desperdício, 53
diagnóstico, 211
direção autônoma, 134
direitos de decisão
fatores, 175
discriminação, 220
corrigir, 224
detectar, 221
disparidades raciais, 220
disrupção, 10, 19, 22, 106, 109, 168
das empresas estabelecidas, 21
teorias de, 110

E

Ecoation, 58-59
educação
para o empreendedorismo, 65
personalizada, 65-66
efeito competitivo, 201
eletricidade, 3-5, 15, 107
energia
elétrica, 6
fracionada, 6
hidrelétrica, 5
engenharia reversa, 30
enviar e comprar, 33-34
envio antecipado, 33
era de paradoxos, 15
escala mínima eficiente, 128-130
escassez, 108
eventos de risco, 56
experimentação forçada, 46
experimentos, 29

F

Facebook, 86
feedback, 131, 134, 156
filosofia, 42
fluxos de dados, 78

G

gêmeo digital, 187
Google, 15, 86, 111
Brain, 15

H

habilidade, 166
preditiva, 169
Henry Ford, 8
Herbert Simon, 41
história da tecnologia, 14

I

IA
chicote da, 181-182
medicina, 89
previsão de, 46
Sistema Canva da, 192-194, 201, 213
viés, 23
viés da, 23
IBM, 92-93
ImageNet, 26
impactos, 167
incentivos, 167
incerteza, 75, 153
abraçar a, 56
fatores de, 55
oculta, 53
ineficiência, 53
inferência causal, 28, 30
inovação
dois passos, 214
insight, 139
insurtech, 201
inteligência de máquina, 83

J

Jean Buridan, filósofo, 42
julgamento, 22, 44, 121, 155, 208
   experiência, 159
   global, 173
   local, 173
   por exceção, 122

L

linha de produção, 8
lousa em branco, 193

M

manuseio de bagagem com IA, 54
máquina de substituição, 87
Mark Zuckerberg, 40, 42
mecanismos
   de intervenção, 199
   de recomendação, 98
medição de desempenho
   esquema de, 116
medicina de emergência, 210
mentalidade
   de custo, 87
   de sistema, 87, 94, 105, 220
meteorologia, 170
microscópio, 96
modularidade, 183-184
   falta de, 184
mudança, 112
   arquitetônica, 111

N

Netflix, 86, 112
   modelo, 113

O

oferta pública inicial (IPO), 157
órgãos reguladores, 161
otimização, 43
   adversária, 31

P

PageRank, 119
pioneirismo, 125
plug and play, 6
ponto focal, 180
preferência revelada, 145, 149
previsão, 25, 26, 127, 205
   consequências da, 197
   erro de, 153
   estatística de, 31
   explícita, 143
   máquina de, 163
   máquinas de, 20, 81, 120
   precisão da, 128
   problema de, 74-75
previsões
   de maior fidelidade, 191
   erros nas, 93
Princípio Shirky, 56
problemas
   de atribuição, 183
   de privacidade, 128
   de sincronização, 183
procedimentos
   dependentes, 80
   operacionais padrão, 48, 62
processo de inovação, 22
proporção de probabilidades, 43-44
proposta de valor, 11
proteção
   de propriedade intelectual, 10
   medidas de, 57
publicidade expandida, 64

Q

quadro de erro, 195
QuesTec, ferramenta, 226

R

redesenho organizacional, 111
redes neurais, 31
refugiados
   aceitar ou rejeitar, 154
regras, 47, 56, 63, 80
regulação, 128
resistência, 169

retorno sobre o investimento, 65

Revolução Industrial, 7

S

simulações, 188

simulador de navegação, 186

sistema, 213

    de coordenação lubrificado, 80

    de decisões, 22

    de inovação, 101

    de soluções, 7, 18

    inovação do, 215

    mentalidade de, 22

sistemas, xv

    escolares, 67

smartphones, 111

solução pontual, 18, 170, 227

soluções

    definição, 17

    pontuais, xv, 5, 17

    superdimensionadas, 57

Spotify, 98

Steve Jobs, 40, 42

T

talento, 167

Tay, algoritmo, 219

técnicas estatísticas, 25

tecnologia de previsão, 18, 31

tecnologias de uso geral, 14

tempo, 3

    entre os tempos, 17

tentativa e erro, 97

teoria dos jogos, 180

testes de reação em cadeia da polimerase (PCR), 76–77

Thomas Edison, inventor, 3

tomada de decisão, 9–10, 73, 213

    falta de, 48

    preventiva, 48

    sob a incerteza, 73

tradução automática, 84

Turing, teste, 83

U

Uber, 55, 151

universo alternativo, 54

usabilidade, 128

V

valor, 88

vapor, 4–5

Verafin, xviii

W

Watson, ferramenta, 92

Waze, aplicativo de navegação, 55

Y

YouTube, 67